U0498473

书山有路勤为径，优质资源伴你行
注册世纪波学院会员，享精品图书增值服务

创新人才发展
系 列 丛 书

商业模式创新指南

战略、设计与实践案例

[美] 拉斐尔·阿密特（Raphael Amit）　著
[西] 克里斯托夫·佐特（Christoph Zott）

陈劲　杨洋 / 译

电子工业出版社
Publishing House of Electronics Industry
北京·BEIJING

版权贸易合同登记号　图字：01-2020-6775

图书在版编目（CIP）数据

商业模式创新指南：战略、设计与实践案例 /（美）拉斐尔·阿密特（Raphael Amit），（西）克里斯托夫·佐特（Christoph Zott）著；陈劲，杨洋译. —北京：电子工业出版社，2022.4（2025.9 重印）

（创新人才发展系列丛书）

书名原文：Business Model Innovation Strategy: Transformational Concepts and Tools for Entrepreneurial Leaders

ISBN 978-7-121-43175-3

Ⅰ．①商… Ⅱ．①拉… ②克… ③陈… ④杨… Ⅲ．①商业模式－指南 Ⅳ．① F71-62

中国版本图书馆 CIP 数据核字（2022）第 054568 号

责任编辑：杨洪军

印　　刷：北京七彩京通数码快印有限公司

装　　订：北京七彩京通数码快印有限公司

出版发行：电子工业出版社

　　　　　北京市海淀区万寿路173信箱　　邮编：100036

开　　本：720×1000　1/16　　印张：27　　字数：332千字

版　　次：2022年4月第1版

印　　次：2025年9月第10次印刷

定　　价：109.00元

凡所购买电子工业出版社图书有缺损问题，请向购买书店调换。若书店售缺，请与本社发行部联系，联系及邮购电话：（010）88254888，88258888。

质量投诉请发邮件至zlts@phei.com.cn，盗版侵权举报请发邮件至dbqq@phei.com.cn。

本书咨询联系方式：（010）88254199，sjb@phei.com.cn。

对本书的赞誉

基于数十年的严谨研究，阿密特和佐特提供了成功进行商业模式创新的权威指南。他们运用最新的"设计思维"指导企业把创意运用到现实生活中。本书非常适合用于指导公司高层进行决策，同样也适合作为相关教学工作的参考。

——凯瑟琳·艾森哈特，斯坦福大学W.阿瑟曼医学博士、战略学教授，《简单规则》（*Simple Rules*）的合著者

阿密特和佐特为我们提供了及时且重要的路线图，帮助我们应对面临的两大严峻挑战：在冲击中生存和建设更美好的未来。在商业模式创新、寻找合适的伙伴合作、做出明智的承诺等方面，本书提供了清晰的指引。

——阿妮塔·麦克加汉，多伦多大学罗特曼管理学院乔治·E.康奈尔组织与社会讲座教授，战略管理学教授

商业模式是每个企业家和高级管理人员进行战略工作的核心要素。本书是最新的、全面的、深刻的、以行动为导向的有关商业模式创新的战略讲义。本书充分展现了作者在几十年的研究中，对世界各地有关商业模式创新的精彩案例进行的分析，包含帮助制定有关商业模式创新战略的工具，是指导相关从业者、教师和学生的有价值的资源。

——嘉世·萨勒拿，斯坦福大学Botha-Chan经济学教授，斯坦福大学商学院院长（2009—2016年）

终于有一部关于商业模式创新的优秀著作……这是技术奇才们经常走错的关键一步。

——大卫·蒂斯，加州大学伯克利分校哈斯商学院托马斯·特谢尔国际商业讲席教授。

DVD租赁公司百事达、博德斯书店、西尔斯百货店、雅虎、大英百科全书等家喻户晓的公司被更具创新性的商业模式（通常利用颠覆性技术）消灭了。在本书中，作者为创业者提供了可操作和可交付的商业模式创新框架，帮助创业者构建更具创新性和颠覆性且更强大的商业模式。

——亚始·科贝尔曼，First Round Capital创始合伙人，Half.com创始人，Infonautics联合创始人

迅速变化的世界需要不断创新，需要不断修订和调整现有战略。阿密特和佐特撰写的这本严谨且富有洞察力的书，以具体的商业模式创新战略为特色，弥补了传统商业模式的不足，这是每个公司都必须尽快解决的问题，以实现长期发展。

——约翰内斯·萨默豪泽博士，罗伯特·博世集团管理咨询创新部高级副总裁

本书作者通过采用构建一个结构化的框架和进行各种案例研究的系统方法，阐明了如何在真实的世界建立和执行创新的商业模式。无论你是一名企业家还是进行学术研究，这本书中的具有广泛覆盖面的内容都会提供奇妙的实用知识。

——于刚博士，1药网（111 Inc.）联合创始人兼执行董事长，戴尔和亚马逊前高管

两位思考商业模式的先驱者现在出版了一本非常有价值的书，为商业模式创新带来了最新的研究成果。你会从这本书中学到商业模式是如何创新的，以及为什么有的时候商业模式不能创新。这本书将是未来几年进行相关研究的重要参考。现在，每位企业管理者都应该购买并阅读它。

——亨利·切斯布罗格，加州大学伯克利分校哈斯商学院教授，《开放创新》（*Open Innovation*）一书的作者

最后，我们有一本关于商业模式的书，它既是概念性的，也是实践性的，非常适合商业战略课程。阿密特和佐特将所有基本要素结合在一起，为创业和寻求创新的企业家提供了有用的路标。

——马文·利伯曼，哈利和艾尔莎库宁商业与社会讲座战略学教授，加州大学洛杉矶分校安德森管理学院高级副院长

这是一本有关设计和进行创新、可扩展和稳健的商业模式的艺术和科学的入门书，阿密特和佐特这两位著作被广泛引用的全球思想领袖，在什么是商业模式、如何设计商业模式来创造和获取价值以及如何根据不断变化的业务条件来修改和创新商业模式方面，提供了一个前沿性的、全面的指导方针。我强烈推荐这本书给商学院的教授、学生、管理者和企业家。

——阮贵辉，索维尔大学技术创新教授，欧洲工商管理学院（法国枫丹白露）

作为世界各地许多领先公司的商业模式创新顾问，我意识到将我的建议固定在基于严格的艺术研究的可操作框架和工具上的重要性，阿密特和佐特的及时和具有开拓性的书提供了这样的内容，因此，这是任何一名经理的必读之书。

——爱德华·吉森，IBM全球服务业务合作伙伴，欧洲增长领导者数字战略/全球CBM领导者

对于企业家或那些负责企业创新的人士来说，这是一本重要的具有阅读性的和实用性的手册，也是有思想的、博学且迷人的读物。我真心希望这本书在我第一次创业的时候就能买到。

——史蒂夫·杰克逊，Xoomworks联合创始人兼首席运营官

在过去的十年里，商业模式创新一直是我作为社会企业家努力的核心。本书作者对有效的商业模式设计和战略的深刻见解，对我的项目（其中一些项目为数百万人提供了服务）的成功具有很好的指导作用。作者在本书中以行动导向的形式进行的突破性的思考让我非常激动，成千上万的企业家将像我一样受益匪浅。

——戈帕拉·克里希南，Inditech技术服务私人有限公司创始人兼首席执行官

阿密特和佐特撰写了一本关于商业模式创新的必读入门书。如果你的目标不仅是在危机中幸存，而且是在"正常"中茁壮成长，那么你就找到了正确的灵感来源。

——布鲁诺·李，企业家兼法国表演者CNC总裁

基于一套全面的尖端研究项目，拉斐尔·阿密特和克里斯托夫·佐特将商业模式创新的黑色艺术转化为管理工具箱中的务实和可靠的框架。他们的理念将成为战略和创新、咨询、教学和研究的标杆。

——迪特马尔·哈霍夫，德国马克斯·普朗克创新与竞争研究所所长，慕尼黑大学荣誉教授

商业模式的构建从根本上改变了公司——无论大小，无论年轻还是成熟——创造和利用价值，以及创新的方式。凭借商业模式创新战略，拉斐尔·阿密特和克里斯托夫·佐特撰写了一本恰到好处的具有平衡性的书：他们以一种极具启发性的方式，将行动结合在一起以作为对导向的见解，并对影响业务模型设计和实施的主要因素进行全面分析。这让他们成为您的商业模式创新之旅的专家向导。

——马克·格鲁伯，瑞士洛桑联邦理工学院创业和技术商业化首席教授

作为一家正处于业务模式数字化进程中的公司，我们公司正面临极具挑战性的时代。这本书通过提供科学的概念和实际的例子给予我们双管齐下的战略，其中，最重要的是采用全面、整体的方法来开展创新活动。对于现在还在寻求发展的公司，成功的商业模式创新战略是重要的指南。

——乌韦·克里施纳博士，博世集团管理咨询副总裁，业务模式创新合作伙伴

我所在的Next47（西门子公司支持的加速器）团队正在帮助西门子公司整合和创建下一代高增长业务。阿密特和佐特严谨而富有洞察力的分析为每一家市场领先公司采用的关键业务模式创新战略提供了宝贵的指导。

——罗蒂亚斯·罗斯博士，西门子公司Next47主管

我是商业模式创新的忠实粉丝。就像我们在大众点评网所做的那样，

如果做得好，它就创造了更大的、可持续的、可防御的业务，可以对整个社会产生巨大的影响。阿密特和佐特的这本具有开创性的书具有非常实用的指导意义，是每一位企业家和管理者的必读之作。

——张涛，互联网+控股有限公司董事长，大众点评网创始人、董事长兼首席执行官

序

关注创新人才，早日建成世界重要人才中心

科学技术是第一生产力，创新是引领发展的第一动力。大力推进科技创新势在必行。2020年11月，习近平总书记在浦东开发开放30周年庆祝大会上指出："科学技术从来没有像今天这样深刻影响着国家前途命运，从来没有像今天这样深刻影响着人民幸福安康。我国经济社会发展比过去任何时候都更加需要科学技术解决方案，更加需要增强创新这个第一动力。"

人才是实现民族振兴、赢得国际竞争主动的战略资源。2021年9月28日，习近平总书记在中央人才工作会议上强调："深入实施新时代人才强国战略，全方位培养、引进、用好人才，加快建设世界重要人才中心和创新高地，为2035年基本实现社会主义现代化提供人才支撑，为2050年全面建成社会主义现代化强国打好人才基础。"人才竞争是综合国力竞争的核心，创新驱动就是人才驱动，国家科技创新力的根本源泉在于人才，培养创新型人才是国家和民族长远发展的大计，要发挥人才在科技创新中的引领作用。

从经济增长理论来看，创新人才是一种特殊的经济要素，即其作为人力资本扮演重要的核心要素职能，又参与构建代表技术发展水平的指数级系数。可以说，创新人才是推动经济长期高质量发展的根本动力和保障。一个

国家、地区或城市的综合竞争力越来越依赖创新人才的数量和质量。

近年来，我国科技创新人才队伍不断壮大，科技人力资源总量和R&D研究人员总量远超世界诸国，并且人才总量增速较快，呈现迅猛上涨态势。我国科技人才创新能力和国际影响力明显提升，科技创新人才队伍建设取得了瞩目的成就，高被引科学家和顶尖科技人才数量大幅提升，对社会发展的支撑作用不断增强。

当前，科技自立自强已成为决定我国生存和发展的基础能力，国家科技创新的关键就是要加强科技人才队伍建设，2035年基本实现社会主义现代化以及2050年全面建成社会主义现代化强国的宏伟目标，都对科技创新人才队伍提出了更高、更紧迫的要求。尽管我国科技创新人才的发展环境不断优化，科技创新人才队伍持续健康发展，高层次科技人才数量逐年攀升，但战略科技人才、顶尖人才仍旧匮乏，高端领军人才、基础研究人才、高技能人才等"高精尖"人才缺口仍然巨大，创新科技人才质量和水平亟待提升，科技创新主力军整体实力不足，难以支撑高水平科技自立自强。根据科睿唯安公布的"高被引科学家"名单，美国在2021年拥有2622位高被引研究人员，接近全球总人数的40%，虽然我国于2019年赶超英国成为全球排名第二的高被引人才大国，但与美国的差距仍旧显著。从全球学者库发布的"全球顶尖前10万科学家排名"来看，美国的顶尖科学家在全球占比高达40.0%，中国占比为14.6%，中国高被引科学家和顶尖人才数量均是美国的1/3。

为进一步丰富我国创新人才发展的理论体系，为相关政府、企业把握创新人才成长、使用的规律，进而为加快培育和造就创新人才队伍、有效实施人才战略提供理论前沿与实践指南，为我国加快建设世界重要人才中心和创新高地提供坚实的决策支持，电子工业出版社组织策划了"创新人才发展系列丛书"，优选了海内外有关创新及创新人才培养的最新理论与工具著作，涉及成为创新人才必备的创新理论、创新思维、创新技能和创新文化等，目的是进一步提升广大科技人员、创客、发明者的创新意愿与创新能力，进一步完善各类组织中创新人才的成长环境，进一步促进创新人才的脱颖而出和绩效倍增。

相信本丛书的推出，对我国战略科学家、科技领军人才、青年科技人才、卓越工程师、创新团队的发展建设，进一步优化我国各类组织的人才效能、人才环境，为我国早日成为"世界重要人才中心和创新高地"做出必要的贡献。

陈　劲

清华大学经济管理学院教授

中国管理科学学会副会长

中国科学学与科技政策研究会副理事长

前言

　　新冠肺炎疫情引发复杂且严峻的全球性危机，本书是在新冠肺炎疫情在全球蔓延的高峰时期完成的。这场危机带来巨大的多层面联动冲击，涉及公共卫生、国际交通、个人自由、国际合作和世界经济等方面。全球经济在供给侧和需求侧均受到重创，引发剧烈的经济动荡和大规模失业。新冠肺炎大流行也严重打击了全球资本市场，使国内外金融系统出现极端波动。未来的不确定性达到了一个多世纪以来的最高程度。企业的临时及永久性关闭和破产，导致数百万人失业。许多人在这次疫情中丧生，尤其是老年人和其他弱势群体。

　　如此大规模的疫情极易改变消费者的偏好、习惯以及对待风险的态度，原因是长期居家、远距离社交、管理者策略以及政治、经济、社会政策等。这场危机带来广泛且深远的社会和经济影响，所谓"新常态"的本质在未来几个月或者几年内将显现，目前来看，很多企业——大型的、小型的企业，公共的、私人的企业，营利性的、社会性的企业极有可能为了确保生存与促进发展而进行重塑。由于新冠肺炎疫情带来的冲击影响企业商业模式及支持性技术，世界各地的领导者都必须认真审视如何在后疫情时代经营企业及开展相关业务。

在新冠肺炎疫情发生之前，许多企业聚焦找到基于业务系统的最有效的架构。这使企业将很多业务外包给通常位于国外的合作伙伴与供应商，从而形成了复杂的全球供应链网络。亚洲、欧洲及美国突发性地全面关停相关企业严重冲击了全球供应链，许多企业因此受到重创。其中，新冠肺炎疫情期间最值得关注的商品是医疗设备与医用物资。由于供应链受到冲击，加上消费者偏好可能发生变化，老牌公司面临诸多挑战。然而，这些挑战中也蕴藏着新机遇。危机之后可能出现的"新常态"及当前全球经济复苏进程中的不确定性会促使初创者与企业领导者重新思考对商业模式的设计，接受通过系统层面的方法设计商业模式。在概念化与设计的过程中，应加强对数字技术的应用，同时更加注重商业模式的韧性而非效率。这些发展将驱动企业活动系统架构发生重要的变化。换言之，它们可能会促进商业模式创新，从而满足企业领导者制定商业模式创新战略的需求（正如本书所述）。

本书面向全球读者，同时针对学术与专业领域人群。教师及学生可将本书作为学位课程和非学位课程的教材；新创公司与老牌公司的领袖精英（包括营利类和非营利类领袖精英）可以将本书作为一个严谨且全面的具体指南以保证企业设计并采用兼具创新性、可扩展性及强劲性的商业模式。同时，本书扎根于严谨的理论基础及严格的实证研究，具有很强的实践指导性，包含世界多个地方的具体案例。我们于1995年在加拿大温哥华的英属哥伦比亚大学的安格斯大厅的八楼相遇，并从1999年起围绕商业模式进行了20余年的开拓性研究。本书是团队合作的结果，其间经过了数千个小时的合作与线上线下的头脑风暴。我们联合出版的与商业模式创新相关的读物被世界各地的学者和实践者广泛引用。与此同时，我们借鉴知名学术机构的工作人员对商业模式进行的令人印象深刻且发展迅速的集体科学研究成果。我们在教学与提供咨询服务的过程中，证实本书中的概念特别是过程性概念的有效性。本书能够帮助新创公司与老牌公司的领导者构思、设计并采用包含创新和创造价值内容的商业模式。

本书分为以下三个部分。

第一部分：商业模式创新的基础与思路

本书第一部分阐述了商业模式构建的概念基础。在第一章中，我们将商业模式定义为一个相互依赖的活动系统，并呈现了我们进行研究后构建的框架，这是本书的主线。在第二章中，我们奠定了构建商业模式的理论基础并且展示了商业模式是一种新的战略问题，有效补充了传统公司层与业务层的战略问题。在第三章中，我们强调采用全面的商业模式思维对于理解、发展商业模式以及进行商业模式创新的重要性。在第四章中，我们定义了商业模式创新并通过一系列实例对其进行解释。

第二部分：商业模式创新的战略设计与评价

本书第二部分呈现了可操作性的战略及工具以帮助管理者和创业者获取进行商业模式创新的切实可行的技能。第五章引入了设计领域的重要概念，这是一种非常适用于开发新商业模式的方法论。第六章提供了一种设计商业模式的动态流程法。第七章综述了其他进行商业模式设计的方法，其中包括设计的标准流程。第八章阐述了其他价值驱动因素和涉及价值主张的关键概念。第九章提供了进行商业模式分析与新商业模式设计的必要工具包。

第三部分：商业模式创新的实现

为了具备进行商业模式创新的能力并持续进行商业模式创新，确定采用商业模式面临的挑战及成功解决相关问题至关重要。这正是第三部分的核心内容。第十章聚焦老牌公司进行商业模式创新的情况及其面临的具体挑战。第十一章讨论新创公司可能面临的具体障碍及与之对应的缓解措施。第十二章强调数字化转型背景下商业模式的重要作用，并列出了制定商业模式创新战略过程涉及的不同步骤。

我们希望本书能够成为讲授商业模式创新战略的老师的有用指南，成为学位课程与非学位课程促进学生学习的有用的、非常重要的工具，成为想要为企业开发出一套有关商业模式创新战略的领导者的必备手册。

拉斐尔·阿密特（于美国费城）
克里斯托夫·佐特（于西班牙巴塞罗那）
2020年7月

目 录

第二部分
商业模式创新的战略设计与评价

第三部分
商业模式创新的实现

致 谢

作者简介

第一部分

商业模式创新的基础与思路

CHAPTER 1

第一章

商业模式为什么重要？用于理解任何商业模式的"内容—方式—主体—原因"框架

第一节

商业模式为什么重要

过去几十年间，计算机及信息技术领域的加速创新引发经济与竞争格局发生根本性转变。这样的格局已催生出一系列普遍、全面且具有颠覆性的变化。但技术变革的影响远不止通过将流程中的单个过程或功能数字化来提高公司效率和利润率，这通常被吹捧为"商业数字化"。其影响广泛且深远，甚至可能会动摇企业的核心。它们覆盖了世界上的所有行业，并给那些被认为几乎不会受到新进者攻击的行业带来振奋人心的新商机。这些新进展为志向远大的企业家提供了巨大的机遇，他们的创新性商业模式可以颠覆整个行业，正如爱彼迎（Airbnb）在酒店业所做的，优步（Uber）在私人交通业所做的。现在的企业管理者需要通过重构商业模式，探索进行价值创造的新的可能性，如金融服务企业嘉信理财集团，利用网络平台将商业模式由呼叫中心辅助的交易转变为每个顾客可以独立进行的电子交易。另外，所有优质企业中的每位管理者都必须认真思考：竞争对手进行商业模式创新可能使所在企业的利润减少。

商业模式是指"如何做生意"，商业模式创新是指"如何以新的方式做生意"。对于所有管理者、企业家、投资者及那些对未来职业生涯有追求且希望被委以重任的人来说，商业模式与商业模式创新都是非常重要的。20世纪末以前，人们鲜少注意到或讨论商业模式。直到20世纪90年代中期，商业模式突然流行起来，成为人们讨论新商机及把握新商机的关键话题（见图1.1）。自此，商业模式成为分析与利用相关机会的核心要素，并催生出商业模式画布（Business Model Canva）[1]等重要的新工具。本书在很多方面取得了重要的新进展：第一，将科学概念及见解与实用工具及案例完美结合；第二，为关注需求与活动的商业模式创新提供可操作性框架；第三，强调商业模式创新的战略层面；第四，同样重要的是，增加考虑全过程的动态维度，涉及从出现灵感到进行商业模式创新。

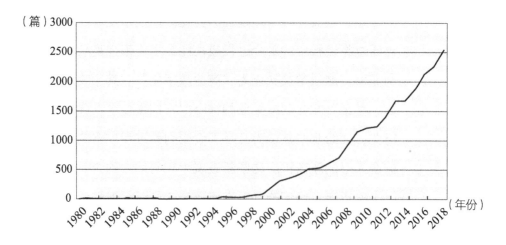

图1.1　通过已发表的文献衡量人们对商业模式的兴趣

1　Osterwalder，Pigneur（2010）.

商业模式在迅速发展为企业财务状况的重要决定性因素时，经历了引入互联网的过程，对第一个浏览器（例如Netscape）的开发，让更多人接触到互联网技术并证实了商业模式创新具有的盈利能力（20世纪90年代下半叶及21世纪初首次公开募股[1]的天价估值证明了这一点）。这一时期见证了第一波凭借网络技术为创新性商业模式赋能的企业（包括亚马逊、eBay、谷歌、雅虎），并且它们以此接触到数百万个顾客。其中，三家企业在1996~1998年进行首次公开募股（谷歌在2004年上市）。与老牌竞争对手相比，这些企业引入了全新的经营方式。

亚马逊从网上书店起家，从根本上改变了顾客的购书方式。eBay建立了一个个人可以从特定的卖家处购买二手商品的线上平台，这与跳蚤市场相似，但规模比跳蚤市场大得多，同时不需要买方及卖方（就此而言，也不需要把待售的物品带来）在场。谷歌与雅虎为人们提供了搜索及使用信息的新路径，进而为广告商提供了用高度定制化及个性化方式向大量潜在目标顾客投放信息的新机遇。

这些早期的成功故事表明，商业的某些方面已经发生根本性变化。这并不像一些专家最初认为的那样，世界已进入一个现有经济法失效、蕴藏无限机会的金发女孩经济（goldilocks economy）新时代。2001年的股市崩盘及随后那些一度被大肆宣传并获得高估值的企业（例如，Webvan或Boo.com）的失败都充分证明了这一点。然而，尽管股市崩盘后的初期炒作引发人们的种种怀疑，但亚马逊、eBay、谷歌和雅虎都得以幸存，同时，这

1　首次公开募股（Initial Public Offering，IPO）是指公司在证券交易市场首次向公众发行股票。它标志着公司从少数人持股的私人公司转变为多数人广泛持股的上市公司。首次公开募股通常是为了以相对低廉的成本募集大量资金，从而支持公司发展，并通过二次发行股票使早期的投资者、创始人以及员工具有流动性。

让我们深刻地认识到，管理者必须认真对待通过技术驱动商业模式创新这一新现实。也就是说，管理者意识到利用与部署先进的计算机及信息技术为企业的利益相关者创造价值会给企业带来根本性挑战。所以到底什么已经完全改变了？什么是新的？

很简单，商业模式已经成为所有企业家及管理者（以及那些支持和为他们投资的人）都需要考虑的核心战略选择之一。它回答了这样一个问题：企业应该如何开展业务？[1]几十年来，企业家与管理者需要进行的关键战略选择，也是管理课程重点强调的内容，主要集中于：（1）公司层战略问题；（2）业务层战略问题。公司层战略问题关注企业层面，包括如下问题：企业应处于什么样的行业与产品细分市场？企业应如何进入这些市场（通过并购、合资还是重新进入）？企业应何时进入这些市场？业务层战略问题的核心是建立并保持企业的竞争优势，这些问题涉及如何在特定产品市场中竞争（基于差异化或成本优势的竞争），以及需要获得或开发哪些资源与能力。

互联网的出现并没有削弱这些经典问题的重要性，它们依然像从前一样有效、有意义。但互联网的出现使企业家与管理者关注的内容增加了一项重要战略选择，即如何开展业务？这个问题既不会被取代，也不会稀释任何先前提到的战略问题的重要性。相反，它可以对先前提到的战略问题进行补充，从而扩大那些除了维护、稳固现有商机外，还热衷于追求与利用新商机的企业家与管理者的相关战略思考范围。换言之，对于企业管理者而言，解决商业模式问题成为战略要务。我们将在第五章深入解释技术变革、计算机及信息技术层面的变革促进了全新的商业模式的发展。过

1　请注意，这是一个口语化的表述，旨在帮助人们对概念进行直观的理解，我们将在后文给出更加正式和严谨的定义。

去，技术变革主要刺激新产品与新流程开发。

例如，奈飞公司（Netflix）成立于1997年，其联合创始人里德·哈斯廷斯（Reed Hastings）与马克·伦道夫（Marc Randolph）利用互联网在录像带租赁行业进行商业模式创新。在此之前，该行业一直被百事达（Blockbuster）等老牌公司主导。现在，奈飞公司可以邮寄给顾客其租借的DVD，使顾客不必去专门的租赁门店购买碟片。[1]这是一种全新的经营方式，体现了商业模式的创新，奈飞公司甚至为此获得了商业方法专利。这个新模式依赖顾客在线选择及租赁碟片而不是去门店购买碟片；生产方式上，DVD生产厂家采用准时制，即顾客订购碟片时再进行刻录，并通过美国邮政服务（United States Postal Service）将附有预付回执的DVD直接寄送给顾客。

高层管理者非常清楚颠覆性数字技术带来的威胁。一项针对首席高管的调查发现，"竞争不仅来自既有行业中的新变化……也来自具有完全不同商业模式的数字入侵者"。[2]创建于2009年的优步就是数字入侵者之一。在2018年8月27日进行的首次公共募股前的私募股权融资中，优步获得5亿美元融资，在融资前，其估值为7.15亿美元；2017年，其报告的收入为7.5亿美元。[3]成立于1903年的福特（Ford）公司是汽车制造商的先驱，比优步的成立时间早一个多世纪。相比之下，2018年末，福特公司的市值约为340亿美元（约为优步的一半），年收入约为1600亿美元（约为优步2017年收入的20倍）。[4]显然，投资者预计优步在个人出行市场会表现出色，估

1　Teece（2010）.

2　IBM Institute for Business Value（2015，p. 5）.

3　Bond，Fontanella-Khan（2018），Hook（2018），Crunchbase website. Uber. Funding rounds.

4　Ford Motor Company（2019）.

计每年的收入可以达到10万亿美元。[1]另一个数字入侵者是成立于2008年的空房共享企业爱彼迎。爱彼迎在2018年的估值为310亿美元，2017年的收入估计为35亿美元。[2]这家没有也不经营任何房地产的企业被广泛认为是酒店业的挑战者，在空房共享商业模式兴起前，几十年来，酒店业没有进行过任何重大的创新。老牌国际知名连锁酒店希尔顿（Hilton）的市值为210亿美元，比爱彼迎大约低30％。[3]当前，市场主体间存在估值的差异，如希尔顿酒店及福特公司与各自行业的新进者如爱彼迎及优步存在估值的差异，这可以部分归因于它们进行了全然不同的商业模式设计。更具体地说，这要归功于它们进行的以技术为驱动力的商业模式创新。爱彼迎不仅创制了一种新的酒店模式，还引入了一种全新的方法以为有住宿需求的人提供居所。

简言之，商业模式特别是商业模式创新很重要，因为它们是企业家及老牌公司里有创业精神的管理者（有时称作内部创业者）的机会源泉。同时，它们之所以重要是因为它们可能影响财务业绩。商业模式创新是指概念化的创新及实施新的经营方式，从而更好地满足顾客与其他市场主体（如供应商）尚未得到完全满足的需求。正如优步创始人加勒特·坎普（Garrett Camp）与特拉维斯·卡兰尼克（Travis Kalanick）及爱彼迎创始人布莱恩·切斯基（Brian Chesky）、乔·杰比亚（Joe Gebbia）与内森·布莱查奇克（Nathan Blecharczyk）所证明的，商业模式是创新与价值创造的源泉。无论是新创公司还是老牌公司，它们都不仅应重视推出新产品或新服务，还应注重开拓新市场。

1　The Economist（2016）.

2　Lex（2018）.

3　Lex（2018）.

大众（Volkswagen，VW）等汽车制造商已经清楚地认识到对商业模式的思考对自身未来市场定位及取胜的战略价值。大众于2018年宣布投资300亿欧元进军电动汽车行业，这一决定不仅由产品驱动，而且超越了汽车行业进行竞争的经典范式（涉及汽车设计、性能、品质或价格等特征）。[1]这家德国企业试图在汽车行业模仿苹果（Apple）的平台驱动商业模式，为不同型号的电动汽车提供统一的平台以作为基本构建模块。该平台基于专有的操作系统，支持软件的无限次更新以及对多种应用程序的使用（非常类似于iPhone），从而提供一种新的数字化体验。与Apple Store或Google Play一样，IT基础设施将对第三方应用程序开放，以为新的数字业务创建一个"购物商城"。[2]因此，大众实施新战略的背后的关键思想不仅在于降低电动汽车的生产成本以及建立行业标准（目的是最终许可其他汽车制造商使用其构建的平台），而且希望与顾客保持更紧密的联系并向他们持续出售新的数字服务，这非常类似苹果在手机业务中的做法。与特斯拉一样，大众甚至打算复制苹果的零售模式，绕过传统汽车经销商，设立属于自身的商店（作为展厅）。[3]这些措施不再局限于产品或服务创新，相反，它们代表对商业模式的创新。在接下来的部分，我们将针对商业模式的核心内容给出更加正式和准确的定义。

---

1 McGee（2019）.
2 VW chief operating officer Ralf Brandstätter quoted in the *Financial Times*（McGee，2019）.
3 Ramsey（2018）.

第二节

什么是商业模式

接下来，我们简要回顾定义商业模式的一系列方法，并确定它们的共性，这将成为我们把商业模式定义为一个可能跨越企业及行业边界的相互依赖的活动系统的基础。此处，我们对商业模式做出如下定义：商业模式旨在通过为利益相关者创造价值的方式抓住感知到的市场机会。接着我们确定了商业模式的四个维度：（1）内涵维度，即商业模式由哪些活动组成；（2）结构维度，即这些活动在商业模式中如何连接；（3）治理维度，即由谁来执行商业模式所支持的活动；（4）价值逻辑维度，即为什么商业模式会创造价值及为什么它会通过收入模型获取价值。

定义商业模式的方法

学者们对"商业模式"一词进行了不同的概念界定。[1]广义上讲，一些商业模式的概念以价值创造为核心，另一些侧重于价值获取机制。

关于商业模式的定义，本书采用价值创造的视角，这已被发展为用来描述"企业如何做生意"的本质。[2]它将商业模式描述为创新之源，例如，它把从前互不相干的主体联系起来（如优步中的私人司机与乘客），用新模式连接利益相关者，或引入新交易机制（如eBay采用的模式）。不出所料，这种视角的商业模式聚焦活动间的联系方式，从而解决有关"方式"的问题。其他人则提倡对商业模式进行更为全面的定义，更加强调价值获取。[3]

尽管学界尚未对商业模式给出明确统一的定义，但学者们已就描绘商业模式的一些重要的主题达成共识，具体如下。

- 商业模式的核心在于如何为所有利益相关者创造价值的逻辑，而不仅是一家企业如何获益的逻辑。

- 中心企业所采取的行动发挥了重要作用，但合作伙伴、供应商甚至顾客的行为也同样重要。

1　Zott，Amit，Massa（2011）.

2　参见 Amit，Zott（2001）；Zott，Amit（2007，2008）。

3　参见 Osterwalder 和 Pigneur（2010），Chesbrough 和 Rosenbloom（2002，p. 529），相关文献将商业模式与技术管理相关联，并将它定义为将技术潜力与经济价值联系起来的启发式逻辑，强调它在将技术与市场成果联系起来方面的作用。Casadesus-Masanell，Ricart（2010）持相同的观点，他们认为，商业模式的一个重要组成部分是管理层就组织如何运作所做出的一系列决策，如补偿惯例、采购合同、设施的位置确定或者对资产的使用。根据这一观点，商业模式的另一个重要组成部分体现在这些选择的后果中，例如，低成本或节俭文化。其他定义参见 Zott，Amit，Massa（2011）。

- 商业模式强调一种从系统层面全面解释企业开展业务的情况的方式。

- 商业模式正在成为分析的新焦点。[1]

总之，这四个主题体现出商业模式的概念建立在完善的价值链上，完善的价值链代表企业有关"设计、生产、营销、交付、产品支持等一系列活动"。[2]尽管商业模式的概念借鉴了价值链框架的核心观点，尤其是活动及多种价值来源的重要性，但它以重要的方式扩展了这些内容。商业模式通过以下方式对价值链的概念进行扩展：（1）强调价值创造与动态交付；（2）跨跃企业与行业边界；（3）存在相互依存活动间的非线性排序（见图1.2）。下文将对它们进行更为详细的解释。

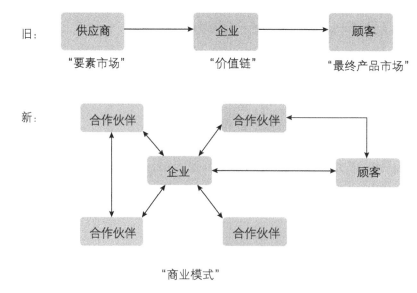

图1.2 从价值链到商业模式

---

1 Zott，Amit，Massa（2011）.

2 Porter（1985）.

- 强调价值创造与动态交付：亚马逊已在业务中广泛且有效地利用人工智能（AI），从而帮助顾客及合作伙伴创造与交付价值。[1]例如，在成立初期，它就使用人工智能算法向顾客进行个性化产品推荐。这些算法通常可以帮助亚马逊了解顾客的偏好与行为，并据此动态地进行实践。这反映在推荐商品时不仅能够更好地满足顾客的当下需求，还可以预测其未来的需求。对顾客未来需求的预测将大大缩减交货时间，因为可以据此提前将货物储存在合适的位置。在亚马逊的商业模式中，价值创造与交付的结构由此变成了循环结构而非严格的线性结构。随着时间推移，亚马逊的顾客数量（及交易数量）增加，其采用的算法变得更加先进，从而构建了一个对顾客需求高度响应的产品交付活动系统。[2]

- 跨跃企业与行业边界：20世纪80年代早期，TradePlus（现在称E★TRADE）开创性地引入在线券商平台模式，使投资者个人首次可以进行电子化交易。[3]这个新平台使交易无须经过股票经纪人，显著提高了成本效益，个人可以以非常实惠的价格进行股票交易。E★TRADE的平台模式连接了广泛的跨行业参与者：个人投资者、小企业主、上市公司及大型造市商［如城堡资本（Citadel）］等。

- 存在相互依存活动间的非线性排序：在eBay的拍卖平台上，单个商品的价格由动态的拍卖过程确定。顾客浏览产品清单，然后通过互相竞价确定每件商品的最终价格（通过相互关联的出价方式）。顾客的浏览与出价行为是同时发生且相互影响的，这是一种非线性的方式。

1　Levy（2018）；Terdiman（2018）.

2　Terdiman（2018）.

3　E★TRADE（2019）.

我们的定义：商业模式是一个活动系统

基于上文中的四个主题，我们正式将商业模式定义为：一个由中心企业与其合作伙伴采取的相互依赖的行动以及连接这些行动的机制所构成的系统。一个中心企业商业模式中的活动包括商业模式中的任何一方（中心企业、终端顾客、供应商等）为实现总体目标而付出的人力、物力和/或耗费的资本。活动系统涉及以中心企业为中心的一系列相互关联且相互依存的活动，它包含由中心企业或其合作伙伴、顾客、供应商进行的活动。[1]

商业模式是由企业领导者创造出来的，他们塑造并设计了组织活动及将活动编织进一个系统的纽带（交易）。商业模式的本质就是这种企业内部及企业间的有意设计。[2]企业活动系统的结构是由活动的选择、活动间的关联方式以及执行者人选的确定决定的，而企业活动系统的结构又决定企业如何融入"生态系统"，即它与供应商、合作伙伴及顾客间的多重网络（见图1.3）。

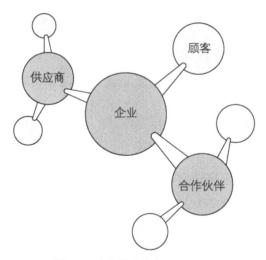

图1.3　商业模式参与者的结构

1　Zott，Amit（2010）.
2　Zott，Amit（2009）.

为了充分利用市场机会，企业的商业模式（亦称活动系统）可能会超越中心企业并跨越企业与行业边界，但它仍然以中心企业为核心，从而使中心企业不仅可以通过执行活动而与其合作伙伴一起创造价值，还可以从中获得一部分创造的价值。企业的收入模式在价值获取方面发挥重要作用。类似于特定产品或服务的定价策略，收入模式是商业模式中产生收入的具体方式。[1]

动态活动系统视角的商业模式概念系统，由中心企业统筹，涉及那些执行商业模式系统内部分活动的外部参与者（其他企业和顾客），这表明可以从以下四个维度描述商业模式。我们将它们称为活动系统的内容、方式、主体与原因。这些互斥的维度不仅帮助我们分析、理解以及评估现有的商业模式，而且有助于阐释创新性商业模式的新颖独到之处。总之，它们构成了本书的基本概念框架。

"内容—方式—主体—原因"框架

正如前文提到的，我们将商业模式设想为一个以价值为中心的活动系统，该系统由中心企业设计及启用，旨在满足已经识别的市场需求。图1.4呈现了商业模式的关键维度，它们是：

1. 内涵，即商业模式由哪些活动组成（内容）；

2. 结构，即这些活动在商业模式中如何连接（方式）；

3. 治理，即由谁来执行商业模式所支持的活动（哪些活动由中心企业执行，哪些活动由合作伙伴、供应商或顾客执行）（主体）；

1　Amit，Zott（2001）.

4. 价值逻辑，即为什么商业模式会创造价值及为什么它会通过收入模型获取价值（原因）[1]。

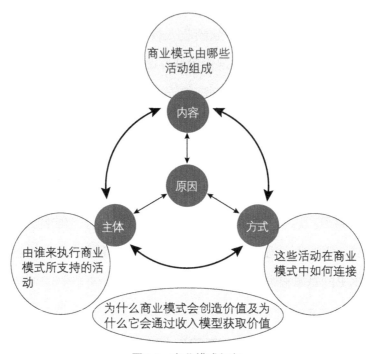

图1.4 商业模式框架

内容维度

所有商业模式都由一系列活动组成。大多数核心活动通常由中心企业执行，但商业模式中其他利益相关者（如顾客和合作伙伴）进行的相关活动也包含在商业模式中。构成商业模式内容层面的这些活动常常随时间推移而变化，并且它们能够代表商业模式创新的来源。苹果的一系列活动都在不断发展，例如，它在21世纪初通过iTunes推出音乐下载服务，这对苹果来说是一项新颖的活动。类似地，几十年来，IBM主要致力于生产与交付硬件，如大型主机。然而，20世纪90年代初，该企业的商业模式开始转

1　参见 Zott，Amit（2001，2007，2008，2010）。

向提供服务，利用企业丰富的经验与知识提供咨询服务，进行软件及互联网技术维护。2006年，IBM总收入的一半来自这项面向新服务领域的活动。[1]如今，IBM成为全球范围内开发尖端软件与云计算解决方案的巨头之一，如IBM Watson。

方式维度

商业模式的结构描述了其间多种活动的关联方式，包括它们的连接机制与连接顺序。商业模式的方式维度也指各种活动在整个系统中的相对位置。例如，它们是商业模式中核心部分的关键活动吗？它们是起辅助作用的外围活动吗？成立于20世纪80年代的电脑制造商戴尔（Dell）在业务领域内引入了一种极具创新性的商业模式，并获得了巨大成功。戴尔是采用直接向顾客销售电脑方式的先驱，因按单进行生产的模式而闻名于世。在此之前，电脑行业主要采用依赖实体零售店的存货生产模式。戴尔不像早期电脑企业那样从头开始生产电脑（这不仅意味着要组装电脑，还要从零开始生产各种部件），而是使用供应商生产的部件组装电脑。同时，它还利用顾客驱动供应链中的连接性提高生产的协调性与敏捷性。基于活动系统对活动顺序和优先性的排列，戴尔避免了其他电脑制造商所面临的零售商加价和库存成本问题。[2]

主体维度

商业模式的第三个维度涉及治理问题，即商业模式的主体。治理确定商业模式中各利益相关者分别执行哪些活动。与商业模式的其他维度一样，治理也是创新与竞争优势的来源。回到戴尔这一案例，中心企业（戴

---

1 Zott，Amit（2010）.
2 Magretta（1998）.

尔）通过设计电脑、协调生产供应链以及向顾客直销电脑的方式创新商业模式。供应商是中心企业的重要合作伙伴，负责制造电脑部件。这与之前电脑制造业的主要商业模式形成对比。在之前的模式中，中心企业亲自设计并制造电脑部件，然后通过合作的零售商出售组装好的电脑。

此外，于2015年开发的应用程序LetGo也是很好的案例。LetGo是一个将当地二手商品买卖双方连接起来的互联网平台。与之形成鲜明对比的是在当地报纸发布分类广告的模式，这种现在已经过时的模式没有100年也有数十年的历史了。就LetGo（或Craigslist，一家基于互联网提供本地分类广告的竞争者）而言，平台是由一家数字化企业而非报纸提供的。它们涉及利益相关者的有些活动是相同的（卖方投放广告，当地买家浏览这些广告），但治理方式（平台层面）是不同的，因为重要的活动（如创建清单）是由顾客执行的，而非拥有和运营平台的企业。

原因维度

商业模式的原因维度涉及价值逻辑，即它是如何帮助中心企业创造及获取价值的。这个维度与收入模式紧密联系，收入模式被定义为商业模式创造收入的方式。[1]例如，喜利得（Hilti），一家主要为建筑业提供专业级工具的供应商。这家位于列支敦士登的公司成立于1941年，提供广泛的产品，如钻探、拆卸、切割、锯切、打磨系统，及安装与防火系统。这些产品在喜利得线上官网和线下零售店同时发售，并由物流合作伙伴运输。喜利得是建筑业中最成功的B2B直接供应商之一。2016年，该企业有24000多名员工，其中，销售岗与技术岗员工占2/3，他们每天亲自与顾客打交

1　Amit，Zott（2001）.

道。[1]然而，即使在销售方面取得成功，21世纪初，喜利得也决定向顾客提供额外的租赁工具服务。为了与这一转变相适应，该企业的收入模式从最初获得一次性销售收入转化为获得反复性租金收入。换言之，喜利得商业模式的内在价值创造逻辑（原因维度）发生了变化。在新模式中，喜利得与顾客间的互动不会随着工具的成功销售而结束。相反，新的租赁活动意味着喜利得与顾客必须进行持续的信息交换，如工具使用方法与损坏的信息。喜利得可以利用这些信息识别、提供及执行新的价值创造活动，如工具的保养、维修及库存管理。

框架的含义

需要着重强调的是，对于商业模式，中心企业策划有关活动系统的内容、方式、主体与原因，而不是其他任何可能出现的，与系统内的特定活动或构成系统的一系列活动均无直接联系的内容、方式、主体和原因。例如，售卖哪些产品是一个优质且重要的问题，但是这个问题并不属于商业模式的内容维度。很多企业通过采用不同的商业模式（实际上，有时会大不相同）售卖相似的产品。例如，顾客信贷产品可以通过经典的零售银行模式设计及销售，该模式依赖顾客存款与经营实体分行的银行。顾客信贷产品也可以通过P2P模式售卖，该模式将借贷双方的个体参与者聚集在由中心企业维护的网络平台上。

我们认为，如果企业或业务部门（新的或既有的）的活动系统在其经营产品所属的市场中是新颖的，那么商业模式就是在创新。[2]对于既有企业，这可能意味着一次重大的战略转变，特别是当新商业模式创造了新的

1　Hilti（2016）.
2　Amit，Zott（2012）.

收入来源或重新定义全行业的竞争规则时。

例如，迈克尔·戴尔（Michael Dell）利用关联性运行了由顾客驱动的、按订单生产的商业模式，该模式对过去通过零售店售卖电脑的按库存生产的模式提出挑战。换言之，他的主要目标是进行商业模式创新。2007年，苹果推出iPhone并在之后推出App Store，此举彻底改变了智能手机行业，而这次变革主要归功于其进行的商业模式创新。苹果的商业模式使其从以产品为中心的企业（开发、量产、营销时尚且价格不菲的捆绑式软硬件）转变为聚焦基于iOS操作系统的强大的平台。这一转变使苹果为其采用的商业模式中的所有利益相关者创造了更多的价值，如应用程序开发者、世界各地运营无线网络的电信企业，当然还有它的顾客。同时，基于对硬件的使用，它的市场价值显著提高。换言之，苹果对商业模式的创新对产品设计和创新能力进行补充。正如2007年后苹果股价和市值大幅增加所表明的，这大大增加了苹果为其所有利益相关者创造的价值，同时，其也获得了更多的价值。

第三节

商业模式中的价值创造与价值获取

如前文所述，商业模式面向所有利益相关者进行的总价值创造，而不仅是正在考虑商业模式的某一家企业。创造的总价值可以被视为一个"价值蛋糕"。众所周知，创造的总价值越多，价值蛋糕就越大。反过来，价值获取是指利益相关者个体得到的价值份额。换言之，价值获取可以被视为价值蛋糕中每块的大小。因此，你不仅想要一个具有更大价值的蛋糕（因为这意味着有更多可分配的价值），而且想要从中分得更大一块（见图1.5）。

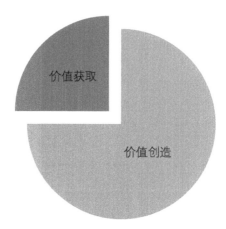

图1.5　价值创造与价值获取

　　商业模式通过各要素共同（与企业的产品和服务一起）决定整体"价值蛋糕的大小"为中心企业的价值获取奠定了基础，这可以被视为企业价值获取的上限。此外，商业模式还通过影响中心企业相对于其他利益相关者的议价能力，共同决定其分得相当大块蛋糕的能力。中心企业创造的总价值越多，议价能力就越强，可以获得的价值就越多。[1]第八章将对此进行详细的阐释。

1　Zott，Amit（2007）.

第四节

主要结论总结与展望

本章介绍了我们对商业模式做出的定义，即商业模式是一个被有意设计且以价值为中心的活动系统，这里的活动是指商业模式中任意一方（中心企业、终端顾客、供应商等）为实现总体目标下的具体目标而进行的人力、物力和/或资金来源间的联系，其中，总体目标通常是指未满足或未能以最优水平满足的顾客需求。20世纪90年代涌现出大量互联网技术与平台业务，与此同时，商业模式的概念首次出现。颠覆性新企业指出企业家与管理者面临一种全新的、根本性的战略选择。这种做生意的选择解决了长期存在的战略问题，如公司层战略及业务层战略问题。

本章还介绍了商业模式框架，本书将对该框架进行更深入的开发。根据商业模式的定义，我们可以从以下四个相互关联的维度进行描述：内涵（内容）、结构（方式）、治理（主体）、价值逻辑（原因）。它们都可以成为企业创新的来源。商业模式涉及如何以新的方式做生意。它可能是颠覆性创新及产生竞争优势的重要来源，超越了现有的创新来源（但与之高度互补），如产品或流程的创新。新创公司与老牌公司都需要高度重视创新性商业模式给相关行业带来的机遇与挑战。换言之，它们需要一套商业模式创新战略。

商业模式创新战略帮助组织进行一系列商业模式创新。企业领导者必须在以下方面做出选择：

- 设计一个新的活动系统（涉及内容、方式、主体、原因）；本书第一章至第四章将就商业模式创新战略的这个维度进行详细阐释；

- 创建一个新的活动系统的过程，包括先决条件；本书第五章至第九章将就商业模式创新战略的这个维度进行详细阐释；

- 在实现维持与改善中心组织关键绩效指标的目标背景下，本书探究如何使用并持续调整新的活动系统，从而保证活动的连贯性（内部、外部及战略契合）；本书第十章至第十二章将就商业模式创新战略的这个维度进行详细阐释。

本书介绍的这些概念和工具可以使人们运用商业模式的思维方式，严格分析商业模式，并思考如何实现商业模式创新。然而，除了学习这些正式的概念和工具外，还需要像商业模式设计者一样进行思考。成为一名优秀的商业模式设计者所需具备的最重要的能力之一就是全面考虑企业在当下或未来实现商业模式创新的能力。这种"看到大图景"的能力将使人们可以在系统层面进行概念化界定与创新。借助以设计为导向的商业模式思维方式，可以建立一家适应预期发展趋势（如技术方面）的企业。同样重要的是，可以设计一个动态活动系统，它能够快速响应并适应没有预料到的情况。如果你是一位正在开发令人兴奋的新产品的企业家，那么你应该思考如何将新产品融入一个反应灵敏的活动系统（也许同样是新的）中，并具备一定的竞争力。如果你建立了一个具有创新性的数字平台，那么你应该考虑如何将活动系统内全体成员的价值最大化。以上这些只是本书讨论的一些具有高度战略意义的问题。

参考文献

［1］Amit, R. & Zott, C. (2001). Value creation in e-business. *Strategic Management Journal*, 22(6–7), 493–520.

［2］Amit, R. & Zott, C. (2012). Creating value through business model innovation. *MIT Sloan Management Review*, 53(3), 41–49.

［3］Bond, S. & Fontanella-Khan, J. (2018, December 8). Uber speeds towards stock market listing. *Financial Times*.

［4］Casadesus-Masanell, R. & Ricart, J. E. (2010). From strategy to business models and onto tactics. *Long Range Planning*, 43(2–3), 195–215.

［5］Chesbrough, H. & Rosenbloom, R. (2002). The role of the business model in capturing value from innovation: Evidence from Xerox Corpora- tion's technology spin-off companies. *Industrial and Corporate Change*, 11(3), 529–555.

［6］Crunchbase website. Uber. Funding rounds.

［7］E*TRADE (2019).

［8］Ford Motor Company (2019). *Ford Motor Company reports fourth quarter and full year 2018 results.*

［9］Hilti (2016). *Company report.*

［10］Hook, L. (2018, February 14). Uber pares quarterly losses and lifts revenues. *Financial Times.*

［11］IBM Institute for Business Value (2015). Redefining boundaries: insights from the global C-suite study.

［12］Levy, S. (2018, January 2). Inside Amazon's artificial intelligence flywheel. *Wired.*

［13］Lex (2018, December 27). Airbnb: Sharing is wearing. *Financial Times.*

［14］Magretta, J. (1998). The power of virtual integration: An interview with Dell Computer's Michael Dell. *Harvard Business Review*, 76(2), 73–84.

［15］McGee, P. (2019, February 30). Volkswagen's plan to kill off Tesla. *Financial Times.*

［16］Osterwalder, A. & Pigneur, Y. (2010). *Business Model Generation: A Hand-book for Visionaries, Game Changers, and Challengers.* Hoboken, NJ: Wiley.

［17］Porter, M. E. (1985). *The Competitive Advantage: Creating and Sustaining Superior Performance.* New York, NY: Free Press.

［18］Ramsey, M. (2018, September 27). VW trying hard to follow the Apple business model. *Forbes.*

［19］Teece, D. J. (2010). Business models, business strategy and innovation. *Long Range Planning*, 43(2–3), 172–194.

［20］Terdiman, D. (2018, October 5). How AI is helping Amazon become a trillion-dollar company. *Fast Company*.

［21］The Economist (2016, September 3). Uberworld. *The Economist*.

［22］Zott, C. & Amit, R. (2007). Business model design and the performance of entrepreneurial firms. *Organization Science*, 18(2), 181–199.

［23］Zott, C. & Amit, R. (2008). The fit between product market strategy and business model: Implications for firm performance. *Strategic Management Journal*, 29(1), 1–26.

［24］Zott, C. & Amit, R. (2009). The business model as the engine of network-based strategies. In P. R. Kleindorfer, Y. R. Wind, & R. E. Gunther (Eds.), *The Network Challenge: Strategy, Profit, and Risk in an Interlinked World* (pp. 259–275). Upper Saddle River, NJ: Wharton School Publishing.

［25］Zott, C. & Amit, R. (2010). Business model design: An activity system perspective. *Long Range Planning*, 43(2–3), 216–226.

［26］Zott, C., Amit, R. & Massa, L. (2011). The business model: Recent developments and future research. *Journal of Management*, 37(4), 1019–1042.

CHAPTER 2

第二章

商业模式如何以新方式创造价值——理论与案例研究

第一节

通过商业模式创造价值

基于大量现有的价值创造研究成果，本章将商业模式定位为一种以活动视角的价值创造为中心的新理论构想。我们从两个具有启发性的案例（优步及米其林）开始，向大家展示通过商业模式进行的价值创造与其他来源（如产品与服务）的价值创造之间的区别。接着，我们对价值创造的五个基本理论（熊彼特式创新、资源基础观、交易成本经济学、价值链分析及战略网络理论）进行介绍，并解释这些理论如何为商业模式的概念提供强大的知识基础。然后，我们将澄清两个常见的误解，即商业模式与传统公司层及业务层战略之间的区别，以及为什么商业模式不是包罗万象的。

优步：一个明星诞生了

2007年，住在旧金山的加拿大科技企业家加勒特·坎普

（Garrett Camp）在成功将自己的第一家初创企业出售给eBay之后，为自己购入一辆豪华跑车。但很快他就遇到了问题，即在城里驾驶或停泊这辆跑车都很不方便。他发现，可供选择的交通工具非常有限，例如，旧金山长期推行限制出租车牌照数量的政策，这意味着市面上的出租车几乎总是供不应求。[1]

坎普注意到存在无出租标记的轿车（这种车在旅游景点很常见），但它们很难与顾客之间建立联系。因此，坎普开始研发一种通过手机应用程序运行的按需乘车的交通服务方式。早期，利用幻灯片展示的方式，顾客可以一键预定阔气的高端轿车。[2]坎普把他的想法告诉了朋友及其他熟人，其中，一位企业家朋友特拉维斯·卡兰尼克（Travis Kalanick）喜欢他的想法，但表示不会加入坎普基于自己的想法而成立的新公司。

2008年12月，卡兰尼克与坎普在巴黎一起参加了一场科技大会。一天晚上，外出的他们被一个出租车司机用法语指责、咒骂了一通，卡兰尼克因此大怒。这件事足以说服卡兰尼克加入坎普成立的新公司。关键的是，卡兰尼克坚持不必购买一个车队（否定坎普购买一个车队的想法），而是使用现有的自主司机。卡兰尼克后来声明："我们没有自己的车也不雇用司机……我想一键打车。这就是关于它的一切。"

2010年7月，第一位乘客在旧金山乘坐"优步出租车"。一位记者抓住了早期的热潮，发表了高度赞扬优步出租车的报道，称其"消除了出租车体验中的一切不适"。[3]很快，优步开始拓展在其他市场中的业务，并于

---

1 This section draws on *The Upstarts by Stone*（2017）.

2 Camp（2017）；Mannes（2017）.

3 Arrington（2010）.

2011年进驻纽约。[1]司机与乘客都渴望参与这一新兴的"零工经济"活动，优步的用户使用量迅速增加。2012年，优步推出UberX，这是一种可以直接面向出租车的更实惠的选择。[2]在任何地区，挑战这样一个固化的行业都是勇敢的尝试，在纽约尤为如此，因为其针对标志性的黄色出租车的监管措施给潜在的司机设置了很高的准入门槛。优步通过利用创新性的数字商业模式，规避了所有这些规定。[3]

优步的努力得到了回报，2016年，它已成为全球最有价值的初创企业。[4]2018年7月，优步的乘车量达到100亿次，这是一个里程碑。[5]几乎没有企业具有优步在全球范围内的认可度，能在十年内实现这一目标的企业就更少了。那么，优步是如何做到的呢？毕竟提供从A处到B处的搭便车服务不是一个全新的想法，无论是乘坐优步车、预约私家车还是打出租车，都可以找到采用不同收费标准的司机，并被送到目的地。

优步设法利用新方式将人们通过乘车联系起来，让整个过程更快捷、更便宜、更可靠。而且，优步没有任何实体车辆，也没有雇用司机，这在交通运输业是闻所未闻的。尽管优步在快速发展的同时充满争议，但不可否认的是，其在定义个人出行市场方面具有一定影响力。通过更好地满足顾客的需求，优步重塑了这个具有悠久历史的行业，甚至使出租车企业提高了服务水平。[6]

简言之，优步是一个匹配平台。其采用的由数据驱动的商业模式非常

1 Uber（2011）.
2 Melendez（2014）.
3 Wallsten（2015）.
4 The Economist（2016）.
5 Uber（2018）.
6 Wallsten（2015）.

高效，例如，从产业利用率可以看出，在时间维度上，UberX的司机要比出租车司机高30%；在里程维度上，UberX司机要比出租车司机高50%。[1] 这可以归功于支持优步采用的商业模式的几个特征：配套的平台技术、规模，对出租车的宽松监管，对自主司机的使用以及动态提价机制。这些特征有助于实现全天的供需平衡。[2]

优步采用的商业模式可以确保乘客与司机都不会在尝试联系对方上浪费时间。细想一下，优步的潜在乘客的替代方案是沿街打车，这需要时间及精力，而且，其还不一定能打到车。优步采用的商业模式通过显著简化支付过程，减少了支付摩擦。出租车可能不愿意接受信用卡支付（或是因为信用卡读卡器可能损坏）。无论选择何种支付车费的方式，收取及处理付款都需要花费时间。使用优步后，整个过程将变得自动且连贯。

优步采用的商业模式的另一个特点是，它可以更加容易地反映服务质量。[3]与出租车不同，乘客会对优步车司机进行评价，这些评价很容易获得，并且以后的乘客会据此快速决定是否选用某位司机。同样的情况也适用于乘客，司机会对乘客进行评价。司机可以提前拒绝有不良历史记录的乘客，以避免潜在问题发生。对于出租车而言，乘客无法事先知道司机是否称职，司机无法事先知道乘客是不是比较麻烦。

网络效应影响优步采用的商业模式的效率。随着网络用户的增加（这里指使用优步应用程序的人数增加），优步的价值得到提升。对于乘客而言，加入优步很容易，需要做的就是下载优步应用程序并录入信用卡信

---

1 个人交通领域的产业利用率是指车内有付费乘客的时间所占的比例，或是在行车过程中，车内有付费乘客的里程数所占的比例（Cramer，Krueger，2016）。

2 Cramer，Krueger（2016）.

3 Wallsten（2015）.

息，优步已在全球范围内迅速发展。对于乘客而言，优步并不局限于特定的"家乡"地区。无论在巴黎还是纽约，都可以掏出手机，打开优步应用程序，协调乘车。因为乘客数量增加带来了更多的机会，所以越来越多的司机加入其中。更多的司机意味着更快的上车时间和更高的整体效率。这反过来又促使更多乘客使用这项服务，等等。

在2019年5月上市后，有关优步进行长期财富创造的争议依然存在。但不可否认的是，优步的影响力是变革性的。优步进行价值创造的故事是一个创新商业模式的故事，而非产品或服务方面的故事。

米其林：不厌其烦地租借轮胎

1889年，爱德华·米其林和安德烈·米其林在法国克莱蒙费朗创立了米其林公司。他们最初给自行车生产轮胎，并在1891年发明了可拆卸的自行车轮胎。[1]很快，他们发现了一个新机会。凭借远见卓识，他们将注意力转向当时轰动社会的新事物——汽车。

米其林成立时，整个法国的汽车数量不到3000辆。[2]仅在15年后，也就是1904年，法国的汽车数量约为16000辆。1906年，米其林已经在法国境外开设了第一家工厂。[3]随后，公路及航空运输迅速发展，为米其林带来了为汽车、火车、卡车、公交车、飞机及摩托车装配轮胎的机会。如今，米其林是全球范围内公认的轮胎行业领导者。2018年，米其林的收入超过220亿欧元。

1　Michelin website. Businesses.
2　Flink（1988，p. 19）.
3　Michelin website. History.

在整个20世纪，米其林主要依赖由传统的、以制造业为基础的商业模式支持的强大产品。核心业务是设计及制造轮胎，然后通过分销商网络将这些产品销售给顾客。分销商也进行日常维护。米其林因提供优质且创新的产品（如1946年研发的子午线轮胎）[1]及发展互补的副业（包括地图和享有盛誉的《米其林指南》）而赢得赞誉。那时，米其林主要通过提供产品（轮胎）与服务（如道路指南）为顾客创造价值。

米其林长期专注于制造轮胎。不过，20世纪末，米其林开始关注与顾客建立持续的合作关系的可能性，如通过几个独立的项目为精选顾客提供轮胎管理服务。这些小规模的尝试的成功促使米其林在2000年正式推出新商业模式的制定方案。米其林没有出售新轮胎，而是向某些顾客（特别是欧洲的运输公司）提供通过购买千米数租赁轮胎的选项。[2]租赁期间，卡车的轮胎完全由米其林管理。顾客为实体物品的使用权而不是所有权付费。

"米其林车队方案"这个新产品体现了米其林对先前简单的商业模式的一种创新性扩展。值得注意的是，它在米其林与特定市场部门的终端顾客间建立了一个可以持续互动的关系。尽管米其林不再向顾客售卖轮胎，还额外进行轮胎的管理与维护，但轮胎这一实体物品保持不变。这改变了活动系统的关键维度，特别是治理（商业模式的主体维度），因为以前维修是顾客的责任。重要的是，米其林的新商业模式增加了所有参与者的价值。

首先，它超越了独立产品所创造的价值，增加了顾客的价值。卡车公司无须考虑要在路上解决意外出现的轮胎问题，因为他们可以给米其林打电话。协调服务是一个需要利用专业能力的复杂过程，交给米其林解决将

1　Michelin website. Innovation.
2　Renault，Dalsace，Ulaga（2010）.

大大降低交易成本。将米其林的专业技能延伸到对轮胎的管理方面，有利于尽可能地延长轮胎的寿命。例如，通过对轮胎进行开槽与翻新，米其林可以显著延长单个轮胎的使用时间，使用寿命甚至可以变为原来的好几倍。[1]保养良好的轮胎可以提高车辆的安全性并减少油耗——这是运输公司的主要关注点。除了节约成本外，这还具有更广泛的环境效益。[2]

其次，通过与顾客建立更密切的关系，新商业模式为中心企业米其林创造了更多的价值。米其林可以提升顾客黏性，顾客不再从其竞争对手处购买轮胎；米其林也可以直接向他们推销新产品。简言之，将轮胎作为一种服务这一具有创新性的商业模式，让米其林创造了比生产优质产品更多的价值。这种商业模式本身就是一种价值创造的源泉。

下一节将简要回顾我们对将商业模式作为一种价值来源的理解。我们将把它称为理解价值创造的"分析单元"。[3]

1　Michelin（2015，November 30）. The 4 lives of a truck tire [video file]；Renault，Dalsace，Ulaga（2010）.

2　Renault，Dalsace，Ulaga（2010）.

3　分析单元是指研究要分析的人或对象。在管理研究中，典型的分析单元包括企业或企业内的业务部门、团体或个人。

第二节

站在巨人的肩膀上：理论基础

　　20世纪90年代末至21世纪头十年，对商业模式进行的早期研究主要是为了解释电子商务现象。学者、管理者及企业家对于了解如何通过进行一些新尝试（利用数字技术以及在虚拟市场运营）创造价值非常感兴趣，这在当时是一个相对较新的现象。[1]尽管创业与战略方面普遍接受的价值创造理论存在局限性，只能解释其中的一部分问题，但它们都有助于我们更好地理解这一现象。不同的理论立足于不同的分析单元，然而，在精确捕捉有趣的初创企业（亚马逊、eBay、谷歌或奈飞等）打算如何改写商业规则时，似乎没有一个理论令人完全满意。这些企业以新颖的技术驱动一般方法、跨领域的方法、以顾客为中心的方法及全球性方法发展，并对

1　Shapiro，Varian（1999）.

既有的分类方式提出挑战。亚马逊属于哪个行业？谷歌从事什么业务？eBay的实际工作是谁做的？奈飞采用的DVD租赁新方法的本质是什么？换言之，什么分析单元适用于审视新创公司及其采用的经营方式？由于现有的类别（如行业、企业、业务部门或过程）没有一个看起来能够完美适配，因此需要开发出商业模式这样一个新的类别。

最早的定义之一是："商业模式描述了交易的内容、结构与治理（设计它们的目的是通过利用商机创造价值）。"[1]这个定义的主要观点是：（1）数字化驱动的商业模式降低了交易成本，并激活了新的交易结构或系统；（2）新系统能够以新的或更好的方式满足顾客需求，从而创造更多的价值。例如，eBay是第一家大规模进行"顾客对顾客"拍卖的企业。在这种商业模式中，即使价值较低的商品也能在个人消费者间成功交易。Priceline.com引入逆向市场拍卖方式，在这种方式下，买家向卖家表明购买需求与保留价格，然后卖家向其提交报价，这些顾客可以从中选择最优报价。Autobytel.com通过将潜在的买家、汽车经销商、金融公司及保险公司联系起来，彻底改变了美国的汽车零售流程，因此，这使人们即使全天在家也能实现一站式购车。就像前面提到的优步与米其林一样，这些企业都引入了协调商业交易的新方法。它们通过以下方式创造价值：关联以前没有联系的各方、消除买卖过程中的低效率、采用新的交易方式、抓住潜在消费者的需求（如可以在家中方便地购买汽车，无须讨价还价）和/或创造新市场（如拍卖价值较低的商品）。Priceline.com甚至还凭借"确定你

---

1 参见 Amit，Zott（2001，p.511）。在他们的定义中，"交易内容是指正在交换的商品或信息，以及实现交换所需的资源和能力"。交易结构是指参与交易的各方及其之间的联系方式。交易结构还包括进行交易的顺序，以及为完成交易而采用的机制。交易治理是指被相关方控制的信息、资源和商品的流动方式，涉及合法的组织形式，以及对交易参与者的激励。

自己的价格"这一创新方法获得了商业模式专利。[1]

根据活动是由交易连接起来的观点,我们可以将交易与活动视为一枚硬币的两面,[2]这种早期基于交易的商业模式视角演变为基于活动的框架,后者形成了本书的概念主干(见第一章)。这一转变带来了许多好处。[3]第一,企业家与管理者往往会更自然地从活动而非交易的角度思考,因此,前者比后者更容易学习与应用。第二,某些学术成果通常只考虑交易,而不像商业模式中所具有的系统思维(是系统的一部分)那样。相反,活动通常与更高层次的结构(如价值链、网络、系统)有关,它们只是其中的一部分。第三,交易是一个相当机械、僵硬的概念,但活动的概念(至少含蓄地)承认了人们参与其中的可能性,因此可以引入社会因素。

在沿着这些维度深化商业模式概念时,向基于活动的商业模式视角的转变保留了早期结构中的关键思想,特别是有关活动系统和主要设计元素(内涵、结构以及治理)的观点。与早期关于商业模式理论的研究一致,活动系统视角根植于五个公认的价值创造理论:熊彼特式创新、资源基础观、交易成本经济学、价值链分析以及战略网络理论。

熊彼特式创新

奥地利经济学家约瑟夫·熊彼特(Joseph Schumpeter,1883—1950年)开创性地提出通过技术变革与创新实现经济发展与创造新价值的理论。[4]

---

1 在逆向市场中,买家向卖家发布预期价格,以使卖家接受。
2 类似地,可以参考数学图论中节点和边的双重视角。我们可以通过以下两种方式描述一个图:聚焦它的节点并列出所有与之相连的节点,或聚焦边并描述每个边对应的节点。这两种方式的作用相当,因为它们完整地描述了图片。
3 详情参见 Zott,Amit(2010)。
4 Schumpeter(1934).

他为企业家指明了多种创新来源，包括引进新产品或新生产方法、开辟新市场、找到新供应来源及组建有关行业的新组织。熊彼特提出了"创造性破坏"的概念，认为随着技术变革，企业家可以通过在不确定且复杂的环境中采取主动冒险的行为获得租金。这些租金（现在称为熊彼特租金）后来会随着知识的扩散及创新被模仿（创新性成为经济生活中的既定惯例）而逐渐减少。[1]

熊彼特认为，创新是价值创造的主要来源，即资源（及其提供的服务）的新组合是产生新产品及新生产方法的基础。熊彼特有关创新的概念相对宽泛，超越了产品与流程两种创新来源，还包含要素市场、分销渠道及营销方式的创新。同时，在出现手机与互联网前的几十年时间里，发现利用信息的新方式确实很高明。因此，从某种意义上说，熊彼特的思想为把整个商业模式，而不仅是售卖给顾客的产品或服务（这是大多人对创新的看法），视为创新和价值创造的来源而开辟了路径。对熊彼特理论的发展促使商业模式的设计者思考如何通过进行商业模式不同维度的创新增加创造的总价值。

资源基础观

建立在熊彼特价值创造观点基础上的资源基础观，将企业视为资源与能力的集合体。资源基础观认为，集结并独特地组合一系列各有针对性且互补的资源及能力（在一个行业内是异质的、稀缺的、持久的、不易交易的和难以模仿的）可能会创造价值。[2]自20世纪八九十年代诞生以来，资源

---

1 Schumpeter（1942）.
2 Penrose（1959）；Wernerfelt（1984）；Barney（1991）；Peteraf（1993）；Amit, Schoemaker（1993）.

基础观得到了广泛应用，它已是一个成熟的理论。[1]诸如"需求侧"视角等资源基础观的延伸表明，资源基础观最初主要聚焦于供给侧。[2]需求侧学者指出，顾客的需求使资源有价值。他们对价值创造与价值获取加以区分（具有代表性），其中，价值创造由顾客的支付意愿决定，价值获取由市场结构及资源的所有权决定。资源基础观的另一延伸是动态能力观点，它探索了企业如何随着时间的推移构建并获取重要的资源地位。[3]动态能力根植于企业的组织与管理过程，如那些旨在协调、整合、重组或转型的过程。[4]这些能力帮助企业创造并获取熊彼特租金。

资源基础观一直将企业作为分析层次，将资源作为分析单元。资源包括实物资产、人力资本，及管理与组织的能力。资源促使活动发生并将活动关联起来。因此，可以将资源视为商业模式的微观基础。特别是数字化商业模式使企业能够挖掘创造价值的新资源。例如，在数字化商业模式中，通过合作及签订资源共享协议使用资源与能力，而不必拥有或控制它们（通过培养或得到它们）已经变得越发普遍。资源基础观通过强调资源组合的重要性，尤其是那些具有互补性的资源组合，为进行跨界的商业模式设计提供了依据。

根据资源基础观，资源的质量决定活动的价值创造潜能（内容）。此外，资源的部署顺序（方式）决定人们对资源的潜在互补性的利用程度。同时，资源基础观指出，商业模式的设计者需要在互相依存的价值创造与价值获取间维持谨慎的平衡：价值创造是价值获取的基础，价值获取的愿

1　Barney，Ketchen，Wright（2011）．

2　Priem（2007）；Adner，Zemsky（2006）．

3　Teece，Pisano，Shuen（1997）；Teece（2009）．

4　Eisenhardt，Martin（2000）．

景是价值创造的重要动力。因此，在接触并邀请合作伙伴（主体）基于各自的商业模式共同创造产品前，必须仔细分析价值创造和价值获取（原因）的效应。在一个数字化程度不断加深的世界，竞争对手也可以轻易获得替代资源，这对价值的保持提出了更大的挑战。此外，相较其他类型的资源与功能，基于信息的资源与功能具有更强的流动性，因此，其更容易发生价值迁移，这样的话，创造价值的可持续性会降低。

交易成本经济学

交易成本经济学试图回答的问题是：为什么企业要内化发生在市场中的交易行为？[1]奥利弗·威廉姆森构建了交易成本经济学的主要理论框架，并因此荣获2009年诺贝尔经济学奖（和埃莉诺·奥斯特罗姆一起）。[2]尽管威廉姆森的交易成本经济学将交易视为主要分析单元，但这同样适用于分析活动。实际上，交易成本经济学已被广泛应用于检验一项活动（如制造产品）是否有利，或将其外包给另一方（如自制或外购）是否会更好。威廉姆森在互联网出现之前研究了交易成本经济学，那个时代盛行实体物品和服务，交易效率低下，交易成本很高。

交易成本经济学的核心是解释在特定经济环境中进行交易的最有效的治理形式（如自制或外购）。交易成本包括计划、调整、执行和跟踪任务完成的成本。治理机制会影响交易效率。威廉姆森认为，有限理性加上不确定性与复杂性、信息不对称及少数情况下的机会主义会导致交易效率低下。因此，交易成本经济学认为，由于提高效率能够降低成本，因此交易

1　Coase（1937）.
2　Williamson（1975，1979，1983）.

效率是价值的一个主要来源。此外，声誉、信任与交易经验都可以降低企业间异质性交易的成本，而对信息技术的投资能够降低协调成本，减少交易风险。[1]

如今，大多数商业模式至少是部分数字化的，数字化所带来的主要优势之一是降低了交易成本。因此，交易成本经济学批判性地指导我们理解商业模式中的价值创造。除了降低交易成本及相关活动的直接成本外，数字化的商业模式还会降低由逆向选择、道德风险及拖延等产生的间接成本，这可能由于交易频率的增加（通过开放的标准）、交易不确定性的下降（通过提供大量特定交易的信息）以及资产专用性的下降（下一个页面仅"单击即可"）。正如前文提到的优步这一案例，从前无法联系的各方（如买家和卖家）现在可以通过电子方式轻松地连接与互动，这可以化解少数人讨价还价的问题。

我们注意到，在商业模式背景下，活动间的相互依赖性与互补性进一步增加了活动系统进行的价值创造。交易成本经济学聚焦实现交易中各方成本的最小化，商业模式包括大量相互依存的利益相关者（中心企业、供应商、合作伙伴和顾客），实现联合价值最大化的机会至关重要。[2]此外，交易成本经济学强调的治理模式，即层次组织（自制）与市场组织（外购）是基础，计算机及信息技术的发展使新型混合治理模式成为可能。最后，虽然交易效率提升是价值创造的重要来源，但商业模式还是利用了其他形式的价值创造，如创新与进行资源的重新配置（为什么）。[3]

---

1 Clemons，Row（1992）.

2 Zajac，Olsen（1993）.

3 Goshal，Moran（1996）.

价值链分析

迈克尔·波特（Michael Porter）的价值链框架在业务单元层次分析了价值创造。[1]价值链分析包括以下四个步骤：（1）确定战略业务单元；（2）确定关键活动；（3）明确产品；（4）确定不同活动的价值。价值链框架解决了如下问题：（1）企业应该执行什么活动？如何执行？（2）什么样的企业活动布局能使产量增加并在行业中具备竞争力？价值链分析对主要活动进行探讨，包含实体产品的创造、对价值创造的直接影响以及支持性活动，这些活动通过影响主要活动的绩效来影响价值。

波特将价值定义为"买家愿意为企业提供的东西所支付的金额，价值通过总收入来衡量……如果企业获得的价值超过了其创造的产品的成本，那么该企业是盈利的"。[2]价值链中的每一步差异都将创造价值，可以通过生产产品和提供服务降低购买者的成本或增强购买者的购买力（或两者皆而有之）来创造价值。产品差异化的驱动因素以及此后价值创造的来源包括：政策选择（执行什么活动以及如何执行），联系（价值链内的联系或与供应商和渠道之间的联系），（活动的）时机把握，地点，业务单元间活动的分担、整合，规模和制度因素。[3]

价值链分析有助于检验商业模式中的价值创造情况，特别是特定活动的价值创造情况。例如，亚马逊利用基于人工智能和自动驾驶技术的物流活动，提升交付在线订购产品的速度和可靠性。它这么做是为了通过快速完成订单以为顾客创造更多的价值。然而，价值链模型可能更适用于分析传统的生产企业和制造企业，而不是服务企业和数字企业，因为后者产生

1　Porter（1985）.

2　Porter（1985，p. 38）.

3　Porter（1985，pp. 124–127）.

的"链条"（如果有的话）不能完全捕捉到企业价值创造机制的本质。例如，在一家保险公司中，"接收了什么，生产了什么，运输了什么"[1]是其对大多数基于复杂信息流进行交易的数字化商业模式（例如，亚马逊采用的商业模式）提出的相似问题。

商业版图的数字化转型揭示了价值链框架中存在的局限性，因此，开放式创新、创新价值链、行业架构、价值网络等概念应运而生。[2]其中的主体内容大多集中于网络或行业层面的结构和动态的出现与演变。[3]相比之下，商业模式的概念是价值链理论的另一种延伸。商业模式的概念借鉴了价值链框架的核心论点，受到活动（内容）及价值的多种来源的重大影响。然而，它通过重要的方式对这些论点进行扩展：关注商业模式中所有利益相关者的总价值创造（原因）；[4]强调价值创造和交付动态，并允许相互依赖的活动之间进行非线性排序（方式）；允许第三方从事商业模式中的某些关键活动，而不是中心企业（主体）。

战略网络理论

战略网络是"那些对于合作企业而言，具有战略重要性的稳定的外部关系，它们可能采取战略联盟、合资企业、长期供需关系等其他形式"。[5]战略网络理论家试图回答如下问题：（1）为什么要构建战略网络？如何构建战略网络？（2）允许在市场中竞争的一系列企业间的关系是什么？

1 Stabell，Fjeldstad（1998，p. 414）.
2 Chesbrough，Appleyard（2007）；Jacobides，Knudsen，Augier（2006）；Normann，Ramirez（1993）.
3 Brusoni，Jacobides，Prencipe（2009）.
4 Brandenburger，Stuart（1996）.
5 Gulati，Nohria，Zaheer（2000，p. 203）.

（3）如何在网络中创造价值（如通过企业间的资产共同创造新价值）？

（4）企业在网络中所处的不同位置和关系如何影响绩效？

传统上，具有社会学与组织理论背景的网络理论家关注网络结构对价值创造的影响。例如，就密度和集中性而言，网络的构造已被视为决定其优势（如访问、时间和推荐收益）的重要因素。[1]此外，据推测，网络的规模及联系的异质性有利于网络内参与者获得有价值的信息。[2]除了使人们能够获得信息、市场和技术外，战略网络还带来共担风险，产生规模经济效应和范围经济效应，[3]分享知识和促进学习及[4]从相互依赖的活动中获利的可能性。战略网络中的其他价值来源包括缩短产品的上市时间，提高交易效率，减少信息不对称的情况以及优化联盟企业间的协作机制。[5]这些网络化的优势及基本的网络效应促使基于平台的商业模式日益流行。[6]

当技术、产品或服务的价值随用户数量的增加而提升时，就会出现网络效应；价值源自实现用户间"通信、内容交换、商业、合作（协同创造）、合作竞争和协作的连接"。[7]例如，在Instagram或Facebook这样的社交平台上，随着用户群的壮大，人们将更容易联系到认识的人（这增加了从产品中获得的价值）。

由数字化连接的企业、供应商、顾客和其他合作伙伴非常重要，网络视角显然与理解商业模式中的价值创造有关。但是，它可能无法完全抓住

1　Freeman（1979）；Burt（1992）.

2　Granovetter（1973）.

3　Katz，Shapiro（1985）；Shapiro，Varian（1999）.

4　Anand，Khanna（2000）；Dyer，Nobeoka（2000）；Dyer，Singh（1998）.

5　Kogut（2000）；Gulati，Nohria，Zaheer（2000）.

6　Cennamo，Santalo（2013）.

7　Afuah（2018，p. 86）.

创新性商业模式进行价值创造的潜能，这种模式通过活动的建构及新的交易方式激活了进行价值创造的全新可能。例如，战略网络理论与网络分析提供的形式化工具只部分解释了企业（如在线市场Groupon）进行价值创造的潜力。Groupon将企业与精打细算（且通常是本地的）的消费者（主体）联系起来，这些消费者会购买有关产品或服务（如理发和健身课程）的优惠券，然后再进行兑现（方式）。一旦企业入驻Groupon，就会从中获益；反过来，Groupon从销售的所有产品中抽取分成（原因）。Groupon曾一度是最快达到10亿美元估值的新创公司。

第三节

商业模式：新的分析单元和层次

　　如上所述，不同的理论侧重于使用不同的分析单元解释价值是如何创造的，它们分别是：企业家（熊彼特式创新）、资源（资源基础观）、交易（交易成本经济学）、活动（价值链分析）和网络（战略网络理论）。关键优势在于使理论家能够捕捉到生意场上创造价值的不同方式，这在以下情况中尤为有效：活动可以清晰地分开，主要通过线性方式连接，主要涉及实体商品的流动并且由少数参与者在清晰的组织边界内执行。换言之，这些角度非常适用于分析过去线下经济中的价值创造。当然，关键的缺点是，每一个理论都只能部分解释数字经济中的价值创造过程，因此需要一种更全面、更系统、更综合的方法理解价值创造。

　　作为一种新的分析单元，商业模式满足了这些需求。

它是一个由交易连接成的活动系统，这些交易由中心企业设计和实现，这可能跨企业并且可能跨行业边界。商业模式代表企业、供应商、合作伙伴和顾客间的 "有目的"的网络，它们互相连接并有效利用各自的资源和能力，从而进行满足特定顾客需求的活动（这就是我们称其"有目的"的原因）。因此，商业模式不会取代普遍认可的分析单元，而是对它们进行补充。它为数字时代的价值创造增加了新视角。接受这一概念意味着要承认，随着数字技术和其他技术（如人工智能、云计算和区块链）的发展，可能出现新的经营方式，这就需要新的分析方法、视角和工具（这不会让既有的方法过时）。[1]

商业模式可以被视为一种新的分析层次而不仅是一个新的分析单位。[2] 在给定的分析层次，可以考察不同的分析单元。例如，在进行企业层面的分析时，有人可能会思考为什么同行业中的不同企业表现出不同的兴趣，为此，其可能会将企业层面的能力（这是分析单元）放大为一种可能的解释。或者，有人可能有兴趣了解首席执行官的决策（一个不同的分析单元）如何影响公司层面的业绩。一般而言，分析层次是指我们试图解释的内容（在经济学分析中，这些被称为"因变量"），分析单元是指那些解释因子（在经济学分析中，这些被称为"自变量"）。

商业模式是分析层次，如一个人通过商业模式理解价值创造，或尝试理解具有竞争力的商业模式，某个特定商业模式具有特定的竞争优势。例如，商业模式分析层次中的一个相关问题是：活动与合作伙伴间各种可选的组合方式进行价值创造的潜力是什么？作为一个分析层次，商业模式

1　根据 Bresnahan，Trajtenberg（1995，p. 84），使能技术是"开启新机会而不是提供完整的最终解决方案的技术"，包括互联网、区块链、机器学习、物联网、云计算、自动驾驶汽车或 5G 技术。
2　分析层次描述了"用于检验假设和统计分析的数据单位"（Rousseau，1985，p. 4）。

内置于企业层次与网络、行业、生态系统和更广泛的环境层次中（见图
2.1）。它以中心企业为中心，包括那些在企业生产和交付价值过程中相互
合作的利益相关者，从而跨越了中心企业的边界。因此，商业模式与其他
分析层次相关联，但又明显不同。

尽管我们已经解释了什么是商业模式，但想真正透彻地理解这个概
念，还要解释它与其他相似概念的联系及区别，其中，区别更重要，如生
态系统或组织形式。你可以在本章的在线附录中找到相关讨论内容。另
外，解释"商业模式不是什么"可能很有用。

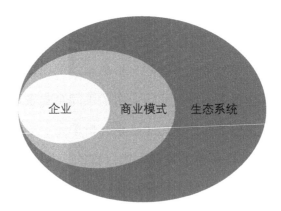

图2.1　商业模式与其他分析层次

商业模式不是什么

为了进一步完善商业模式的概念，我们将在本节中澄清关于商业模式的两个常见误解，即商业模式与策略是一样的，以及商业模式包括企业的所有要素。

商业模式不是传统的战略

如第一章所述，传统的战略管理文献区分了与企业（或其业务部门）的产品市场定位有关的业务层战略问题，及与企业范围有关的公司层战略问题。更具体地说，业务层战略回答了在产品市场空间内，相对于竞争对手和顾客，如何为公司（或业务单位）定位的问题。公司层战略回答了诸如开展哪些业务，何时及如何开展及终止这些业务之类的问题。商业模式有效补充了这些经典战略问题（当然不是取代）。

它增加了一个重要的但至今仍未被解答的问题：在企业选择加入竞争的每个产品细分市场中，"如何做生意"（商业模式与产品市场战略的区别见表2.1）。

表2.1　商业模式与产品市场战略的区别

	商业模式	产品市场战略
目的	以价值为中心的相互依赖的活动系统，由中心企业设计，由中心企业及其合作伙伴执行，从而满足识别市场的需求	选择构成的模式，说明企业如何通过在产品市场中明确定位来获得并保持竞争优势
主要解决的问题	如何将要素与产品市场相连接？ ■ 执行什么活动？ ■ 如何将活动连接起来？ ■ 谁来执行这些活动？ ■ 为什么这些活动应该执行（基于价值创造和占有的逻辑）？	相对竞争对手采用什么样的定位？ ■ 采用哪种一般战略（成本领先和/或产品差异化）？ ■ 什么时候进入市场？ ■ 售卖什么产品？ ■ 服务哪些顾客？ ■ 负责哪些地域市场？
分析的层次	中心企业的商业模式（可能跨企业边界并包括合作伙伴）	企业

具有创新性或不那么新颖的商业模式都可以追求制定产品市场战略，涉及成本领先和/或产品差异化（Porter，1985）。如Lidl和ALDI两家一流的廉价连锁超市，它们都没有特别创新的商业模式，而且都在追求制定低成本战略。在德国汽车制造商奔驰和宝马的发展史上，大多数时候，它们在采用基于产品差异化（通过技术和设计上的创新）而非成本领先的产品市场策略的同时，也依赖传统的、非创新性的商业模式。[1]相反，美国西南航空和苹果是两家具有创新性商业模式的企业却分别推行低成本市场战略

1　宝马（BMW）和梅赛德斯—奔驰（Mercedes-Benz）已经加入汽车行业新商业模式的试验浪潮。例如，传统制造商正通过成立合资企业实现整合，从而加快自动驾驶汽车的发展，参见 Traugott（2019）和 Masters（2019）。

和差异化产品市场战略。

因此，根据活动系统的主体、方式、内容及原因设计的商业模式，代表企业在确定如何开展业务时必须做出一系列重要的战略选择。我们注意到21世纪的竞争不仅存在于市场中的产品和服务之间，也存在于中心企业的商业模式中。重要的是，各中心企业对商业模式做出了不同的设计选择，它们补充了产品的市场定位选择（业务层战略）和范围选择（公司层战略）。例如，一家企业需要决定采用哪种产品市场定位，即成本领先和/或产品/服务差异化，[1]或何时进入市场。[2]同样，企业需要决定如何在所选择的细分市场内开展业务，从而最大限度地创造价值和获取价值。这些问题的答案，对于我们理解在竞争性产品市场中运营的企业如何创造及获取价值至关重要。

商业模式不是包罗万象的

有时，商业模式被认为是综合体，几乎涵盖和企业有关的一切。商业模式画布是体现这种理念的一个例证，这是一种在预先制定好的模式（或"画布"）上提取并描述（新）企业的关键要素的方法。它由九个基本的模块组成：细分顾客、价值主张、渠道通路、顾客关系、收入来源、核心资源、关键业务、重要合作伙伴及成本结构。[3]正如我们将在第九章中解释的，这种自下而上的方法可能有助于充实商业模式，并将使其成为一个商业计划，且最终实施。但是，它与第一章中介绍的更为简约和整体的框架（企业活动系统的内容、方式、主体和原因）并不完全一致。如果将商业

---

1 Porter（1985）.
2 Lieberman，Montgomery（1988）.
3 Osterwalder，Pigneur（2010）.

模式视为一个包罗万象的概念，就很难将它与其他"大"概念（如公司或其组织结构）进行区分。

同样，不应将商业模式与商业计划混淆，这两个概念不能互换。与商业模式不同，商业计划是一份静态的、具有前瞻性的文件，可能由寻求资金支持的企业家制订。一份好的商业计划是对未来发展的简要说明，就可能随时间改变的目标、人员、机会、市场趋势、技术、运营情况、商业模式、竞争战略、营销战略和财务等因素进行讨论。[1]因此，商业计划描述了初创企业的商业模式，并且商业模式显然与范围更广的商业计划不同。例如，商业计划通常会提出关键假设，如对未来销售情况的预测。相反，商业模式只描述所设想的活动系统。

1　Sahlman（1997）.

第五节

针对有效商业模式设计者的关键要点总结

在本章，我们探讨了商业模式概念的理论基础，并将商业模式与既有的价值创造理论进行对照。我们对以下理论进行了简要阐释：熊彼特式创新、资源基础观、交易成本经济学、价值链分析及战略网络理论。单独使用这些理论中的任意一个都能部分解释企业创造价值的方式，如通过进行创新或提高效率。然而，正如优步这一案例所表明的，没有一个理论能够完全解释数字化及高度创新的商业模式是如何创造价值的。

这一概述证实了商业模式是一个具备扎实理论基础的新的重要构想。它独立于其他价值创造的来源，如企业提供的产品和/或服务。然而，正如米其林这一案例，商业模式可以与基于产品的价值创造相辅相成。这类似于第一章中的关键点，即商业模式是一个截然不同的竞争优势源，它超越了既有创新源（如基于产品创新）。

为了进一步明晰我们的概念，我们澄清了一些关于商业模式不是什么的误解。首先，从广义上讲，商业模式不是业务层战略或公司层战略。可以说，商业模式代表公司层战略的一个重要的新的维度，它补充了更传统的战略维度。其次，商业模式并不是一个包含企业每一个基本方面的元素的全面聚合体。

参考文献

［1］Adner, R. & Zemsky, P. (2006). A demand-based perspective on sustainable competitive advantage. *Strategic Management Journal*, 27(3), 215–239.

［2］Afuah, A. (2018). *Business Model Innovation: Concepts, Analysis, and Cases* (2nd ed.). New York, NY: Routledge.

［3］Amit, R. & Schoemaker, P. J. H. (1993). Strategic assets and organizational rent. *Strategic Management Journal*, 14(1), 33–46.

［4］Amit, R. & Zott, C. (2001). Value creation in e-business. *Strategic Management Journal,* 22(6–7), 493–520.

［5］Anand, B. N. & Khanna, T. (2000). Do firms learn to create value? The case of alliances. *Strategic Management Journal*, 21(3), 295–315.

［6］Arrington, M. (2010, August 31). What if Ubercab pulls an Airbnb? Taxi business could (finally) get some disruption.

TechCrunch.

［7］Barney, J. B. (1991). Firm resources and sustained competitive advantage. *Journal of Management*, 17(1), 99–120.

［8］Barney, J. B., Ketchen, D. J., Jr., & Wright, M. (2011). The future of resource-based theory: Revitalization or decline? *Journal of Management*, 37(5), 1299–1315.

［9］Brandenburger, A. M. & Stuart, H. W., Jr. (1996). Value-based business strategy. *Journal of Economics & Management Strategy*, 5(1), 5–24.

［10］Bresnahan, T. F. & Trajtenberg, M. (1995). General purpose technologies 'engines of growth'? *Journal of Econometrics*, 65(1), 83–108.

［11］Brusoni, S., Jacobides, M. J., & Prencipe, A. (2009). Strategic dynamics in industry architectures and the challenges of knowledge integration. *European Management Review*, 6(4), 209–216.

［12］Burt, R. S. (1992). *Structural Holes: The Social Structure of Competition. Cambridge*, MA: Harvard University Press.

［13］Camp, G. (2017, August 23). The beginning of Uber. *Medium.*

［14］Cennamo, C. & Santalo, J. (2013). Platform competition: Strategic trade-offs in platform markets. *Strategic Management Journal*, 34(11), 1331–1350.

［15］Chesbrough, H. W. & Appleyard, M. M. (2007). Open innovation and strategy. *California Management Review*, 50(1), 57–76.

［16］Clemons, E. K. & Row, M. C. (1992). Information technology and industrial cooperation: the changing economics of coordination and ownership. *Journal of Management Information Systems*, 9(2), 9–28.

［17］ Coase, R. H. (1937). The nature of the firm. *Economica, New series* 4(16), 386–405.

［18］ Cramer, J. & Krueger, A. B. (2016). Disruptive change in the taxi business: The case of Uber. NBER working paper 22083, National Bureau of Economic Research, Cambridge, MA.

［19］ Dyer, J. H. & Nobeoka, K. (2000). Creating and managing a high-performance knowledge-sharing network: The Toyota case. *Strategic Management Journal*, 21(3), 345–367.

［20］ Dyer, J. H. & Singh, H. (1998). The relational view: Cooperative strategy and sources of interorganizational competitive advantage. *Academy of Management Review*, 23(4), 660–679.

［21］ Eisenhardt, K. M. & Martin, J. A. (2000). Dynamic capabilities: What are they? *Strategic Management Journal*, 21(10–11), 1105–1121.

［22］ Flink, J. J. (1988). *The Automobile Age*. Cambridge, MA: The MIT Press.

［23］ Freeman, L. C. (1979). Centrality in social networks conceptual clarification. *Social Networks*, 1(3), 215–239.

［24］ Ghoshal, S., & Moran, P. (1996). Bad for practice: A critique of the transaction cost theory. *Academy of Management Review,* 21(1), 13–47.

［25］ Granovetter, M. S. (1973). The strength of weak ties. *American Journal of Sociology*, 78(6), 1360–1380.

［26］ Gulati, R., Nohria, N., & Zaheer, A. (2000). *Strategic networks. Strategic Management Journal,* 21(3), 203–215.

［27］ Jacobides, M. G., Knudsen, T., & Augier, M. (2006). Benefiting from inno- vation: Value creation, value appropriation and the role of industry architectures. *Research Policy*, 35(8), 1200–1221.

［28］Katz, M. L. & Shapiro, C. (1985). Network externalities, competition, and compatibility. *American Economic Review*, 75(3), 424–440.

［29］Kogut, B. (2000). The network as knowledge: Generative rules and the emergence of structure. *Strategic Management Journal*, 21(3), 405–425.

［30］Lieberman, M. B. & Montgomery, D. B. (1988). First-mover advantages. *Strategic Management Journal*, 9(S1), 41–58.

［31］Mannes, J. (2017, August 23). Here is Uber's first pitch deck. *TechCrunch*.

［32］Masters, B. (2019, July 1). Self-driving car companies find that going it alone is difficult. *Financial Times*.

［33］Melendez, S. (2014, January 3). How Uber conquered the world in 2013. *Fast Company*.

［34］Michelin (2015, November 30). The 4 lives of a truck tire. [Video file]. *YouTube*.

［35］Michelin website. Businesses.

［36］Michelin website. History.

［37］Michelin website. Innovation.

［38］Normann, R. & Ramirez, R. (1993). Designing interactive strategy. *Harvard Business Review*, 71(4), 65–77.

［39］Osterwalder, A. & Pigneur, Y. (2010). *Business Model Generation: A Hand-book for Visionaries, Game Changers, and Challengers*. Hoboken, NJ: Wiley.

［40］Penrose, E. T. (1959). *The Theory of the Growth of the Firm*. Oxford, UK: Oxford University Press.

［41］Peteraf, M. A. (1993). The cornerstones of competitive advantage: A resource-based view. *Strategic Management Journal*, 14(3), 179–191.

［42］Porter, M. E. (1985). *The Competitive Advantage: Creating and Sustaining Superior Performance*. New York, NY: Free Press.

［43］Priem, R. L. (2007). A consumer perspective on value creation. *Academy of Management Review*, 32(1), 219–235.

［44］Renault, C., Dalsace, F., & Ulaga, W. (2010). Michelin Fleet Solutions: From selling tires to selling kilometers. HEC Paris case no. 510-103-1.

［45］Rousseau, D. M. (1985). Issues of level in organizational research: Multi-level and cross-level perspectives. *Research in Organizational Behavior*, 7, 1–37.

［46］Sahlman, W. A. (1997). How to write a great business plan. *Harvard Business Review*, 75(4), 98–108.

［47］Schumpeter, J. A. (1934). *The Theory of Economic Development: An Inquiry into Profits, Capital, Credit, Interest, and the Business Cycle*. Cambridge, MA: Harvard University Press.

［48］Schumpeter, J. A. (1942). *Capitalism, Socialism and Democracy*. New York, NY: Harper & Brothers.

［49］Shapiro, C. & Varian, H. R. (1999). *Information Rules: A Strategic Guide to the Network economy*. Cambridge, MA: Harvard Business School Press.

［50］Stabell, C. B. & Fjeldstad, O. D. (1998). Configuring value for competitive advantage: On chains, shops, and networks. *Strategic Management Journal*, 19(5), 413–437.

[51] Stone, B. (2017). *The Upstarts: How Uber, Airbnb, and the Killer Companies of the New Silicon Valley are Changing the World*. New York, NY: Little, Brown and Company.

[52] Teece, D. J. (2009). *Dynamic capabilities and strategic management: Organizing for Innovation and Growth*. Oxford, UK: Oxford University Press.

[53] Teece, D. J., Pisano, G., & Shuen, A. (1997). Dynamic capabilities and strategic management. *Strategic Management Journal*, 18(7), 509–533.

[54] *The Economist*. (2016, September 3). From zero to seventy (billion). *The Economist*.

[55] Traugott, J. (2019, March 1). BMW And Mercedes-Benz join forces on new project. *CarBuzz*.

[56] Uber (2011, May 4). Uber NYC has launched. *Uber Blog*.

[57] Uber (2018, July 24). 10 Billion. *Uber Newsroom*.

[58] Wallsten, S. (2015). The competitive effects of the sharing economy: How is Uber changing taxis? Technology Policy Institute, Washington, DC.

[59] Wernerfelt, B. (1984). A resource-based view of the firm. *Strategic Management Journal*, 5(2), 171–180.

［60］Williamson, O. E. (1975). *Markets and hierarchies: A study in the internal orga- nizations: Analysis and antitrust implications*. New York, NY: Free Press.

［61］Williamson, O. E. (1979). Transaction-cost economics: The governance of contractual relations. *Journal of Law & Economics*, 22(2), 233–261.

［62］Williamson, O. E. (1983). Credible commitments: Using hostages to support exchange. *American Economic Review*, 73(4), 519–540.

［63］Zajac, E. J. & Olsen, C. P. (1993). From transaction cost to transactional value analysis: Implications for the study of interorganizational strategies. *Journal of Management Studies*, 30(1), 131–145.

［64］Zott, C. & Amit, R. (2010). Business model design: An activity system perspective. *Long Range Planning*, 43(2–3), 216–226.

CHAPTER 3

第三章

运用商业模式思维——变革性创新的先决条件

第一节

走向商业模式思维

以年轻的以色列工程公司FriCSo为例，其在减少摩擦力（简称"减摩"）领域取得了重大的技术突破。[1]摩擦力是机械系统的最大"敌人"——它会降低设备的功率，导致设备过热，以及引起运动组件的磨损、故障及"卡死"。FriCSo的技术发明减少了较大的摩擦。在涉及运动组件的产品和有关工业应用的领域（如机械制造、汽车生产、造船等），这是一项适用性清晰且适用范围广泛的惊人技术，它必将在商业领域取得成功。不然呢？一旦目标行业（如汽车行业）被重新定义，就会建立什么样的企业来实现知识产权商业化？为了将新企业嵌入原始设备制造商和无数一级、二级和三级供应商构成的现有生态系统，可以采用什么商业模式？你会选择成为一个制造应用新技术的机器，然后把它们卖给原始设备制造商的机器制造商吗？你愿意将商业生产线中的"对运动组件进行表面加工"环节外包给顾客而建立并

1　Loch，Zott，Guttman，Jokela，Nahminas（2008）.

经营一家工厂（企业创始人称之为"作业车间"）吗？或者，你愿意选择一个将技术出售（如通过许可协议）给第三方的纯研发企业（如机器制造商）吗？

这些选择中的每一个都涉及全然不同的商业模式。也就是说，它们都包含一系列活动；执行这些活动需要不同的资源和能力，这些资源和能力要么是企业内部的，要么是企业外部的，即通过与合作伙伴、供应商或顾客协作获得。这些选择中的每一个都会影响企业的绩效潜力。另外，它们还会影响企业的以下决策：哪些支出是必要的？可以收取哪些费用？可以获得多少利润？也许，最重要的是，这家新企业会与哪些顾客、竞争者打交道？换言之，对于创建新企业的企业家来说，进行商业模式设计是一个关键的决策。这对FriCSo至关重要。这个选择极大限度地决定企业将要创造的价值，以及（从投资者的角度来看至关重要）在退出时能够获得的价值。对于FriCSo来说，问题不在于哪种商业模式能够创造更多价值，相反，问题在于哪种商业模式能让其生存下来并蓬勃发展。

对于负责反思企业旧商业模式从而为未来做准备的管理者来说，进行商业模式的选择是一项极为重要的任务。一旦模板设定好，活动就开始进行了，并且，资源也得到了开发和完善，这时，由于惯性（需要更改时无法更改）和对变革的抵抗，该模板将很难更改。[1]

现在，问题来了。企业家与管理者往往无法充分重视对商业模式的设计，即活动系统的内容、方式、主体及原因。他们反而更注重传统的战略选择，如服务哪个细分市场，如何以及何时进入选定的市场，如何在企业选定的市场内进行竞争。事实上，因为商业模式被认为是给定的，所以对

---

[1] Snihur，Zott（2020）.

其进行设计并不总被视为一个主要的战略选择。换句话说，管理者在不加批判的情况下接受了其所在行业中被一致认可的商业模式模板。

可以通过几个因素解释这一疏忽。正如我们在前面章节中所提到的，商业模式是一个活动系统层次的构想，（商业活动中的）人们只是不习惯从活动（而非产品）或组织系统（而非功能或业务部门）的角度思考。因此，当思考未来时，管理者最先想到的并不是作为概念的商业模式。

相反，仅仅由于人脑更容易与认知上熟悉的东西建立联系，人们便倾向于关注它们（如在知名且成熟的商业模式模板中选择产品市场策略）。[1] 这可能会给他们留下思考方面的盲点。因为管理者没有对这些盲点给予足够的关注，所以管理者没有意识到盲点的存在。例如，在特斯拉刚进入汽车行业时，汽车制造商的高管会首先反思自己的产品组合，以及是否需要增加新的混合动力车型或电动车型，而不是从整体上根本性地质疑企业的商业模式。[2] 也就是说，他们一直把车当作一种产品来关注——这是汽车行业里每位管理者都非常熟悉的概念，它奠定了一个世纪以来在该行业进行竞争的基础。然而，与此同时，特斯拉创始人埃隆·马斯克（Elon Musk）已采用更广阔的视野思考企业的创新策略，把苹果作为灵感来源，这不仅催生了独特的技术与时尚的产品设计，而且对苹果的商业模式的关键方面进行了整合和模仿，如在高档商场中设立店面，而不依赖经销商拥有的特许经营权。

1　在心理学研究中，这一著名的现象被称为"心理模型"、"认知框架"或"图式"。在本章中，我们交替使用这些术语。其指"代表对一个概念或刺激类型的知识的认知结构，其中包括它的属性和属性之间的关系"；包含"人们有关世界的理论和概念"（Fiske，Taylor，1991，p. 98）。
2　例如，"福特一开始低估了特斯拉，福特的很多员工对特斯拉不屑一顾，认为这个新进者是由古怪的领导者带领的，受众处于小众市场"（Gundling，2016，p. 13）。

正如宝丽来（Polaroid）的案例所示，对现有的商业模式不加质疑绝对是危险的。基于企业创始人埃德温·兰德（Edwin Land）的坚定信念，宝丽来的管理者已经习惯通过售卖胶卷赚钱（所谓的"剃须刀/刀片商业模式"），以至于他们很难想象包含数码摄影的可能的新商业模式。[1]尽管宝丽来是数码相机行业的早期参与者之一，并于1996年推出数码相机PDC-2000。然而，宝丽来未能在该领域占据足够大的市场份额，并在2001年宣布破产。

为了避免类似的命运，并利用自身商业模式的价值创造潜能，管理者需要培养并加强自身（及整个组织）对商业模式之于价值创造的重要性的认识。换言之，他们需要战略性地将商业模式构建为进行价值创造及价值获取的来源。特别是当企业需要进行创新时，领导者应确保那些希望创新的管理者或雇员不再只是完全聚焦产品与服务，或管理过程，还要考虑创造一些可以使企业与利益相关者一起构思、生产、交付和消费企业生产的产品和提供的服务的新方法。简言之，除了进行产品/服务层面的创新外，管理者和雇员需要依托商业模式思维，承认在商业模式层面进行创新的可能性。

什么是商业模式思维

根据《韦氏词典》的定义，思维方式是指"一种心态或倾向"，或"一种固定的思维状态"。因此，它与人类的认知（人脑处理思想、记忆和感觉的方式）存在错综复杂的联系。事实上，思维方式作为一种固定的心理状态或态度，与认知框架密切相关。认知框架是固定的"知识结构，该知识结构通过将刚输入的感知解释融入记忆里已有的认知表征方面，从

---

1 Tripsas，Gavetti（2000）；Benner，Tripsas（2012）.

而帮助个体对其进行组织与解释"。[1]然而，思维方式不仅决定人们把认知框架作为解释角度，还决定使用哪种感知信息。换言之，思维方式决定人们希望感知什么以及准备感知什么。

这可能会导致产生分析盲点。例如，若管理者在产品或流程层次分析商业问题或商机，那么他们绝不会将这些商业问题归因于商业模式，或通过寻求商业问题解决方案来抓住商机。与此类似，正如宝丽来的案例所示，如果管理者陷入一种特定的商业模式，那么他们很难利用新技术或满足新兴顾客的需求。这就是需要商业模式思维的原因。商业模式思维代表一种想法、态度或倾向的状态，这种状态有助于人们思考企业活动系统的全局及相关内涵（内容）、结构（方式）、治理（主体）和价值逻辑（原因）等具体维度。对解决商业问题及寻求商机而言，这是一个潜在的解决方案。那些具有商业模式思维的人不会仅将商业模式当作一个给定的东西，也不会仅关注更熟悉的分析单元（如产品）或业务功能（如销售）。相反，他们会主动且全面地思考"如何做生意"。也就是说，当分析商业问题和商机时，他们会考虑企业的活动系统（对于创始人与创业经理人而言，问题和机遇是一枚硬币的两面。问题代表提出一个更优解决方案的机遇，同时只有当出现一个真正需要解决的问题时，机遇才出现）。

就像把认知框架作为解读的角度一样，商业模式思维可以帮助人们更好地理解及应对商业环境的变化（尤其是面对新鲜事物时）。当这些变化催生或影响新商业模式（如优步或爱彼迎的模式）发展及管理者被"被优步超越"的恐惧支配时更是如此。事实上，将商业模式作为应对环境变化的认知框架，能够"深远且广泛地影响获取、吸收并重构知识与资源的能力及意愿，从而适应变化"。[2]这些影响包括从在变化的管理环境中做出更

1　Cornelissen，Werner（2014，p. 187）.
2　Eggers，Park（2018，p. 369）.

好的决策到提高自己向他人解释与商业模式相关的变革需求的能力，从而获得相关支持。

对于主动进行商业模式变革的领导者来说，好消息是，商业模式思维作为一种态度或倾向，可以培养及提升，对此，管理者可以做以下事情：他们可以努力改善自己及其他团队与组织成员的商业模式思维。

为什么需要商业模式思维？思维方式陷阱

正如"思维方式"一词所表示的，一旦将思维设定下来，它就非常固定，很难受到变革的影响；思维方式是顽固且很难改变的。这并不奇怪，因为它们的存在是为了通过简化复杂的现实、过滤掉杂乱的信息以及促进与现有知识加强联系，从而提高认知过程的效率。这就导致忽略了差异化（尽管可能很重要）的信息，"数据鸿沟"被典型的信息填满，几乎从未修正过心理模型。换言之，思维方式倾向于进行自我应验。[1]结果，个体可能会落入以下两种思维方式陷阱之一。

1. 聚焦将产品、技术或过程而非商业模式当作创新来源的陷阱，将商业模式视为创新来源需要一个更系统、更全面的视角。换言之，这是掉进错误"分析层次"陷阱的风险。

2. 认为商业模式是给定的并"遵循"主导模板的陷阱，如行业中最流行、最常见的商业模式（如零售银行中的花旗银行的商业模式，快餐行业中的麦当劳的商业模式或咖啡零售行业中的星巴克的商业模式）。换言之，这是囿于特定商业模式模板的风险，以及没有意识到商业模式本身也

1　Gioia（1986），引自 Martins，Rindova，Greenbaum（2015）。

是一个可以（并且也许是应该）变革的变量的风险。

分析层次的陷阱

基于商业模式的整体性、系统层次本质，人们通常不熟悉这一认知图式，因此，对每个人来说，这都不"容易看到"。研究人员通过研究老牌公司如何应对面临的商业模式挑战，发现这些公司的管理者通常更关注商业模式的独立组成要素，而没有将商业模式看作一个整体。[1]换言之，他们只见树木，不见森林——掉进了分析层次的陷阱。所以，他们很难"抛弃"旧模式转而采用新模式。

他们更多的是渐进性地改进商业模式，这被称为"局部抛弃"，阻止了商业模式进行更基本的全面变革。从认知角度看，只见树木，不见森林，即改进商业模式中的独立组成要素是实用且易于理解的，但这通常会导致忽视和推迟现成的探索。"对商业模式独立组成要素的关注与抛弃，不仅不能促成对整个商业模式的关注，而且可能妨碍进行整体性反思。这凸显了格式塔（Gestalt）认知过程的重要性，它揭示了识别和关注整体的过程与关注部分的过程是不同的。"[2]

分析层次的思维方式陷阱包括以下三个不同的方面。

- 没有注意到基本问题，未能关注整体商业逻辑。

- 没有关注市场与核心技术的长期发展趋势。

- 没有战略性地思考商业模式。

---

1 Mehrizi，Lashkarbolouki（2016）.

2 Mehrizi，Lashkarbolouki（2016，p. 316）.

综上所述，这可能会产生商业模式组成要素层次确定的问题，甚至通过进行局部改善达到提升的目标，这形成了恶性循环，这不能解决和改变整个商业模式。特别是当产生短期改进效果时，这可能会使管理者因遵循旧商业模式而获得一种虚假的安全感。

以经营节假日包价游的托马斯·库克（Thomas Cook）为例，这家企业的历史可以追溯到 1841 年的维多利亚时期，禁酒运动的支持者想去附近一个小镇参加会议，该企业的创始人、英国家具工人托马斯·库克为他们组织了火车旅行。[1] 自那时起，与托马斯·库克同名的企业的业务扩展到休闲旅游领域，并逐渐发展为进行英国与其他欧洲国家包价游的顶级运营商之一，它一度经营多达60个品牌。其核心产品是包价游，但也提供旅游组件（如机票）和定制假期服务。因为出售旅行团业务需要经营者预定容量（如酒店房间和航班座位），所以托马斯·库克的商业模式高度依赖严格的容量管理。[2]

尽管托马斯·库克在旅游业有着悠久的历史，掌握专业知识，但到2010年，它面临巨大的财务压力，濒临破产。2011年，这家企业多次发布盈利预警，将英国零售部门与另一家同样拥有庞大的旅游商店网络的企业合并，它的这一举动在当时被评论为"怪异的……基于旅游业的发展变化迅速向在线经营方式转变"。[3] 2012年，这家企业任命了新的首席执行官哈里特·格林（Harriet Green），希望由他扭转局面。在格林的领导下，托马斯·库克积极采取一系列以削减成本和维持运营为核心的危机应对措

1　Thomas Cook 的网站。19 世纪，禁酒社会运动席卷英国。支持者主张戒酒（Collins，2011）。

2　Esty，Gilson，Sesia（2014，pp. 3–4）。

3　被《星期日泰晤士报》引用，参见 Esty，Gilson，Sesia（2014，p. 4）及 Provan（2019）对利润警告的引用。

施，[1]它的这次业务重组广受好评。

然而，这次重组的成功可能有助于巩固托马斯·库克的核心商业模式，而不是让高管考虑进行更综合、更全面的变革。托马斯·库克"在阳光灿烂的20世纪60年代把英国人带入了廉价的地中海度假套餐时代。在20世纪90年代，该企业继续采用这一模式，并加大对实体旅行社的投资力度，无视竞争日益激烈的数字业务"。[2]2017年，"在顾客未按预定容量参与，需要提供损害利润的折扣时，"[3]托马斯·库克长期采用的提前购买闲置容量的核心活动（这项活动使其可以设定折扣，但也高度依赖顾客实际预定的容量）再次暴露出脆弱性。2019年，深陷债务危机的托马斯·库克在救援谈判破裂后突然关停并宣布破产。这家一度具有开拓性的企业因在面对数字化"颠覆"时，始终未能对商业模式进行创新而突然倒闭，致使大约50万名度假者滞留在世界各地的度假胜地。[4]

熟悉陷阱

已被使用的商业模式涉及那些融入过程、合同、关系与默认惯例中的实际活动。认知性商业模式是它们对应的集体认知表现。[5]由于具有高度结构化的本质，已被使用的商业模式（以及它们的认知表现）可能是具有惯性的、稳定的且难以改变的。在实现的商业模式与认知性商业模式之间甚至还存在一种强化关系，商业模式结构通过两条相互联系且相互加强的平行路径，对企业产生重大影响（见图3.1）。第一条是结构性影响路径，在

1 Esty，Gilson，Sesia（2014）.
2 Lex（2019）.
3 Eley（2018）.
4 Hancock，Thomas（2019）.
5 Doz，Kosonen（2010）.

这条路径上，设计商业模式的管理者决定并设置商业模式的特征（内容、方式、主体、原因）。第二条是认知性影响路径，管理者的商业模式设计实践被企业的其他人传承并采用。[1]特别是新企业，在初创的敏感期具备了商业模式的重要特质。尽管后来环境会发生变化，但这些特质可以持续存在很久。因此，企业创办的早期就体现出创业者思维方式的重要性。

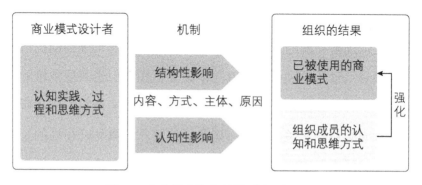

图3.1　商业模式熟悉陷阱深刻影响组织

此外，路径依赖、主导逻辑、管理者的认知局限与抵制变革使改变商业模式变得非常困难。例如，宝丽来的主导逻辑使其依靠消耗品而不是硬件（即时成像中的剃须刀/刀片模式）赚钱。[2]这一逻辑使企业高管形成了认知惯性（尽管并未影响那些直接参与数字成像的管理者，但他们还是开发出了一种更适合新兴竞争格局的表现形式）。20世纪90年代初，这些高管不主张"进行与传统商业模式不符的探索和发展"。那时，宝丽来尚不具备批判的能力，这种能力本可以使其通过非传统商业模式成功进入数字成像领域，"如成为一个低成本/高品质的硬件生产商"。[3]

1　Snihur，Zott（2020）.

2　Doz，Kosonen（2010）；Gilbert（2005）；Tripsas，Gavetti（2000）.

3　Tripsas，Gavetti（2000，p. 1158）.

商业模式的认知基础

由于思维方式对商业模式设计与创新的意义重大，因此商业模式具有强大的认知基础。认知可以被定义为人类进行有意识的脑力活动（如思考、推理或记忆）的一系列过程。[1]这些过程先于人类行为并促成人类行为。认知也指一个人有关知识、思想和信念的内容。这可以表述为"知识结构"，知识结构包含我们的大脑中储存并加工过的知识的大量组成要素间的结构关系。[2]简言之，认知涉及我们的大脑处理各种信息以及如何处理这些信息。

关于认知与商业模式的关系，研究者对二者进行了区分，将商业模式视为认知结构，认知是商业模式设计和实施

1　参见 *Merriam-Webster's Dictionary*。
2　Cowan（1990）.

的先决条件，特别强调后者促成商业模式变革与创新的认知过程。

商业模式是认知结构

商业模式可以被视为"由概念与它们之间的关系组成的心理模型，这些概念与关系构成了管理层对活动与交换设计的理解，这些理解反映了企业交换网络中至关重要的相互依赖性与价值创造的关系"。[1]这些心理模型是由价值创造的逻辑组织起来的，这个逻辑引导了已被使用的商业模式中涉及活动和交易的结构。

作为心理模型的商业模式被描述为设计逻辑，设计逻辑从内涵、结构、治理和价值逻辑角度解释活动系统的结构。它们可以通过设计主题（注重新颖性、锁定性、互补性和效率）体现出来。[2]根据这个观点，商业模式可以被视为一种认知结构，它具化了如何设定企业边界及如何创造价值的理论。[3]

推向极限，从认知角度看，商业模式只是模型，也就是说，像科学、数学或经济学模型一样，它是对现实情况的反映。[4]这一学派认为商业模式是一种抽象的东西，一种"雇员头脑中作为图式的心理结构"（Gassmann et al.，2016）。这与认为商业模式是真实的、可以被观察和描述、在世界上产生直观结果的观点形成对比。虽然一个公司的商业模式当然可以反映管理者的想法和设计目标，但它并不仅存在于他们的头脑中的无形区域。

1　Martins，Rindova，Greenbaum（2015，p. 105）.
2　第八章将详细说明这些主题，也可参见 Zott，Amit（2007，2010）。
3　Doz，Kosonen（2010，p. 371）.
4　Baden-Fuller，Morgan（2010）.

认知是前提：支撑商业模式设计和创新的认知实践和过程

关于商业模式与认知的另一个观点是，将商业模式视为已实现的活动系统，但承认它们的认知前提。然而，一些关于商业模式兴起的实证研究倾向于将其简单地描述为创始人的构想。例如，沃尔玛（Walmart）的创始人山姆·沃尔顿（Sam Walton）曾因设想并进行了一些新尝试（如定价、应对供应商的压力和技术的使用等）而获得赞誉，这些尝试促成了新的零售商业模式。[1]据说施乐的创始人乔·威尔逊（Joe Wilson）设想了一种基于租赁而非出售昂贵复印机的新商业模式。[2]但是，创始人构想与采用商业模式（尤其是新颖的）到底意味着什么呢？最近的研究已经开始解决这一问题，并揭示了这个过程涉及许多认知实践（总结见图3.2）。

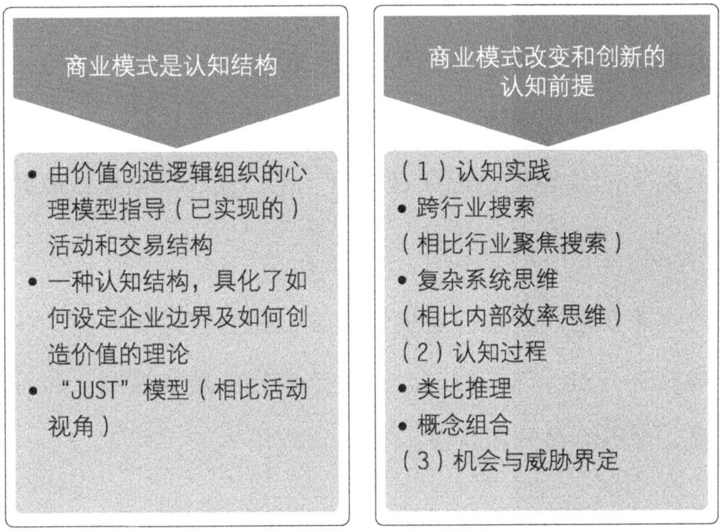

商业模式是认知结构

- 由价值创造逻辑组织的心理模型指导（已实现的）活动和交易结构
- 一种认知结构，具化了如何设定企业边界及如何创造价值的理论
- "JUST"模型（相比活动视角）

商业模式改变和创新的认知前提

- （1）认知实践
- 跨行业搜索（相比行业聚焦搜索）
- 复杂系统思维（相比内部效率思维）
- （2）认知过程
- 类比推理
- 概念组合
- （3）机会与威胁界定

图3.2 商业模式和认知实践

---

1 Brea-Solís，Casadesus-Masanell，Grifell-Tatjé（2015）.

2 Chesbrough，Rosenbloom（2002）.

认知实践

具有高度创新特点的商业模式的企业的创始人使用两个重要的认知实践：跨行业搜索及复杂系统思维。[1]可以将它们一并视为"商业模式创新思维"的组成要素。

当管理者积极在行业外寻找开发新商业模式的激励因素时，就会产生跨行业搜索。这个认知实践需要跨越其他行业去寻找设计新商业模式的灵感。例如，西班牙一家医疗企业的创始人发现医院缺少一个可供医生与护士访问、储存病人医疗记录信息的数据库。为了解决这一问题，其开发了一个基于平台的新商业模式，平台围绕以患者为中心的医疗保健领域。更具体地说，其提供了一个可以连接患者、医生、医院、保险公司及其他企业的数据库。此举的灵感来源于推特（Twitter）。正如一位创始人解释的那样："初期我仔细考虑推特，在那里，如果你有粉丝，你付出的越多，你得到的就越多。就在那时，我决定这家企业要像推特一样，所以重点是如何吸引医生"。[2]这说明跳出所在行业、跳出固有思维模式有助于创造新商业模式。

与跨行业搜索相对的是行业聚焦搜索，即当管理者与他们认为的业内成功商业模式进行对标与仿效时，就会产生行业聚焦搜索。这可以通过模仿提高效率，但不会提升创新性。[3]

复杂系统思维是促进商业模式创新的第二个认知实践。当构建商业模式的领导者及相关组织中的其他成员展现出对行业结构及功能的非凡认识

1　Snihur，Zott（2020）.
2　Snihur，Zott（2020）.
3　Amit，Zott（2015）.

时，就会发生这种情况。基于概念的数量及它们之间联系的数量，复杂性成为信念结构的一大特点。复杂系统思维体现在，深度反思一个行业中不同类型的参与者以及他们之间多种多样的相互作用。例如，在健康产业，了解行业参与主体间如何分配价值创造活动、发生了哪些交换（涉及实体产品、信息等），以及哪些激励因素促使参与者参加这些交换。由于可以更好地处理信息，管理者信念结构的复杂性催生了适当的战略行动。[1]而且，系统性思维促进从系统层面全面理解创新的地位，从而推动商业模式创新。[2]

与复杂系统思维相对的是内部效率思维，内部效率思维体现在，对诸如成本控制和运营效率等内部问题的关注，就像托马斯·库克进行重组一样。这种认知实践催生的是渐进创新而非激进创新（如果有的话）。[3]

有趣的是，虽然上面提到的一些认知实践有助于设计新的（创新的）商业模式，但它们的成功实施有赖权力问题的解决。权力被定义为对资源的单方面控制，它使商业模式的关键决策者能够"按意愿行事"。[4]高度创新的商业模式似乎更容易在以下情况中产生，如个体除了拥有跨行业搜索

---

1 Nadkarni，Narayanan（2007）.

2 健康系统中有许多相互依赖的因素，这些因素造成了动态复杂性，因此"系统响应是系统各因素相互作用的结果，而不是某一因素变化的结果"（Atun，2012，p. iv5）。更广泛地说，系统理论对系统采用了更广义的视角，与商业模式思维所需的整体思维相似。有人将系统思维描述为一种"认识到事物间的相互联系"的思维，这与大数据时代息息相关（Vasallo，2018）。根据 Donella Meadows［已故系统理论家、环保主义者和《增长的极限》（1972）的作者（见 Donella Meadows 项目网站）］的观点，一个系统被定义为"一系列东西——人、细胞、分子或任何以这样方式（随着时间的推移，它们产生自己的行为方式）相互连接的事物。系统可能会受到外力的冲击、限制、触发或驱动。系统对这些力量的反应体现了自身的特性，而这种反应在现实世界中从不简单"（Meadows，2015，p. 2）。

3 Gurtner，Reinhardt（2016）.

4 Salancik，Pfeffer（1977，p. 14）.

及复杂系统思维外，还拥有对商业模式的相关决策权。

相反，在支持分权决策的权力体制下，企业的关键参与者共同把控商业模式设计中的重要决策，这时，商业模式创新不易发生。当多个团队成员（有时甚至是投资者与董事会成员）都积极参与到有关商业模式设计的决策中时，商业模式创新的程度保持在较低水平（甚至更低）。这是因为，为达成一致目标，团队通常会接受最基本的共识，而筛掉激进的建议。

认知过程

基于人类认知与商业模式设计的紧密关系，研究者强调生成认知过程——类比推理和概念组合，它们可以用来设计创新性商业模式。[1]这些过程中的每一个环节都具有相似的顺序结构：（1）识别出创新的商业模式（"目标模式"）的模板（"源模式"）；（2）比较源模式与目标模式，确定源模式中的哪些要素可以在目标模式中创造价值；（3）将源模式中的要素整合到目标模式中；（4）修正相关要素从而使其与目标模式更好地融合。

类比推理包括在一个领域中选取一个源模式进行类比，从而通过在系统层面进行比较实现在另一个领域中的创新。例如，特斯拉把苹果电脑作为类比物，因为"相较于汽车行业内的主导设计技术（如设计内燃机的技术），可以把独特技术（如有关电动机的技术）置于有利地位"。[2]Aravind眼科医院选择把麦当劳作为类比物，针对印度穷人标准化白内障手术流程，提高产品认可度、可及性，进而扩大规模。

1　Martins，Rindova，Greenbaum（2015）.
2　Martins，Rindova，Greenbaum（2015，p. 107）.

类比推理中的特有子过程提升了这一方法的有效性，甚至使不完美的类比物（可能由于之前提到的跨行业搜索）在商业模式创新的背景下发挥作用。例如，研究者已经对使用金融市场的类比方法推动在线广告交易进行研究。[1]他们的分析揭示了组织参与者使用的三种截然不同的活动：延伸、变通和定位。

- **延伸**：将类比应用至新情境中，即使这与旧情境或源模式之间存在显著差异（因此，类比必须延伸）。

- **变通**：改变企业活动，从而更好地适应变通后的类比。这使目标领域和源领域更好地对应。变通的过程聚焦改变类比的情境而不是类比本身。

- **定位**：把延伸和变通作为差异化的来源，并在市场上提升竞争地位。

概念组合是除类比推理外的第二种认知过程，涉及将目标商业模式与一个或多个源模式进行比较，然后关注它们之间的差异从而产生修正目标的模式或创造一个全新的商业模式的想法，如星巴克的创始人霍华德·舒尔茨混合了专业咖啡零售商（目标模式）、咖啡厅（源模式）、办公室（源模式）和画廊（源模式）的概念，构建了星巴克商业模式的核心。相较于类比推理，概念组合在兼顾总体性的同时，较少依赖对系统层面的比较，而较多依赖对特定方面的比较。例如，星巴克主张的概念的重要特征"呈现独特的氛围"，显然，这是概念组合的结果，包括"将商品多样化至制作各种咖啡和各式饮品配件"（源自经典的专业零售店的商业模式），"优化咖啡和饮用体验"（源自画廊模式），"提供舒适的坐下来并享用现磨咖啡的机会"（源自咖啡厅模式）及"为职场人士提供工作环

---

1 Glaser，Fiss，Kennedy（2016）.

境"（源自办公室模式）。[1]

机会与威胁界定

企业处理商业模式问题的方式取决于这些问题在内部是如何被界定与呈现的。当问题被界定为威胁时，个人、团体或组织的行为通常会趋于僵化，并促进按惯性行事并因此阻止采用创新性商业模式。原因可以归纳为以下两个：第一，威胁导致信息处理具有局限性，关注领域的范围变小且处理信息的渠道变少；第二，权力及影响力更集中在企业高层，这降低了灵活性与多样性。[2]相比之下，当从认知层面界定问题并将其呈现为机会时，它们往往会与积极的预期结果及收益预期相关，这有助于克服惯性、激励变革及促进商业模式创新。[3]

然而，威胁性与机会性感知对惯性（当需要改变时未能改变）的影响比我们看到的要微妙得多。可以将两种类型的惯性区别为：未能改变资源投资模式（"资源刚性"），及未能改变使用这些资源的组织过程（"常规刚性"）。一项研究调查了传统纸媒对数字媒体的出现的反应，发现机会性界定是必要的，但不足以触发组织的适应性反应，从而对抗数字媒体给传统纸媒带来的巨大冲击。这种界定本身并未摆脱传统纸媒的资源刚性。[4]只有额外的威胁才能激发企业强有力的反应，增加企业进行实验与开发新商业模式的资源承诺。然而，这个反应是僵化的、自上而下的，且范

1　Martins，Rindova，Greenbaum（2015，p. 111）.

2　Staw，Sandelands，Dutton（1981）.

3　参见 Thomas，Clark，Gioia（1993）。此外，研究表明，如果管理者之前使用类似的技术或商业模式获得成功，那么他们更可能将一种新的技术或商业模式作为一个机会（Martins，Kambil，1999）。被视为机会的事件通常可以作为时间信号，将参与者的关注点从过去或现在转移到未来（Dutton，1993）。

4　Gilbert（2005）.

围是狭窄的。数字媒体在网上发布纸媒呈现的内容，而不开发新的收入来源。换言之，它助长了常规刚性。只有当新数字媒体的办公室和员工与纸媒的办公室和员工在实体上分开时，数字计划才能真正实现成功。实体分开有助于将母公司主导的威胁性感知与线上计划主导的机会性感知分离开来。同时，威胁性与机会性的界定在企业层面共存，高管团队的成员在企业层面对其进行认知方面的整合。

因此，威胁性感知及机会性感知都对商业模式的变革与创新起到重要的推动作用，商业模式的变革与创新得益于商业模式变革计划中外部人员的参与以及该计划与上级组织的结构差异（在第十章中，我们会继续深入探讨在老牌公司中推动采用新商业模式的因素与面临的障碍）。

培养商业模式思维的方法

除前文提到的行动之外，还有一些强化商业思维模式的切实可行的、有针对性的行动。第一类行动可以培养员工的商业模式思维。第二类行动有助于培养自身的商业模式思维。下文将对这两类行为进行更为详细的介绍。

培养员工商业模式思维的领导行为

在本节中，我们认为采用商业模式思维对于商业模式的设计与创新至关重要。商业模式思维通常涉及把分析层次从产品转向商业模式。对于管理者与雇员（如研发人员）而言，商业模式思维并不一定是直观的，因为大部分时间他们在处理与产品及技术有关的问题。

　　然而，通过清晰的沟通和特定的训练可以加快思维方式转变。高层管理者需要针对这个话题的重要性，发布具有强大吸引力并引起大家重视的信息。例如，德国工程公司博世（Bosch）（2018年，销售收入为785亿欧元，在全球拥有68700名研发人员[1]）的首席执行官Volkmar Denner表示，"未来，我们将不仅关注产品，还希望鼓励人们把更多的注意力转向新商业模式。仅凭产品创新不能保证企业获得持续的成功"。[2]高层管理者需要支持采用具有针对性的培训方法，如建立增强意识的讲习班，向管理者及普通雇员解释与说明基本概念（如什么是商业模式，为什么商业模式重要，等等）。相关讲习班可以提供有关商业模式创新的生动案例，这些案例可以源自企业自身的生态系统或完全不相关的行业（为促进进行跨行业搜索）。

　　除了这些即时的战术性措施外，领导者也可以采取更长期的战略性措施，从而培养雇员的商业模式思维。已经在文献中确定并描述的三种商业模式思维是：雇员的选择、难忘的指导及角色榜样。[3]

雇员的选择

　　领导者需要制定特定的标准决定雇用哪些员工。这些标准应该考量求职者采用商业模式思维及进行商业模式思考的意愿与能力。例如，一些标准可能是关于开放性和学习的。当一家新创公司采用新商业模式，或老牌公司试图更新现有的商业模式时，仍有许多与商业模式相关的事务需要被清晰确定及进行相关调整。因此，雇员应该关注这些方面，并愿意多加学习。例如，可以调查求职者近期的学习经历，进而可以针对他们会如何应对商业模式创新带来的挑战给出有价值的提示。这种招聘方式更多关注有

1　Bosch（2019）.

2　Bosch（2011, p. 12）.

3　Snihur, Zott（2020）.

关商业模式问题的开放性，较少关注有关特定产品和/或特定行业的专业知识，这可能会使聘用的雇员在中心企业的给定产品市场领域几乎没有工作经验，但具有为商业模式发展做出重大贡献的长期潜能。

难忘的指导

在会议或商务旅行中，管理者能够带来一些特定的与商业模式相关的认知实践。通过在会议或商务旅行中的正式和非正式互动，雇员会借鉴管理者的行事方式和思考方式。例如，一家欧洲医疗保健新创公司的创始人定期组织有关展望未来的会议，会议鼓励每个人分享其他行业的案例，从而解决与新创公司商业模式相关的问题。创始人积极鼓励雇员通过比较不同领域（如医学和软件领域）处理问题的方式，思考有关商业模式的问题。多年后，这家公司的首席运营官回忆道，"我在这家新创公司的第一个月是不平凡的，第一次会议是有关医疗保健改革的，在我的想象中，这是在硅谷进行的，而不是在这里"。[1]这位首席运营官已受雇将近六年，他关于在公司第一个月的记忆表明，他在导师那里学到的东西对其思维产生了持久且深远的影响；他不是简单地执行创始人的命令，而是已经接受了创始人的思维方式。该公司的一位经理解释了一次去中国的令人难忘的商务旅行是如何使他能够通过跨行业搜索产生创意的。

角色榜样

第三种商业模式思维的领导行为是角色榜样。当雇员认为领导者的行为是具有榜样性的或鼓舞人心时，就会产生这种情况。这不同于指导，后者是领导者有意传授给雇员一些具体事务的（相互）行为。相反，角色榜

---

1 Snihur，Zott（2020）.

样既不需要基于直接的互动，也不一定有明确的教学目的。例如，雇员偶然发现首席执行官工作勤奋，对有关商业模式的问题感兴趣，并总是愿意拥抱新事物。他们可以通过观察首席执行官的思维及行事方式来进行相关学习。因此，角色榜样使关键雇员能够借鉴领导者的以商业模式为导向的实践。

培养自身商业模式思维的方式

当然，管理者与雇员可以在不依赖他们的上级或教练的情况下，培养自身的商业模式思维方式。首先，这有助于获取和增加有关关键商业模式概念的知识（如第一章和第二章阐明的）。此外，一个人对于有关商业模式问题的敏感性可以通过执行一系列不同的认知行为培养，如预期、远离、抽象及重构（见图3.3）。[1]

- **预期**：探索未来商业模式概念。理想情况下的预期可以使管理者足够超前地进行商业模式创新，从而保持企业的竞争优势。同时，管理者不应该过度依赖正式的战略预判工具，这会使其对具有内在不确定性的未来自满。充分思考未来的可能性，与在思想上"陷入"静态（想象）场景只在一线之间。

- **远离**：通过培养"由外向内"的视角获得对待当下商业模式的看法。当忙于企业的日常事务时，人们就很容易失去大局观；然而，为了对商业模式形成整体性看法，保持一定的距离很重要。这可以通过跳过一段时间来实现，如参加一个战略讲习班。另一种实现拥

1　参见 Doz，Kosonen（2010，pp. 371–376）。

有距离感的方式是借助企业外人士（如外聘员工或外部顾问）的观点，或借助目前在企业"外围"工作的员工的观点，从而获得更广阔的视野。

- **抽象**：从概念上重新阐述商业模式。一旦管理者决定后退一步，与企业保持一定的距离，就会非常容易从抽象及概括的角度思考商业模式。这有助于识别现有商业模式的要素并将其应用于新领域，反之亦然。然而，这也是一种平衡，因为过于抽象（和过于简化）可能会导致忽略现有商业模式所在的潜在环境中的重要元素。

- **重构**：产生新的视角和新的商业模式选择。一旦实现远离与抽象的目标，就可以考虑商业模式的新可能或"战略框架"了。拥有完善的沟通流程、灵活性、应对变化的一致性和多元视角的企业，可以更加轻松地对商业模式进行考虑和重构。然而，在缺乏灵活性的企业中，相关人员往往会经历一场危机，然后考虑其他选择。

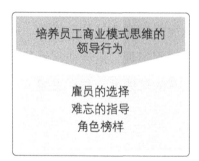

图3.3　培养商业模式思维的方法

资料来源：Doz，Y. L. Kosonen，M.，"Embedding Strategic Agility：A Leadership Agenda for Accelerating Business Model Renewal，" *Long Range Planning*，2010，43（2–3），pp. 370–382。

这些行为帮助企业高管更加清晰和准确地感知（外部）生态系统和

（内部和跨界）活动系统。[1]它们有助于组织成员提高有关商业模式这一关键战略问题的认识水平，并对此给予更多关注。通过有意识地考虑与商业模式分析层次密切相关的注意事项，如主导行业逻辑或远程商业方式，可以更好地增强注意力。[2]

1　参见 Doz，Kosonen（2010，p. 381）。
2　Frankenberger，Sauer（2019）.

第四节

针对有效商业模式设计者的关键要点总结

在本节中，我们从认知角度对商业模式进行考察：将商业模式视为思考结构，思考如何形成商业模式思维，避免进行商业模式创新时常见的思维"陷阱"，以及明确商业模式创新的认知性前提。

受惯性影响，已被使用的商业模式（以及与之相对应的认知表现）很难改变。例如，管理者会在未考虑其他选择的情况下，不加批判地接受所在行业已使用的商业模式，根本不会质疑企业的现有商业模式。正如宝丽来的案例所说明的，这种想法可能会影响企业的存续。

我们将商业模式思维定义为一种想法、态度或倾向的状态，它帮助人们将企业的整个活动系统视为商业问题或商机的潜在解决或应对方案。这样的思维方式通过主动且全面地思考如何做生意，帮助人们理解所在行业或商业环境的变化，并为之做好准备。全面地进行思考并不容易，而且管理者也不习惯这样做。幸运的是，商业模式思维，尤其是与创新有关的思维，是可以被教导、学习及培养的。

第一，要警惕几个思维方式陷阱。首先是"陷入"错误的分析层次，专注产品、技术或流程创新而非商业模式创新（专注改善单个组成要素要比改善整个活动系统容易得多）。其次是思维方式陷阱发生在以下情景：在追随行业中占主导地位的商业模式模板时，忘记了商业模式是可以也通常是应该被（重新）设计的。

第二，我们描述了促进商业模式创新的两种认知实践：跨行业搜索与复杂系统思维。对于跨行业搜索，管理者在所在行业外寻找发展创新性商业模式的灵感。它与行业聚焦搜索形成对比，后者使用现有的模板（可以提高效率，但不新颖）。对于复杂系统思维，这与内部效率思维形成对比，后者促进进行渐进式创新（或没有创新）。当一个人在对与商业模式相关的决策更有话语权时，这两种认知实践就有可能成功实施。

第三，我们描述了两个用于产生创新性商业模式的认知过程：类比推理与概念组合。这两个过程具有相似的顺序，首先确定作为目标模式的模板或作为源模式的商业模式；其次比较这两个模式，将有用的要素融入目标模式，并进行相应的修正。

第四，认知上的界定也很重要。当问题仅仅被界定为威胁时，就会导致僵化；当问题被界定为机会时，就有可能从根本上刺激进行商业模式的创新。

最后，可以通过进行有针对性的训练及建立研习班来改变思维方式。管理者可以采取以下长期行动来培养雇员的商业模式思维，包括：雇员的选择（找到那些具有能够培养商业模式思维的特质的雇员）、难忘的指导（执行有目的的行动，管理者可以将与商业模式相关的认知实践传授给雇员）、角色榜样（激励员工采用管理者具有的具体思维方式和行为）。我们还探讨了帮助培养自身商业模式思维的策略。最重要的是，要掌握有关商业模式概念的关键的知识。这些可以通过具体的行动来强化，如预期、远离、抽象及重构。

参考文献

［1］Amit, R. & Zott, C. (2015). Crafting business architecture: The antecedents of business model design. *Strategic Entrepreneurship Journal*, 9(4), 331–350.

［2］Atun, R. (2012). Health systems, systems thinking and innovation. *Health Policy and Planning*, 27(Suppl. 4), iv4–iv8.

［3］Baden-Fuller, C. & Morgan, M. (2010). Business models as models. *Long Range Planning*, 43(2–3), 156–171.

［4］Benner, M. & Tripsas, M. (2012). The influence of prior industry affiliation on framing in nascent industries: The evolution of digital cameras. *Strategic Management Journal*, 33(3), 277–302.

［5］Bosch (2011). Bosch Group anniversary magazine: 125 years of "knowing how, thinking beyond" innovation.

［6］Bosch (2019, May 5). *Bosch invests billions in climate*

action and air quality [Press release].

［7］Brea-Solís, H., Casadesus-Masanell, R., & Grifell-Tatjé, E. (2015). Business model evaluation: Quantifying Walmart's sources of advantage. *Strategic Entrepreneurship Journal*, 9(1), 12–33.

［8］Chesbrough, H. & Rosenbloom, R. (2002). The role of the business model in capturing value from innovation: Evidence from Xerox Corpora- tion's technology spin-off companies. *Industrial and Corporate Change*, 11(3), 529–555.

［9］Collins, N. (2011, January 28). The temperance movement. *The Telegraph*.

［10］Cornelissen, J. P. & Werner, M. D. (2014). Putting framing in perspective: A review of framing and frame analysis across the management and organizational literature. *Academy of Management Annals*, 8(1), 181–235.

［11］Cowan, D. A. (1990). Developing a classification structure of organizational problems: An empirical investigation. *Academy of Management Journal*, 33(2), 366–390.

［12］Doz, Y. L. & Kosonen, M. (2010). Embedding strategic agility: A leadership agenda for accelerating business model renewal. *Long Range Planning*, 43(2–3), 370–382.

［13］Dutton, J. E. (1993). The making of organizational opportunities: An interpretive pathway to organizational change. In B. M. Staw & L. L. Cummings (Eds.), *Research in Organizational Behavior* (Vol. 15, pp. 195–226). Greenwich, CT: JAI Press.

［14］Eggers, J. P. & Park, F. P. (2018). Incumbent adaptation to technological change: The past, present, and future of research on heterogeneous incumbent response. *Academy of Management Annals*, 12(1), 357–389.

［15］Eley, J. (2018, November 30). Thomas Cook faces deeper challenges than hot summer and late bookings. *Financial Times*.

［16］Esty, B. C., Gilson, S. C., & Sesia, A. (2014). Thomas Cook Group on the brink (A). Harvard Business School Case 215-008, August 2014. (Revised March 2016.)

［17］Fiske, S. T. & Taylor, S. E. (1991). *Social Cognition* (2nd ed.). McGraw-Hill Series in Social Psychology. New York, NY: McGraw-Hill.

［18］Frankenberger, K. & Sauer, R. (2019). Cognitive antecedents of business models: Exploring the link between attention and business model design over time. *Long Range Planning*, 52(3), 283–304.

［19］Gassmann, O., Frankenberger, K., & Sauer, R. (2016). *Exploring the field of business model innovation*. Switzerland: Springer International Publishing AG.

［20］Gilbert, C. G. (2005). Unbundling the structure of inertia: Resource versus routine rigidity. *Academy of Management Journal*, 48(5), 741–763.

［21］Gioia, D. A. (1986). Conclusion: the state of the art in organizational social cognition. In D. A. Gioia & H. P. Sims, Associates (Eds.), *The Thinking Organization* (pp. 336–357). San Francisco, CA: Jossey-Bass.

［22］Glaser, V. L., Fiss, P. C., & Kennedy, M. T. (2016). Making snowflakes like stocks: Stretching, bending, and positioning to make financial market analogies work in online advertising. *Organization Science*, 27(4), 801–1064.

［23］Gundling, E. (2016). Disruption in Detroit: Ford, Silicon Valley, and beyond (A). *Berkeley – Haas School of Business Case Series, University of California, July 1, 2016.*

［24］Gurtner, S. & Reinhardt, R. (2016). Ambidextrous idea generation – antecedents and outcomes. *Journal of Product Innovation Management*, 33(S1), 34–54.

［25］Hancock, A. & Thomas, D. (2019, September 24). 130,000 still stranded as Thomas Cook repatriations continue. *Financial Times.*

［26］Lex (2019, April 23). Thomas Cook/Fosun: Beached wail. *Financial Times.*

［27］Loch, C., Zott, C., Guttman, A., Jokela, P., & Nahminas, D. (2008). FriCSo (A): How to translate a new technology into a business (model)? [Case Study.] Fontainebleau, France: INSEAD.

［28］Martins, L. L. & Kambil, A. (1999). Looking back and thinking ahead: Effects of prior success on managers' interpretations of new information technologies. *Academy of Management Journal*, 42(6), 652–666.

［29］Martins, L. L., Rindova, V. P., & Greenbaum, B. E. (2015). Unlocking the hidden value of concepts: A cognitive approach to business model innovation. *Strategic Entrepreneurship Journal*, 9(1), 99–117.

［30］Meadows, D. H. (2015). *Thinking in Systems: A Primer*. White River Junction, VT: Chelsea Green Publishing.

［31］Meadows, D. H., Meadows, D. L., Randers, J., & Behrens, W. W. (1972). *The Limits to Growth*. New York, NY: Universe Books.

［32］Mehrizi, M. H. & Lashkarbolouki, M. (2016). Unlearning troubled business models: From realization to marginalization. *Long Range Planning*, 49(3), 298–323.

［33］ *Merriam-Webster's Dictionary*.

［34］ Nadkarni, S. & Narayanan, V. K. (2007). Strategic schemas, strategic flexibility, and firm performance: The moderating role of industry clockspeed. *Strategic Management Journal*, 28(3), 243–270.

［35］ Provan, S. (2019, February 7). Travel agent Thomas Cook weighs sale of airline as losses widen. *Financial Times*.

［36］ Salancik, G. R. & Pfeffer, J. (1977). Who gets power – and how they hold on to it: A strategic-contingency model of power. *Organizational Dynamics*, 5(3), 3–21.

［37］ Snihur, Y. & Zott, C. (2020). The genesis and metamorphosis of novelty imprints: How business model innovation emerges in young ventures. *Academy of Management Journal*, 63(2), 554–583.

［38］ Staw, B. M., Sandelands, L. E., & Dutton, J. E. (1981). Threat rigidity effects in organizational behavior: A multilevel analysis. *Administrative Science Quarterly*, 26(4), 501–524.

［39］ The Donella Meadows Project website.

［40］ Thomas Cook website.

［41］ Thomas, J. B., Clark, S. M., & Gioia, D. A. (1993). Strategic sensemaking and organizational performance: Linkages among scanning, interpretation, action, and outcomes. *Academy of Management Journal*, 36(2), 239–270.

［42］ Tripsas, M. & Gavetti, G. (2000). Capabilities, cognition, and inertia:

Evidence from digital imaging. *Strategic Management Journal*, 21(10–11), 1147–1161.

［43］Vassallo, S. (2018). *The Way to Design*. San Francisco, CA: Foundation Capital.

［44］Zott, C. & Amit, R. (2007). Business model design and the performance of entrepreneurial firms. *Organization Science*, 18(2), 165–335.

［45］Zott, C. & Amit, R. (2010). Business model design: An activity system perspective. *Long Range Planning*, 43(2–3), 216–226.

CHAPTER 4

第四章

商业模式创新——创新的新根源

第一节

什么是商业模式创新

通常企业会做出大量努力进行流程或产品创新，这会增加收入，并保持或提高利润率。然而，改善产品或流程的创新通常是成本高昂且费时的。它们需要进行大量的前期投入，涉及从研发到专业资源、新工厂和设备，甚至还需要创立全新的业务部门。这些投资的未来回报是不确定的。越来越多的企业不愿意下如此大的赌注，正转向进行商业模式创新，并将其作为低成本、低风险的替代选择，它们或补充产品或进行流程创新。

IBM在对2000多名首席执行官进行的一项全球性调查（IBM第19次"全球高管调查"的一部分）中发现，半数受访首席执行官认为，那些利用技术"创造出更吸引人的价值主张"的竞争对手威胁了现有的商业模式。只有18%的首席执行官认为现有的商业模式未受威胁。[1]在由毕马威（KPMG）进行的全球调查中，研究者采访了530名高管，发现大多数受访者（占58%）"正在开发新商业模式或重新考虑现有的商业模式"。[2]但到底什么是商业模式创新？商业模式创新和其他类型的创新（如技术创新或产品创新）有何不同？它是否补充了其他类型的创新？如果是，那么是如何补充的？在正式确定概念前，让我们先看一个案例。

假如你是一名研究生，某天，你在校内橄榄球比赛上摔坏了腿，需要做急诊手术。虽然你的学生医疗保险支付了部分费用，但仍有一个庞大金额的自费部分。你有份维持日常生活开支的兼职工作，但在支付完最后一个学期的学费时，你已经花光了积蓄。你该怎么做呢？你可以在本地银行申请一笔个人贷款。尽管你的信用评分良好，但因为你目前没有全职工作，所以利率很高。为了寻求更好的选择，你可以给你的祖母打电话，问她是否愿意借给你5000美元来偿还你在医院的欠款。她知道你是一个负责任且努力的孩子，毕业几个月后就能找到工作，所以，她同意把钱借给你。

这种人际借贷系统是非正式的、小规模的，与银行等机构的业务并行运作。到目前为止，除了通过银行或这种非正式系统（如向父母或祖母求助），几乎没有其他方式可以得到利率可控的小额个人贷款（不包括掠夺性贷款渠道）。对于自由职业者和其他没有稳定收入来源的人来说更是如此。

然而，2005年，理查德·杜瓦尔（Richard Duvall）、詹姆斯·亚历山大（James Alexander）、大卫·尼克尔森（David Nicholson）和贾尔斯·安德鲁斯（Giles Andrews）四人创造了一种替代方案。那一年，第一

1　IBM Institute for Business Value（2018，p. 9）.

2　KPMG（2018，p. 21）.

家P2P网络借贷平台Zopa在英国诞生。[1]它吸收并扩展了长期存在的个人对个人贷款的理念，创建了一个金融科技平台，将需要贷款优惠条件的人（特别是那些认为银行等机构提供的服务较差的人）与有资金可以放贷的人匹配起来。与传统银行不同，Zopa本身并不放贷。

尽管如此，在Zopa上交易的金融产品看起来非常像标准的贷款。Zopa上交易的贷款必须在明确的期限内偿还，如可以分期付款，另外，利率固定。申请贷款的人必须进行在线信用评分检查，然后向Zopa提交证明他们具备偿还能力的附件。因此，金融产品本身没有进行根本性创新。然而，这种商业模式与传统银行的模式大不相同，传统银行是通过面向消费者的分支机构运营的。有了Zopa，一切业务都可以在网上进行，这就是商业模式创新。

若个人投资者想要获得比传统储蓄账户更高的利率，就可以将资金分散到多个借款人手中；同时作为降低风险的一种方式，单个借款人的贷款额度不会超过投资者总额的1%。此外，投资者直接与借款人签订合同，而不是与Zopa签订合同。[2]

Zopa 及紧随其后的 P2P 借贷企业的发展势头强劲。2012年，Zopa拥有约70万名会员。[3]2018年1月，Zopa的借贷规模达到30亿英镑（这是一个里程碑）。[4]截至2019年，对于不同种类的产品，Zopa为投资者（通过集合贷款放贷的个人）设定的目标回报率为 4.5% 和 5.2%。[5]相比之下，2018年6月，英国一年期定期个人存款的平均利率为1.22%。[6]

---

1 INSEAD（2012）.

2 Zopa website. FAQs.

3 Kupp，Anderson（2006）.

4 O'Neill（2018）.

5 Zopa website. Invest.

6 Beioley（2018）.

第二节

正式定义商业模式创新

本节提出了我们对商业模式创新下的定义。为了明晰这一定义，本节列举新创公司和老牌公司的案例。另外，本节还特别强调有关"商业模式创新不是什么"的三个观点。

定义

如前所述，商业模式是由相互依赖的活动组成的跨界系统，这些活动以中心企业为核心，包括价值创造和价值获取过程中，合作伙伴、供应商和顾客进行的活动。商业模式的特征如下：

（1）内涵（商业模式包含哪些活动？）；

（2）结构（这些活动之间是如何联系的，活动之间的顺序与交换机制如何？）；

（3）治理（谁执行这些活动？中心企业执行了哪些活动？哪些活动是由合作伙伴、供应商或顾客执行的？）；

（4）价值逻辑（为什么商业模式创造价值？为什么商业模式增加了获取的价值？）。

企业可以在上述任意方面进行商业模式创新，例如，可以新增或消除活动，从而创造行业内的新活动系统（新的内涵）；引入新主体来执行特定活动（新的治理）；以新方式关联活动（新的结构）；采用一种新的收入模式（新的价值逻辑）。

这里要分析奈飞及其在电影租赁领域进行的商业模式创新。[1]20世纪90年代末，奈飞采用了一种与现有电影租赁企业（如百事达）截然不同的商业模式。奈飞和电影制片厂合作，通过网站而非出租店租赁刻录在DVD而非VHS里的电影。为了运送DVD，奈飞与美国邮政服务合作，将带有预付回执的 DVD 送至顾客家中。奈飞通过新增刻录和邮寄DVD的方式，引入有关商业模式的新内容。它还通过与美国邮政服务合作，完成运送活动，进行有关商业模式的新治理。此外，通过允许顾客在线订购，奈飞引入有关商业模式的新结构。最后，奈飞采用订阅定价模式（该模式允许顾客在任何时间选择并租赁三部电影），改变了电影租赁行业的主导价值逻辑。所有这些选择使奈飞的商业模式不仅在美国电影租赁领域是新的，在全球范围内也是新的。

这就给我们带来一个问题，即什么情况下将商业模式的变化定义为

1　Ahuja，Novelli（2016）.

"新的"（"新颖的"或"创新的"）。[1]这个问题的答案取决于你问的人，因为新颖性因人而异。对于新创公司而言，商业模式创新通常指在竞争的产品市场空间内引入新颖的商业模式（从内涵和/或结构和/或治理和/或价值逻辑的角度出发）。例如，奈飞大概是世界上第一家无实体店的订制DVD租赁公司，其采用的商业模式确实是"全新的"。[2]然而，像福特或IBM这样的老牌公司可能无法进行如此大幅度的创新，它们通常把商业模式的改变称为创新，即便这个改变只是对它们自身来说是新的，对世界甚至是其所在行业来说都不一定是新的。因此，在本节中，我们将针对现有企业商业模式进行的创新界定为，企业改变了活动系统，新系统对于企业是新颖的，且可能在所在的竞争市场也是新颖的。[3]

对定义加以说明

确定一个商业模式是否具有创新性，需要解决以下两个问题。首先，活动系统的任何关键维度（内容、方式、主体、原因）创新了吗？其次，对谁而言，它具有创新性？本部分将提供两个例证：一个面向新创公司（上面介绍的Zopa）；另一个面向现有公司（第一章中提到的欧洲电动工具制造商喜得利）。

首先，我们对Zopa进行考察，从四个重要维度思考它所引入的商业模

1　我们交替使用这些表述。

2　Birkinshaw，Hamel，Mol（2008，p. 825）.

3　新创公司和老牌公司在商业模式创新方面有其他不同之处，本书会在其他章节进行阐述。例如，由于思维方式陷阱的存在，在进行商业模式创新时，老牌公司可能要比新创公司面临更大的挑战（见第三章）。再者，在进行商业模式创新时，新创公司和老牌公司面临不同的挑战（见第十章、第十一章）。例如，老牌公司需要克服内部组织障碍（变革的阻力），而新创公司经常会被困于缺乏资源和无法创新之间。

式是否新颖（以及在何种意义上）。其所引入的商业模式在治理（主体）上是新颖的；顾客取代银行执行诸如借款等活动。Zopa支持无零售银行网点下的贷款（传统贷款需要零售银行网点），并且改变了执行的活动（没有零售）。另外，信贷分配机制使贷款者将风险分摊到几个借款者身上，这是一种新颖的交易机制（方式）。总之，Zopa设计了一个在产品市场空间内（决定初创企业商业模式创新性的相关标准）具有新颖性的商业模式。

其次，我们来看喜利得，这是一家总部位于列支敦士登的电动工具制造商。喜利得引入了一种新商业模式，它允许选定的顾客进行所谓的车队管理。这意味着它不再售卖电动工具，而是提供租赁服务（一种新活动和收入模式），并且要对顾客的电动工具进行维修与保养（以前，这通常由顾客自己负责）。从自身角度来看，喜利得进行的商业模式变革是一种创新。但对于大型电动工具制造商来说，这只是一种创新方法。

商业模式创新不是什么

清楚哪些类型的变革或创新不属于商业模式创新是重要的。以下三种变革不属于商业模式创新：（1）修改活动/交换；（2）产品/服务创新；（3）企业创业。

商业模式创新与修改活动/交换

首先，修改活动使工作速度变得更快、价格更便宜或产品更优质而没有进行商业创新。以英国本土新闻机构引入的新闻写作自动化机器为例。机器新闻写作是指利用算法根据模板书写相关新闻，例如，主要媒体用其报道体育比赛结果，这很容易实现自动化。为了报道更多新闻，英国本土新闻机构开始应用新闻写作自动化机器书写更多新闻，从而克服记者面临的时间限制。记者可以在这些自动生成的新闻中添加内容，或专注工作的其他方面，如进行更多的现场采访。[1]这大大提升了整体生产力（报道更多新闻），但新闻媒体的商业模式基本没有发生变化。这是一种流程创新，但不是商业模式创新，因为，实际上，整个活动系统的任何维度（内容、方式、主体、原因）都没有发生实质性变化。

其次，另一种不属于商业模式创新的变革是修改活动间的交换机制，如升级企业沟通系统，使活动更好地协调。尽管这种变化可能会优化商业模式，但是其并未从本质上改变活动系统的基本机构（关键层面，由哪些活动组成，活动间如何联系，谁来执行以及为什么它们支持价值创造和价值获取）。例如，成立于2013年的印度经济型连锁酒店OYO，目前已遍布全球80个国家。OYO采取酒店业中并不新奇的特许经营模式经营现有酒店，通过有效利用技术驱动解决方案提高酒店入住率。[2]OYO还进行了许多流程的创新，如利用综合性的顾客应用程序实现即时预订和办理虚拟入住。尽管这些办法帮助OYO获得了大笔投资，并实现极速扩张，但它们采用的模式本身并不是创新性的商业模式。

商业模式创新与产品/服务创新

根据定义，产品是"可以在市场上供应以满足需求的东西，包括实物商品、服务、体验、事件、人员、场所、财产、组织、信息和想法"。[3]商业模式描述了产品是如何通过要素市场中的一系列相互关联的活动创造出

---

1 Nilsson（2019）.

2 Parkin（2019）.

3 Kotler，Keller（2009，p. 358）. 法国经济学家 Jean-Baptiste Say 认为，服务与产品不同，这是因为服务性生产和消费不能分开。

来的，以及产品如何在市场中被提供给顾客。植物肉替代品领域非常明显地体现了这一区别。随着消费者逐渐了解肉类工业化生产所需的高环境成本，植物肉替代品的受欢迎程度不断提高。该领域中较知名的两家企业是Impossible Foods和Beyond Meat，它们的竞争重点是产品创新而非商业模式创新：争相研发（经过高度改造的）植物肉汉堡，并使其最接近牛肉的味道、外观和口感。[1]

当产品是指纯粹的实物商品，而商业模式是指创造商品及向消费者推广的潜在活动时，产品创新和商业模式创新之间的区别是显而易见的。例如，辉瑞（Pfizer）或诺华（Novartis）等制药企业致力于研发创新性药物，并向全球患者推广相关药物，这依赖建立在强大内部研发基础上的普通商业模式。换言之，目标是进行产品创新，而非商业模式创新。然而，当一些制药企业决定用合作伙伴企业（如生物科技初创企业）研发的产品来补充（甚至取代）其内部研发的产品时，它们创造了全新的交换机制，创新了商业模式。这些企业通过增加或消除活动（内容维度），完善交换机制（方式维度），或新增合作伙伴（主体维度）来改变活动系统，变革整个活动系统。例如，比利时制药企业UCB，就将商业模式创新为"以顾客为中心"的服务模式，它进行的改变包括为患者开发免费的全套健康管理工具，并和行业内外的企业结成战略伙伴。[2]

然而，产品的服务属性越强，商业模式创新和产品创新之间的区别在概念上就越具有挑战性。和商业模式一样，服务依赖活动，而这往往会模糊这些概念之间的区别。有时，商业模式的创新可能包括服务创新，反之亦然。例如，喜利得将车队管理活动融入商业模式中，改变了服务顾客的

---

1 Terazono（2019）.
2 Rasmussen, Foss（2014，pp. 12–13）.

方式，而向顾客出售服务（电动工具的租赁和库存管理），而不再仅仅是产品（电动工具）。

不过商业模式创新和服务创新并不总是同步发展。以前文提到的P2P借贷企业Zopa为例，该企业从高度创新的商业模式起步，通过该模式提供的金融服务和普通银行提供的同类金融服务是相同的。两者都在无抵押物的情况下向个人发放贷款。与普通银行一样，个人需在明确的期限内（例如，5年）按计划偿还贷款，并支付利息。

相反，存在不涉及商业模式创新的服务创新。例如，航空公司的空乘人员在安全着陆后唱了一首欢快的歌，这是一种（当然是渐进式的）服务创新，且与航空公司的商业模式无关。世界上的每一家航空公司都可以在不改变商业模式本质的基础上，通过对雇员进行相应的培训，在提供给顾客的服务中注入新的元素。

因此，商业模式创新既不是产品/服务创新的充分条件也不是必要条件，反之亦然。顾客通过购买产品或服务而非商业模式来满足消费需求，但商业模式（产品是"如何"设计和交付给顾客的）会影响用户体验（我们将在第八章中进行详细的论述）。

商业模式创新与企业创业

老牌公司内的商业模式创新总是嵌在创业计划中。[1]企业创业是指企业在商业建设方面主动采取行动。例如，博世和西门子（Siemens）都是知

---

1 参见 Frankenberger，Zott（2018）.相比之下，苹果或亚马逊这些企业把商业模式创新和创业精神深入企业的每个 DNA 中。因此，它们不需要完全依赖单独的企业创新计划。亚马逊创始人兼首席执行官杰夫·贝佐斯（Jeff Bezos）在 2016 年致股东的信中阐述了这种想法，他在信中解释："第二天是停滞期。随之而来的是毫无意义，是痛苦的衰退，是消亡。这就是为什么亚马逊总是第一天。"

名大型跨国企业，它们不仅注重进行技术和工程方面的研发，还通过进行系统的努力鼓励企业创业。博世成立了内部孵化器grow，它是博世旗下的独立企业。博世试图通过这一举措和内部企业家系统地识别并推动创新，其中包括商业模式创新。参加的创业团队会得到有关商业模式和创业方法的具体指导，grow平台团队的支持和（如果成功的话）博世的资金支持。西门子通过旗下的Next47风险投资部门和独立的技术加速器，寻找与生态系统相适应的有发展前景的企业。西门子通过将技术与强大的（有时是高度创新的）商业模式结合（该商业模式基于一个自主的商业模式图样数据库），释放和增加涉及技术的价值。

然而，尽管企业创业和商业模式创新紧密联系，但它们并非完全密不可分。有时，企业创业以传统方式进行，即聚焦产品、服务、流程或技术，而不太关注商业模式创新。实践中，除了像grow或Next47这样的特例外，通常情况下，企业创业计划中对有关商业模式概念的应用是不准确的。

第三节

商业模式创新的框架

在本节中，我们提出了商业模式创新的框架。该框架基于第一章中介绍的基本商业模式框架和上文给出的定义。[1] 针对商业模式创新的框架，我们提出一系列问题，这些问题有助于识别促进商业模式创新的手段。

如图4.1所示，商业模式创新可以通过多种方式实现。

（1）通过增加新颖的活动。我们认为这种形式的商业模式创新为新的活动系统内容，或内容创新——沿内容维度的改变。例如，这可以通过前向或后向整合实现。[2]

---

1 本节借鉴了 Amit，Zott（2012）的观点。
2 我们注意到，在这种情况下，商业模式的内容可能会发生变化（包括哪些活动），顾客提供的"内容"（顾客购买的产品或服务）可能改变，也可能不变。

（2）通过以新颖的方式连接活动。我们认为这种形式的商业模式创新是新的活动系统结构，或结构创新——沿方式维度的改变。

（3）通过变更执行任意活动的一方或多方。我们认为这种形式的商业模式创新是新的活动系统治理，或治理创新——沿主体维度的改变。

（4）通过改变商业模式的价值逻辑，特别是通过采用新颖的收入模式。我们称这种形式的创新是价值逻辑创新——沿原因维度的改变。

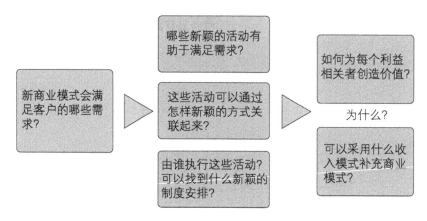

图4.1　有关商业模式创新的六个问题

商业模式内涵、结构、治理及价值逻辑的创新之间是高度相互依赖的。以美国的P2P借贷公司Prosper为例，这家成立于2005年的企业（就像Zopa一样）旨在实现个体贷款人向借款人提供直接、小额的无抵押贷款。创始人超前地决定，让贷款人选择心仪的借款人。这涉及结构性决策（解决了借贷活动如何联系在一起的问题），是与治理相关的决定，因为它将评价和选择的活动移交给顾客，而不是企业。让选择更加私人化和情感化（这可能对贷款人的意义更大），改变了价值逻辑，包括帮助某个特定的人，而不仅是在投资方面获得财务回报。

商业模式内涵创新

商业模式内涵涉及选择要执行的活动。例如，成立于1875年的哥伦比亚的主要银行Bancolombia，在2001年开始提供小额贷款服务。[1]提供小额贷款或"向被传统商业银行排除在外的家庭或微型企业提供金融服务"，[2]需要进行超出传统零售银行服务范围的活动。与这些活动相关的需求源自60%以上无法获得银行服务的哥伦比亚人（他们希望获得小额贷款）。为了进行在商业模式内涵创新，银行需要培训高层管理者、招聘和培训新员工，并将新活动与现有系统（平台、应用程序和渠道）连接起来。[3]

商业模式结构创新

商业模式结构描述了活动是如何连接的，换言之，即活动之间的顺序及相互关联的活动之间的交换机制。为了说明结构创新，以宝可梦GO（Pokémon GO）为例，这是一款在2016年夏天在全球风靡的现实增强智能手机应用程序。[4]随着智能手机日益普及，采用传统商业模式的游戏机和游戏制造商（如任天堂）面临增长停滞的问题。相比之下，宝可梦GO的商业模式极具创新性。它前所未有地将虚拟世界和现实世界连接起来。任何人都可以下载相关应用程序，使用可以在真实世界中找到的虚拟宝可梦角色，在"现实生活"中打怪。使用现实增强技术，数百人开始在公共场合"追逐"宝可梦。这款游戏将公园和纪念碑等真实地点，引入宝可梦情景，在这里，你可以用口袋妖怪团队防御或攻击对手。

1　Berger，Goldmark，Miller-Sanabria〔2006，p. 90〕；Grupo Bancolombia website.

2　Beck〔2015〕.

3　Banerjea，Kahn，Petit，White〔2006〕.

4　参见 Zott，Amit〔2017〕。

宝可梦游戏一直游走在虚拟世界，进行收集、训练，并和其他玩家一起对战宝可梦。过去，你需要的只是一个主机和屏幕。在新的商业模式中，唯一不变的是宝可梦的角色和天地。现在，宝可梦不仅存在于游戏中，还存在于一个由移动设备、映射接口和物理世界创造的混合现实世界。商业模式结构被全面创新。

商业模式治理创新

商业模式治理涉及由谁执行相关活动？例如，特许经营是活动系统治理的一种（也许是新颖的）方式，它可能是释放价值的关键。在20世纪70年代初，日本零售市场包括大型"百货商店"和许多小型夫妻店（独立商店）。为了保护这些小型独立商店，日本政府对大型零售店进行严格管制，如限制规模和经营时间。[1]日本头部百货连锁店伊藤洋华堂（Ito-Yokado）的雇员、日本商人铃木富美（Toshi- fumi Suzuki）发现了一个机会，提议将小型独立商店变为7-11连锁便利店（就像如今OYO在酒店业所做的那样）。因为规模较小，所以这些连锁便利店不必接受和大商店一样的规制。[2]

通过授权7-11品牌，及在日本创建连锁店网络，铃木成为新活动系统治理类型（对日本来说，这非常新颖，但对其他地区来说，这不新颖）的早期采纳者，特别是在便利店零售领域。他通过进行专业的管理、供应链的创新和实现本土化来创造价值。[3]其他人仿效他的做法，如今，日本大约

1　Stecker，Martinez-Jerez，Hill，Egawa，Yamazaki（2009）.
2　Stecker，Martinez-Jerez，Hill，Egawa，Yamazaki（2009）；Han，Lal（2005）；Uranaka，Shimizu（2016）.
3　Nagayama，Weill（2004）.

有58000家便利店（日语中将其称为konbini），很多便利店全天营业，供应各式商品，其中包括新鲜的便当和其他优质食物。[1]20世纪70年代，铃木对商业模式进行创新，这从在日本便利店零售业引入一种新颖的治理类型开始，其已成为日本的零售现象。

商业模式价值逻辑创新

商业模式价值逻辑解释了商业模式是如何帮助中心企业创造和获取价值的。其中一个关键方面是收入模式，即商业模式为中心企业与其合作伙伴创造收入的特定方式。[2]正如对定价策略中补充产品的设计，收入模型对商业模式结构、内涵和治理的设计进行补充。

以雀巢咖啡为例，它是总部位于瑞士的雀巢公司的一个部门，它推出了一种廉价的咖啡机，这种咖啡机需要使用雀巢生产的定制咖啡胶囊。在购买了廉价的雀巢咖啡机后，顾客需要使用优质、高价的雀巢咖啡胶囊，这带来了锁定效应。[3]通过向咖啡机所有者售卖消耗品，雀巢咖啡既从最初售卖咖啡机的过程中获利，也能在咖啡机的持续使用中获利。继吉列（Gillette）采用销售（便宜的）剃须刀和（昂贵的）剃须刀刀片的模式之后，这种收入模式被称为剃须刀/刀片模式，

另一个常见的收入模式创新是从基于交易转变为基于订阅的定价机制（采纳者如流视频和音乐供应商奈飞、苹果音乐和声田），或从一次性售

1　Nakamura（2019）.

2　Amit，Zott（2001）.

3　2014年，法国的反垄断行动取消了这一要求。此前，雀巢公司在其生产的产品上贴出告示，告知消费者只能使用雀巢品牌的胶囊；此外，如果顾客使用非雀巢品牌的胶囊，雀巢公司就不会延长产品保修期，参见 Ferdman（2014）；Jolly（2014）。

卖昂贵产品转变为"付费使用"计划（如施乐，从售卖机器转变为根据复印件的数量向顾客收费）。

要说明收入模式创新以外的商业模式创新，不妨再次审视宝可梦GO。这个新商业模式带来了创造收入的全新可能性。最初，宝可梦GO的盈利模式相当简单，玩家通过购买游戏内的虚拟商品（如宝可梦球或诱饵模型）来增益，从而吸引或抓捕宝可梦。之后，它允许赞助场景。例如，2016年，它与美国星巴克门店合作，开设一些咖啡店和健身房。[1]自这些产品在2016年推出以来，宝可梦GO一直备受全球欢迎。据分析师估计，在其应用内购买产品的费用在2018年9月将超过20亿美元。[2]它增加了新功能，并通过组织诸如"宝可梦GO狂欢节"和社区日等活动把大量玩家聚集到公园等户外空间，以增加用户黏性。

1　Carman（2017），Pokémon Go website.
2　Blacker（2018）.

第四节

衡量商业模式创新

对于商业模式创新的衡量，要么试图量纲化其创新程度，要么试图量纲化其创新范围，或二者兼具。[1]我们对定量和定性的方法加以区分。

定量方法

定量方法试图以数量的形式描述商业模式的创新性。这并不简单，因为商业模式创新本质上是一种定性现象。为了将商业模式的创新性简化为一个数据，研究者开发了各种衡量标准。[2]其中一个量表用于评估在20世纪90年代后半期上

1　参见 Foss，Saebi（2015，p. 211）。

2　Clauss(2017)提出了描述商业模式创新的几种不同方法，包括多项目量表、分层测量模型和元结构。在发表的论文中，他还概述了之前的相关工作，涉及 Patzelt et al.（2008），Bock et al.（2012），Brea-Solís et al.（2015）。

市的年轻互联网企业的创新能力。[1]其中包含的调查项目见表4.1。

表4.1　评估年轻互联网企业的创新能力的量表

调查项目	量表★
1.商业模式提供了产品、服务和信息的新组合	非常回意，回意，不同意，很不同意
2.商业模式汇聚了新的参与者	非常同意，同意，不同意，很不同意
3.商业模式为交易主体提供的激励是新颖的	非常同意，同意，不同意，很不同意
4.商业模式带来了空前人量且丰富的参与者和/或商品	非常同意，同意，不同意，很不同意
5.商业模式以新颖的方式连接参与者和交易行为	非常同意.，同意，不同意，很不同意
6.参与者间的某些联系的丰富性（质量和深度）是新颖的	非常同意，同意，不同意，很不同意 0，1~2，3~4，大于4
7.中心企业在商业模式方面获得的专利数量	非常依赖，比较依赖，有一点依赖，一
8.商业模式依赖商业秘密和/或版权的程度	点也不依赖
9.中心企业是否宣称自己是商业模式的探索者	是，否
10.中心企业持续创新商业模式	非常同意，同意，不同意，很不同意
11.存在可能超越企业商业模式的竞争性商业模式	非常同意，同意，不同意，很不同意
12.还有其他使商业模式创新的方面	非常同意，回意，不同意，很不同意
13.总体上，企业的商业模式是新颖的	非常同意，同意，不同意，很不同意

注：★ 非常同意的赋分为1，同意的赋分为0.75，不同意的赋分为0.25，很不同意的赋分为0；是的赋分为1，否的赋分为0；非常依赖的赋分为1，比较依赖的赋分为0.66，有一点依赖的赋分为0.33，一点也不依赖的赋分为0；0的赋分为0，1~2的赋分为0.33，3~4的赋分为0.66，大于4的赋分为1。

公司在制定特定文件时可以考虑这些调查项目，如果公司已经上市或正处在上市的过程中，那么这些文件更容易获得，在这种情况下，可以分析首次公开募股说明书。第一步，以文本格式写出问题的答案。然后，分析者可以基于对中心企业商业模式的深入理解和掌握的相关知识，依据各自的选择（如，对"商业模式汇聚了新的参与者"这一项目"非常同意"）做出判断。这些量表随后会被转换并编码为标准化的分数（如，1代表"非常同意"）。完成这一步后，基于特定的权重（如平均权重）把

1　Zott，Amit（2007）.

所有单项得分合计为综合量表的总分。这一过程产生了一个用于衡量商业模式创新程度的清晰的量化指标。[1]基于问题的性质及用于评估这些问题的量表，该衡量方法同时反映了商业模式的新颖性程度和创新范围。

定性方法

对商业模式创新进行定性测度符合商业模式的定性的本质。因此，在进行定量分析前往往会进行定性测度。然而，定性分析并不简单，因为它需要对企业的商业模式进行充分的理解和透彻的分析。这意味着要花大量时间通过多个渠道收集烦琐的数据，如：（1）采访高管、创始人、员工、投资者、董事会成员和顾客；发送随访邮件；通过电话向这些主体解释清楚问题；（2）现场观察董事会会议和企业的主要活动；（3）分析具体业务计划、投资备忘录、董事会会议记录等企业文件；（4）掌握档案数据，这包括企业网站、新闻报道、博客和视频摘录中的相关内容。[2]

可以通过分析收集到的数据来考察和评价企业商业模式的关键维度，从而确定商业模式创新的程度和/或范围。关键维度包括：内涵（在商业模式内执行的新活动）、治理（新参与者负责哪项活动）、结构（活动之间的新联系）和价值逻辑（新收入模式）。例如，同时进行四个维度创新的企业展示了广泛的商业模式创新，并且相较于同行，表现出高度的新颖性。

1　已通过标准的计量经济学方法，如克朗巴哈系数和偏最小二乘回归，验证了该方法的内在一致性和可靠性（详见 Zott，Amit，2007）。需要注意，制定该特定量表是为了衡量一种特定类型公司的商业模式的创新程度，这种特定类型的公司是指即将在美国和欧洲上市的年轻互联网公司。对于其他类型的公司，可能需要调整这些项目。例如，Frankenberger，Zott（2018）使用其中的部分项目来衡量老牌公司进行商业模式创新的新颖性。他们制定的四项量表描述了：（1）由此产生的商业模式提供产品、服务和信息新组合的程度；（2）新参与者的汇聚程度；（3）以新颖方式连接现有参与者的程度；（4）新商业模式在多大程度上被认为是行业先驱。

2　关于这种方法的应用，参见 Snihur，Zott（2020）。

第五节

阐明商业模式创新的积极面

商业模式创新的基本前提是能够实现中心企业的价值创造和/或价值获取，并因此提高企业绩效。为了阐明这一优势，我们列举苹果和HTC的案例。在苹果的发展过程中，大多数时候，它都致力于进行软硬件方面的创新，尤其是个人电脑。通过开发iPod及相关音乐下载业务iTunes（苹果合法的在线音乐下载服务），苹果进行了一种商业模式创新。苹果是第一家把音乐发行作为商业活动的电脑企业，它将音乐发行与iPod软硬件开发相结合。苹果通过在商业模式中加入这一新活动（将音乐厂牌商与终端顾客联系起来），改变了音乐的发行方式，使用户可以合法地下载单曲。苹果通过和顾客建立长期的关系（类似于吉列等企业的剃须刀/刀片模式）而不只是针对市场推出创新性硬件产品，改变了商业模式，使苹果与商业合作伙伴可以在用户进行软硬件使用过程中持续获益。这样，苹果将创新中心从产品转向商业模式领域。图4.2和图4.3分别说明了在进行商业模式创新（如iPod/iTunes、iPhone/App Store）后，苹果的收入、净收入和股价变化情况。

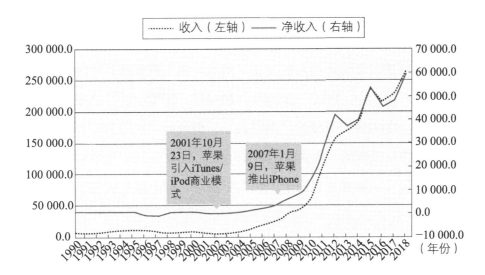

图4.2 苹果公司的收入与净收入（商业模式改变前/后）（单位：美元）

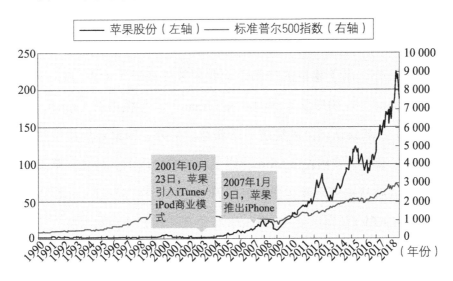

图4.3 苹果公司股价（商业模式改变前/后）（单位：美元）

相比之下，如果仅靠产品创新，即使是一些其他方面表现优异的企业也会举步维艰。台湾企业HTC自1997年成立以来，一直是一家创新性的原始设备制造商。最初，HTC为Palm、惠普和T-Mobile等微软操作系统的手机生产电话听筒。2006年，HTC改变产品市场战略，从代工制造商转型为通过各种分销渠道向无线网络运营商和普通大众售卖HTC品牌的智能手机。HTC在很多方面表现出色，在智能手机市场创造了多项第一名的纪录，并因进行技术创新荣获无数奖项。然而，由于商业模式始终以硬件设计和产品创新为核心，HTC举步维艰。2018年，HTC出现了上市以来的最差销售业绩。HTC售卖很棒的"剃须刀"，但没有"剃须刀刀片"：商业模式只能让它从创新的、最先进的智能手机、5G家庭智能音箱和VIVE VR头显（虚拟现实头戴式显视器）的销售中获益，而不能从对它们的使用中获益。

过去几年，HTC相对低迷的股价（见图4.4）突出表明，在快速发展的技术市场中，没有与商业模式创新相结合的产品创新可能使产品没有竞争力。与苹果不同的是，HTC没有参与移动内容或服务的创建与发布，设备运行的第三方操作系统（谷歌和微软）仅通过进行硬件销售创造收入。另外，由于苹果的产品之间共用软件基础（iOS、iTunes、App Store、iCloud），如电脑（macbook和imac）、平板电脑（ipad）和手机（iphone），苹果从"范围经济"中获益。另外，苹果还受益于对分销渠道的直接所有权（在线App Store、线下苹果零售店）。再者，苹果的商业模式使其能够从在应用商店里销售的第三方应用程序和iTunes歌曲中获得收入，并从AT&T获得因使用iPhone进行语音和数据交换的收益。

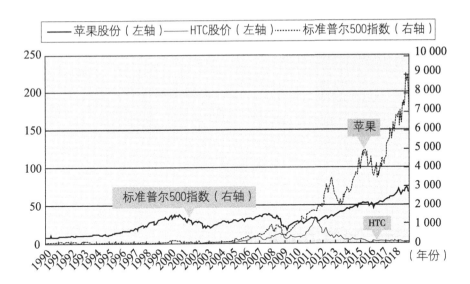

图4.4　HTC股价与苹果股价（单位：美元）

第六节

商业模式创新的优点

商业模式创新在推动中心企业进行创新方面有几个显著的优势。第一，它"补充"了其他形式的创新。第二，它通常不需要进行大量的前期投资（如，在发展技术专长和能力方面）。第三，它可以有效阻碍模仿。第四，商业模式创新可能是行业中的颠覆性力量。下文我们将详细阐述每个优势。

超越流程或产品创新的价值创造

商业模式作为创新源，可以带来以下任何一种价值创造效应。[1]首先，商业模式创新可以提高消费者的支付意愿，或降低现有市场中供应商的机会成本，这是仅通过产品或流程创新无法实现的效果。同时，商业模式创新能够产生积极

---

1 参见 Brandenburger，Stuart（1996）。

的协同效应，对产品创新进行补充，正如苹果的案例。苹果将产品领域的创新与商业模式领域（如App Store）的创新相结合。在这种情况下，一种形式的创新会增加其他形式的创新所创造的价值。可以在设备里"播放"的令人兴奋的包含新内容的产品会增加推出的新硬件所创造的价值，反之亦然。[1]因此，商业模式创新可以帮助企业在产品创新竞争中保持领先地位，并化解产品创新者面临的"总会有一个竞争性的初创产品将你的产品淘汰出局"的问题。[2]但一个基于创新性商业模式的好产品是不太容易被搁置在一旁的。未来可能会有人构想出比苹果更好的智能手机，但对于拥有苹果手机和App Store账号的数亿名用户来说，他们可能不太愿意更换其他品牌的手机。

更重要的是，商业模式创新能创造一个全新的市场，或让企业在现有市场中创造和挖掘新机会。例如，戴尔采取一种顾客驱动的按单生产商业模式，取代通过实体零售店售卖电脑的存货生产模式。[3]这代表在现有市场上创造价值的巨大机会。想想墨西哥风味快餐连锁餐厅Taco Bell。20世纪80年代末，Taco Bell决定将餐厅的后厨变成加热和装配单元。大部分切菜、烹饪和清洗工作转移到公司总部。这些预先烹饪好的食物装在塑料袋里后被送至餐厅，从而在餐厅可以进行快速加热、装配和供应。[4]这个渐进式商业模式创新（内容维度的改变，因为新增了活动；主体维度的改变，因为治理结构发生变化）并未改变快餐业的游戏规则，但它使Taco Bell实现规模经济价值，增强了在效率和质量上的控制能力，扩大了餐厅内的顾

---

1 Zott，Amit（2008）.
2 The Economist Intelligence Unit（2005）.
3 Brynjolfsson，Hitt（2004，pp. 27-48）.
4 参见 Applegate，Schlesinger，Delong（2001）。

客空间。[1]

低资本支出

数字经济下的资源配置催生了一系列涉及轻资产的商业模式创新，如eBay、Priceline，以及共享经济中的爱彼迎、优步和滴滴平台。数字化极大地拓宽了企业可用资源的范围，使企业可以利用更多的资源构思和采用新商业模式，从而减少资本支出（或简称CapEx）。为了对此进行说明，本部分以奈飞的流媒体电影业务为例。在云计算技术的支持下，奈飞利用云计算服务的物理基础设施（如亚马逊的AWS）储存电影并提供流媒体服务，而非花费自己的资本建立和运营服务器集群。因此，企业的数字化使企业家和管理者都能以最小的资本支出重新确定资源配置的边界，提高资源的价值创造可能性。[2]具体来说，低资本支出的数字化资源配置的新颖性可能来自以下几个方面。

1. 满足新的需求。以Open Table的商业模式为例，数字化的餐厅预订系统可以实现即时在线预订餐厅并提高用餐容量的利用率。数字化本身满足了在线预订餐厅的新需求，提高了资源利用率，如在线杂货购物平台Instacart的商业模式。Instacart的创始人发现，城市上班族节省买菜时间的需求未得到满足，其他城市具有未被充分利用的时间和劳动力（如失业者）。

2. 匹配资源和需求，并进行高效、高质量的管理方式创新。爱彼迎和优步的低资本支出商业模式就说明了这一点。数字化使爱彼迎能接触到未

1　Santos，Spector，Van Der Heyden（2009）.
2　Amit，Han（2017）.

被充分利用的私人空房，使优步能利用私人车辆提供类似出租车所提供的服务。

3. 所有价值共同创造者之间的互补性具有独特性（价值共同创造者是指在价值创造过程中，由中心企业连接且参与其中的主体）。新的价值共同创造者（具有不同且互补的资源和需求）被添加到配置环节后，为所有共同创造者创造了价值。这增强了资源配置的总体互补性。给小企业提供移动支付、即时检验解决方案和其他金融服务的美国企业Square，一直尝试将零售店顾客与其他没与零售店有效连接的价值共同创造者关联起来。这一过程被称为"嫁接"，即中心企业尝试将不相连（或几乎不相连）的资源和需求重新进行组合。对于Square而言，这些价值共同创造者包括但不限于金融服务提供商（如信用报告服务）、商业服务提供商（如税务服务）和物流服务提供商（如按需配送服务）。嫁接是为了识别资源与需求之间的独特互补性，并实现有关资源配置的价值创造。

有效阻碍模仿

由于活动之间互相依赖，竞争对手可能会发现相比一个单独的活动、产品或流程，模仿和/或复制整个新颖的活动系统更难。当综合起来的活动对目标功能产生的影响不同于单独的活动时，活动之间就存在相互依赖。企业家或管理者通过以下几种方式创造相互依赖性：他们选择一系列认为与满足市场需求相关的活动；他们设计将活动编织进一个系统的机制；他们塑造将系统维系在一起的治理机制。

对模仿的研究表明，三个因素促进模仿发生：确定模仿的对象、模仿的能力和模仿的动机。[1]商业模式创新降低和减少了竞争对手的辨识度、模仿能力和模仿动机，从而形成了阻碍模仿的有效屏障。竞争对手有时只有通过查看公司网站上、媒体描述中的公开信息，或者直接从中心企业的顾客和供应商（有时甚至是员工）处了解相关信息，才能确定商业模式设计的新元素。

竞争对手模仿商业模式创新的能力取决于：创新设计隐含的独特性、识别和理解全部活动及活动之间相关性的能力、必要的合同条款，以及自身的资源、能力和现有的合同条款。最后，竞争对手的模仿动机受多个因素影响，如额外的潜在利润、创新合法性的程度、与现有商业模式的兼容性、组织的惯性和进行变革面临的阻力等。

打破行业秩序

商业模式创新会打破行业秩序，这通常被理解为一个过程，在这个过程中，既有企业（如美国现有的钢铁公司、现已停业的伯利恒钢铁公司）致力于改善为最挑剔的顾客提供的产品，新进入者（如利用工业废料加工低级钢的小型钢厂）通常以比较廉价、比较简单的产品和/或技术瞄准被忽略的部分。随着时间的推移，新进入者逐渐优化供给机制，越来越多的主流顾客从既有企业转向新进入者，换言之，破坏发生了。这一假设也被称为破坏性创新理论。[2]

1　Chen（1996）.

2　Christensen（1997，2006）；Christensen，Raynor，McDonald（2015）. 根据 Clayton Christensen 网站，"破坏性创新描述的是这样一个过程：最初产品或服务通常以更便宜及更容易获得的方式扎根于低端市场，可以简单应用，然后持续向高端市场发展，并最终取代现有的竞争对手"。

越来越多有影响力的商业思想家认为，今天，我们生活在一个破坏性的年代，组织和生态系统的运行方式都在重新调整。IBM的一份报告总结了对首席执行官的采访，这份报告表明，"今天的首席执行官认识到了破坏的严重性……他们已经习惯了一连串突如其来的变化，并把这一现实要素融入日常的运营和战略中"。此外，"越来越多的人从根本上接受新模式。他们不再单打独斗，而是与合作伙伴一起在新生态系统内的新商业平台上进行创新"。[1]

事实上，尽管破坏性创新理论最初是结合产品或技术创新提出来的，但它也同样适用于商业模式创新。已故哈佛大学教授克莱顿·克里斯滕森（Clayton M. Christensen）在阐述这一理论时指出，"破坏性创新"是指通过新商业模式而不仅是新技术"打破"了现有企业。[2]正如克里斯滕森强调的，"这是一个商业模式问题。我错误地将这一现象称为破坏性技术；选择这种技术的破坏性商业模式击溃了现有领袖……通常来说，破坏性是一个商业模式问题，而不是一个技术问题"。[3]

廉价航空公司等案例符合破坏性是基于商业模式创新而非新技术或新产品的理念。[4]西南航空公司在航空业引入低成本模式，该模式削减了相关服务并专注少数几条关键航线。与此类似，当奈飞的用户采用率上升时，其采用的商业模式对录像租赁生态系统造成极强的破坏。由于顾客无须花时间去录像带租赁店，亦无须因忘记及时归还录像带而支付额外的费用，因此他们被奈飞深深吸引。他们可以在奈飞网站上设计愿望清单并查看电

1　IBM Institute for Business Value survey（2018，p. 1）.

2　Christensen（2006，p. 49）.

3　Christensen（2006，pp. 43，48）.

4　Markides（2006）.

影评论，同时这为奈飞提供了有关顾客口味的有用信息。其进行的商业模式创新为顾客带来了一种不同的价值主张，提供了不同于百事达和其他录像带租赁店的方式。如果奈飞未能吸引大量顾客，那么其合作伙伴（DVD制造商、美国邮政总局、电影制片厂）可能会终止合作，破坏性就不会发生。

商业模式作为破坏性的一种潜在来源意味着新进入者可以直接瞄准利润最高的主流细分市场，而不是像克里斯滕森提出的理论所表明的那样，只关注利润较低的细分市场。在奈飞案例中，主流顾客不满足因迟还录像带而付费，亦不满足录像带租赁店里只能选择有限的大片电影。这些顾客转向奈飞不只是因为价格低廉。因此，与理论最初关注的从低端到主流顾客的缓慢渐进式破坏不同，当越来越多的顾客采用新商业模式时，主流顾客被商业模式创新吸引的现象可以相当快地发生，特别是，数字时代支持在线内容快速扩散，具有强有力的网络效应。新创公司及其他行业的现有企业，可能会被快速吸引大量主流顾客的"诱惑"所吸引，并进行商业模式创新。因此，破坏者可能是小型新创公司，也可能是其他行业的大型老牌公司。这是对克里斯滕森提出的理论的又一延伸。

相反，对于被破坏的企业而言，未能调整商业模式可能给企业绩效带来很多负面的影响。正如第三章所提到的，尽管宝丽来的管理者已经很好地掌握了数字成像技术，但他们从未更新过其模拟的剃须刀/刀片商业模式（通过利用消耗品而非硬件赚钱）。

第七节

阐明商业模式创新的消极面

与其他所有形式的创新一样，商业模式创新有其消极面——挑战、成本和风险。其中最主要的就是业务失败的风险。以色列企业家Shai Agassi的初创汽车企业Better Place（在2013年宣布破产）试图为电动汽车引入一种新商业模式。该企业在2007年成立，筹资近10亿美元，曾被吹捧为绿色科技新创公司的领导者。可以将其惊人的消亡速度作为商业模式创新失败的一个案例进行研究。这位创始人想对电动汽车进行大力补贴，用户每月支付不同的费用以在自动充电站网络中快速更换电动汽车的电池，从而无须等待（电池充电）。Agassi认为减轻"里程焦虑"并提高电动汽车的可负担性有助于推广对电动汽车的使用。他将这种商业模式与无线电话运营商的商业模式进行比较，后者在用户签订多年电话合同时，为昂贵的手机提供补贴。虽然Better Place设立了值得称赞且崇高的目标，但这些目标最终与构建商业模式的现实并不匹配。[1]

首先，Better Place严重低估了建设电动汽车车队和充电网络的成本。其次，顾客并未对这一服务积极买账。为了维持这一依赖规模且冒险的收入模式，Better Place需要快速获得大量的用户，提高使用率。在停止运营之前，Better Place的销量不到1500辆。在向第一批以色列顾客开放有偿充电网络的一年内，它宣布破产。[2]

Better Place商业模式的另一个致命错误是，事实证明，很难说服商业模式中其他重要的价值共同创造者认同该新商业模式的合法性。这可能是该企业未能创造足够多的需求的原因之一。雷诺（Renault）是Better Place电动汽车的唯一供应商，但当这家新创公司未能实现高销量时，雷诺退出了合作领域。违背大批量生产这一行业潜规则，导致Better Place在次年破产。另一个问题是很难说服其他汽车制造商与其合作，Agassi的做法和过度乐观的预期使其他汽车制造商疏远了他的企业。Better Place只是想当然地认为汽车制造商会生产使用其电池系统的汽车。[3]

---

1 Chafkin（2014）；Woody（2013），Gunther（2013）.
2 Woody（2013）；Chafkin（2014）.
3 Gunther（2013）.

第八节

商业模式创新的缺点

除了任何创新都会带来的普遍风险（如顾客接受度不足、市场规模小、缺乏可行性和创新性、面临组织变革成本风险和其他风险）外，商业模式创新还因具有系统性、整体性的本质而面临许多独特的挑战。

缺少被竞争对手模仿的保护措施

商业模式创新很难受到法律保护。尽管美国有商业方法专利（但欧洲没有）保护机制，但它们很难执行。除了自然垄断外，如社交网络（2019年，Facebook拥有67%的市场份额），大多数商业模式创新主体所在市场的进入壁垒较低。正如《经济学人》所指出的，"如果在只投资了150亿美元后，优步真的价值1000亿美元，那为什么它的竞争对手不继续碰碰运气？为什么没有吸引一家老牌科技巨头加入其中？"[1]被竞争对手模仿的风险增加了：（1）商业模式创新的市场潜力更有吸引力；（2）在消费者、监管者和生态系统内的其他主体看来，创新合法性增强；（3）基础活动系统的连接更松散。[2]

例如，更高的合法性使商业模式创新主体对现有企业构成更加严峻的威胁，并增加其在早期竞争中进行打击的动机。现有企业可以通过多种方式进行打击，如模仿新的商业模式、加入价格战，或游说监管者。[3]例如，2004年，百事达通过推出在线DVD租赁业务，（未获成功）模仿奈飞的商业模式创新。在剃须产品市场，联合利华（Unilever）和埃德维尔个人护理（Edgewell Personal Care）两大巨头通过收购破坏性的订阅式初创企业（分别是Dollar Shave Club和Harry's）实现了商业模式的转变。[4]

一般来说，在不确定性的条件下，现有企业模仿新进入者的动机会增加：不确定性越大，现有企业越会将各个方面的业务与其他企业进行比较，这反过来又提升了模仿的可能性。[5]因此，在不确定性下经营的管理者更加关注模仿，而产生破坏性的商业模式的创新这一市场特征往往就是不确定性。

合法性风险

为了得到顾客和其他利益相关者的支持，企业需要保证商业模式创新的合法性，因为通常情况下利益相关者期待的是广为社会大众接受的设

---

1 The Economist（2019）.
2 根据Rivkin（2000），一个连接松散的系统对变化更敏感，但也更容易被竞争对手模仿。
3 Ahuja，Novelli（2016）；Casadesus-Masanel，Zhu（2013）.
4 Georgiadis，McCormick（2019）.
5 DiMaggio，Powell（1983）.

计。[1]如果进行创新的是现有企业，那么顾客和生态系统内的其他主体通常会基于之前的成就认定其具有合法性。例如，苹果引入iPod/iTunes商业模式。然而，当进行创新的是诸如优步或Better Place这样的新企业时，其在确立合法性时可能面临严峻的挑战，这是基于其采用的商业模式的综合新颖性、年轻企业创新的义务以及（可能，如优步的案例）社会各界对新商业模式较低的接纳度。[2]

让我们再来看看奈飞的案例。在商业模式创新实现盈利和成功之前，奈飞很难说服顾客和商业模式的其他参与者认同其合法性。因为当时大众还不习惯在线租赁录像带，并且在顾客选择电影、在线支付和通过快递收货方面也没有任何规范、规则和先例。同时，大概是因为"还没有一个成熟的财务模式，可以适用于基于订阅的在线租赁企业……没有人做过这种尝试"，奈飞很难说服合作伙伴（如DVD制造商或电影制片厂）进行商业模式创新。[3]奈飞与电影制片厂经过多年谈判，针对收入分成达成共识。可以用一位代表的话总结该制片厂的回应："我不理解这一概念——这不是人们得到VHS磁带的方式。"[4]由于多元且庞大的主体（如顾客、DVD制造商、电影制片厂和美国邮政局）参与商业模式创新，奈飞的合法性提高了。

复杂性提高的风险

如前所述，商业模式是一个由相互依赖的活动构成的系统，其中的一些活动由合作伙伴执行。这种活动系统的稳定性与生命力部分取决于全体

1　Aldrich，Fiol（1994）；Suchman（1995）.

2　Stinchcombe（1965）.

3　Keating（2012，p. 80）.

4　Keating（2012，p. 38）.

合作伙伴（利益相关者）间持续一致的激励因素。随着竞争格局的变化和/或技术的发展，商业模式创新的机会出现了。这可能会反过来使中心企业向商业模式中添加其他新合作者执行的活动。中心企业商业模式包含的合作者越多，需要管理的相互依赖关系就越多。反过来，这提升了系统的复杂性，可能会有损稳定性和可行性。由于合作伙伴的议价能力可能会随技术和消费者的偏好的变化而变化，因此合作伙伴之间的激励因素可能会产生分歧。这增加了因未满足的激励相容约束而崩溃的风险。

现有合作者之间新产生的和越发复杂的交换机制，也会提升商业模式的复杂性，从而威胁其可行性。换言之，变革现有合作伙伴间的联系结构会对商业模式的可行性产生不利影响。例如，竞价交易机制比固定价格交易机制更容易失败。价值获取机制的复杂性（由中心企业的收入模型描述）也可能有损商业模式的稳健性，从而威胁其可行性。

路径依赖的风险

新的商业模式会创造新的路径依赖，从而为以后的惯性埋下种子，特别是当它引入一个连接紧密的活动系统（连接紧密的活动系统更容易产生惯性，且可能比连接松散的系统更难改变）时。正如我们在第三章中所看到的，对企业的活动系统进行全盘变革，而不只是优化单个活动（如生产），需要进行系统全面的思考，难度更大。为应对危机，在经济困难时期运营或利用新机会时，大概管理者不会总是首先想到对整个商业模式进行反思。当内部改革的阻力很大时，更是这样。因此，在很长一段时间内，对商业模式设计的选择往往不会受到挑战。

第九节

针对有效商业模式设计者的关键要点总结

越来越多的企业转向用商业模式创新替代或补充产品或进行流程创新，这可能是高风险且高成本的。企业可以对商业模式的四个关键维度中的任意一个进行创新。

第一，可以增加或消除活动（新颖的内容或内容创新）——商业模式内容维度的变革。

第二，可以引入新的合作伙伴来执行特定的活动（新的治理或治理创新）——商业模式主体维度的变革。

第三，可以以新的方式联系活动（新颖的结构或结构创新）——商业模式方式维度的变革。

第四，可以采用一种新的收入模式（新颖的价值逻辑或价值逻辑创新）——商业模式原因维度的变革。

这四个维度中的一个或多个维度的创新通常是高度相互依赖的。

商业模式创新的意义可能因企业而异，例如，相对大型现有企业而言，初创企业的商业模式要想被认为是具有创新性的，那么它应该在企业产品市场空间中是新颖的。对于现有企业的商业模式而言，要想被认为是具有创新性的，那么，其至少对企业自身而言是具有创新性的（可能其在产品市场空间内也是如此）。当只是对现有的活动或交换进行简单修改时，则并未改变整个活动系统，因此这不是商业模式创新。同时，应当严格区分商业模式创新与产品或服务创新。最后，尽管一些企业的创业项目比其他项目更注重商业模式创新，但商业模式创新可能内嵌于企业创业中。

商业模式创新的基本前提是它能够实现中心企业的价值创造和/或价值获取，从而提升企业绩效。对于中心企业而言，商业模式创新能够带来以下几个明显的好处。首先，它补充了其他形式的创新。其次，新颖的商业模式（如数字化驱动的商业模式）是具有成本效益的。再次，商业模式创新能够有效阻碍模仿。最后，商业模式创新能够创造一个新市场或使企业在现有市场中找到新机遇。在某些情况下，商业模式创新可能会打破行业秩序。

商业模式创新也有弊端，部分原因在于其具有的系统性和整体性。第一个关键风险是导致业务失败。第二个关键风险是缺少被竞争对手模仿的保护措施。进行商业模式创新的企业还要有很高的合法性，对新企业而言，这更难实现。此外，商业模式的稳定性与生命力部分依赖利益相关者之间的激励因素的一致性。随着商业模式复杂性的提高，可行性受到的威胁也开始增加。新商业模式面临的另一个风险是可能使路径依赖变得根深蒂固。

为了进行可能的商业模式创新，我们建议企业家和管理者思考以下六个关键问题：

- 通过进行新的商业模式设计，可以满足哪些感知到的顾客需求？

- 需要进行哪些新颖活动来满足这些感知到的需求？

- 需要进行的活动之间通过哪种新颖的方式联系？

- 谁（如中心企业或一个合作伙伴）来执行这些组成商业模式的活动，以及哪种新的制度安排可以实现构建这种结构？

- 如何使商业模式以新颖的方式为每位参与者创造价值？

- 哪种新颖的收入模式契合企业的商业模式，进而成为能够获取被创造的总价值的一部分？

解决这六个问题有助于企业家和管理者在经营网络和生态系统中更清晰地认知商业模式。如果未从商业模式视角出发，企业只是复杂凌乱网络中的一个参与者，并被动地纠缠于其中。运用商业模式视角可以帮助企业家和管理者有意识地在包含其他企业和经济主体（二者均在生态系统内部）的环境中，建构自身企业的活动系统。这种有意识地设计和建构商业模式（包括内部和跨界活动），是管理者和企业家的关键任务，同时也是进行创新的重要来源，帮助企业超越传统的合作伙伴、竞争对手和顾客。也许最重要的是，这种方法鼓励系统整体地思考创新而不是聚焦孤立的单个选择。以下是给企业家和管理者的要旨：当你进行创新时，要着眼于森林而非树木；在优化细节之前，要对活动系统进行整体设计。

参考文献

［1］Ahuja, G. & Novelli, E. (2016). Incumbent responses to an entrant with a new business model: Resource co-deployment and resource re-deployment strategies. *Advances in Strategic Management* 35, 125–153.

［2］Aldrich, H. E. & Fiol, C. M. (1994). Fools rush in? The institutional context of industry creation. *The Academy of Management Review* 19(4), 645–670.

［3］Amit, R. & Han, X. (2017). Value creation through novel resource configuration in a digitally enabled world. *Strategic Entrepreneurship Journal* 11(3), 228–242.

［4］Amit, R. & Zott, C. (2001). Value creation in e-business. *Strategic Management Journal* 22(6-7), 493–520.

［5］Amit, R. & Zott, C. (2012). Creating value through business model innovation. *MIT Sloan Management Review* 53(3), 41–49.

［6］ Applegate, L. M., Schlesinger, L. A. & Delong, D. (1998). Taco Bell, Inc.–1983–94. HBS No. 398-129. Harvard Business Publishing.

［7］ Banerjea, S., Kahn, R., Petit, C. & White, J. (2006). *Dare to Be Different: Why Banking Innovation Matters Now*. Somers, NY: IBM Global Services.

［8］ Beck, T. (2015). Microfinance: A critical literature survey. IEG working paper 102284, 2015/No.4, World Bank Group, Washington, D.C.

［9］ Beioley, K. (2018, August 31). Popularity of Isas drops to 18-year UK low. *Financial Times*.

［10］ Berger, M., Goldmark, L. & Miller-Sanabria, T. (Eds.) (2006). *An Inside View of Latin American Microfinance*. Washington, DC: Inter-American Development Bank.

［11］ Birkinshaw, J., Hamel, G. & Mol, M. J. (2008). Management innovation. *Academy of Management Review* 33(4), 825–845.

［12］ Blacker, A. (2018, September 25). Pokémon GO catches $2 billion since launch. *Apptopia*.

［13］ Brandenburger, A. M. & Stuart, H.W., Jr. (1996). Value-based business strategy. *Journal of Economics & Management Strategy* 59(1), 5–24.

［14］ Brynjolfsson, E. & Hitt, L. (2005). Intangible assets and the economic impact of computers. In Dutton, W. et al. (Eds.), *Transforming Enterprise* (pp. 27–48). Cambridge, MA: MIT Press.

［15］ Carman, A. (2017, June 1). Niantic earns up to 50 cents per visit to sponsored Pokémon Go stops. *The Verge*.

［16］ Casadesus-Masanell, R. & Zhu, F. (2013). Business model innovation and competitive imitation: The case of sponsor-based business models. *Strategic Management Journal* 34(4), 464–482.

［17］Chafkin, M. (2014, July 4). A broken place: The spectacular failure of the startup that was going to change the world. *Fast Company*.

［18］Chen, M. J. (1996). Competitor analysis and interfirm rivalry: Toward a theoretical integration. *The Academy of Management Review* 21(1), 100–134.

［19］Christensen, C. M. (1997). *The Innovator's Dilemma: When New Technologies Cause Great Firms to Fail*. Boston, MA: Harvard Business School Press.

［20］Christensen, C. M. (2006). The ongoing process of building a theory of disruption. *Journal of Product Innovation Management* 23(1), 39–55.

［21］Christensen, C. M., Raynor, M. & McDonald, R. (2015). What is disruptive innovation? *Harvard Business Review* 93(12), 44–53.

［22］Clayton Christensen website.

［23］Clauss, T. (2017). Measuring business model innovation: Conceptualization, scale development, and proof of performance. *R&D Management* 47(3), 385–403.

［24］DiMaggio, P. J. & Powell, W. W. (1983). The iron cage revisited: Institutional isomorphism and collective rationality in organizational fields. *American Sociological Review* 48(2), 147–160.

［25］Ferdman, R. A. (2014, April 17). Someone is finally forcing Nespresso to open-source its coffee pods. *Quartz*.

［26］Foss, N. & Saebi, T. (Eds.) (2015). *Business Model Innovation*. Oxford, UK: Oxford University Press.

［27］Frankenberger, K. & Zott, C. (2018). The role of differentiation, integration, and governance in developing innovative business models.

Academy of Management Proceedings 2018(1).

［28］ Georgiadis, P. & McCormick, M. (2019, May 9). Edgewell to buy shaving start-up Harry's in $1.4bn deal. *Financial Times*.

［29］ Grupo Bancolombia website.

［30］ Gunther, M. (2013, March 5). Better Place: What went wrong for the electric car startup? *The Guardian*.

［31］ Han, A. & Lal, R. (2005). Tanpin Kanri: Retail practice at Seven-Eleven Japan. HBS No. 506-002. Harvard Business Publishing.

［32］ IBM Institute for Business Value (2018). Plotting the platform payoff: Insights from the chief executive officer study. Global C-suite Study 19th edition.

［33］ INSEAD (2012). Alumnus entrepreneur profile: Giles Andrews.

［34］ Jolly, D. (2014, April 17). Nestlé loses a clash over single-serve coffee. *New York Times*.

［35］ Keating, G. (2012). *Netflixed: The Epic Battle for America's Eyeballs*. New York, NY: Penguin Group.

［36］ Kotler, P. T. & Keller, K. L. (2009). *Marketing Management 13th Edition*. Upper Saddle River, NJ: Pearson Prentice Hall.

［37］ KPMG (2018). No normal is the new normal. Global Consumer Executive Top of Mind Survey.

［38］ Kupp, M. & Anderson, J. (2006). Zopa.com. Case-Reference no. ESMT-306-0065–1. European School of Management and Technology Berlin.

［39］ Markides, C. (2006). Disruptive innovation: In need of better theory. *Journal of Product Innovation Management* 23(1), 19–25.

［40］ Nagayama, K. & Weill, P. (2004). 7-Eleven Japan Co. Ltd.: Reinventing the retail business model. CISR working paper 338, MIT Sloan School of Management, Cambridge, MA.

［41］Nakamura, N. (2019, May 18). 58,000 shops later, Japan's convenience stores turn fresh page. *Nikkei Asian Review*.

［42］Nilsson, P. (2019, June 4). Robo-reporter writes front-page news. *Financial Times*.

［43］O'Neill, T. (2018, July 2). Zopa celebrates £1.5m profit as revenues climb by 40% to £46.5m. *Zopa Blog*.

［44］Parkin, B. (2019, July 19). Oyo founder triples stake with $2bn share buy-back. *Financial Times*.

［45］Pokémon Go website.

［46］Rasmussen, K. A. & Foss, N. J. (2014). Business model innovation in the pharmaceutical industry: The supporting role of organizational design. SMG Working Paper No. 4, Frederiksberg: Djøf Forlag.

［47］Rivkin, J. W. (2000). Imitation of complex strategies. *Management Science* 46(6), 824–844.

［48］Santos, J., Spector, B. & Van Der Heyden, L. (2009). Toward a theory of business model innovation within incumbent firms. INSEAD working paper 2009/16/EFE/ST/TOM.

［49］Snihur, Y. & Zott, C. (2020). The genesis and metamorphosis of novelty imprints: How business model innovation emerges in young ventures. *Academy of Management Journal* 63(2), 554–583.

［50］Stecker, E., Martinez-Jerez, F. A., Hill, L. A., Egawa, M. & Yamazaki, M. (2009). Lawson: Becoming the community store of 9,000 Japanese communities. HBS No. 409-112. Harvard Business Publishing.

[51] Stinchcombe, A. L. (1965). Social Structure and Organizations. In March, J.P. (Ed.), *Handbook of Organizations* (pp. 142–193). Chicago, IL: Rand McNally.

[52] Suchman, M. C. (1995). Managing legitimacy: Strategic and institutional approaches. *The Academy of Management Review* 20(3), 571–610.

[53] Terazono, E. (2019, May 13). Plant-based meat group Impossible Foods raises $300m. *Financial Times*.

[54] *The Economist* (2019, April 17). The trouble with tech unicorns. *The Economist*.

[55] *The Economist* Intelligence Unit (2005). Business 2010: Embracing the challenge of change. *The Economist*.

[56] Uranaka, T. & Shimizu, R. (2016, April 7). Seven & i's 83-year-old CEO quits after board rejects his proposal. *Reuters*.

[57] Woody, T. (2013, May 26). The lesson from Better Place's bankruptcy: Be more like Tesla. *Quartz*.

[58] Zopa website. FAQs.

[59] Zopa website. Invest.

[60] Zott, C. & Amit, R. (2007). Business model design and the performance of entrepreneurial firms. *Organization Science* 18(2), 181–199.

[61] Zott, C. & Amit, R. (2008). The fit between product market strategy and business model: Implications for firm performance. *Strategic Management Journal* 29(1), 1–26.

[62] Zott, C. & Amit, R. (2017). Business model innovation: How to create value in a digital world. *Marketing Intelligence Review* 9(1), 19–23.

第二部分

商业模式创新的战略设计与评价

CHAPTER 5

第五章

商业模式的战略设计——如何将设计思维与
创造力融入商业模式

第一节

为什么设计不仅是商业模式开发的隐喻

与其他形式的创新（如产品或流程创新）不同，商业模式创新很少将技术突破作为前提条件。商业模式创新往往始于"新商业模式会满足顾客的哪些需求"这一重要问题。这种以人为本的观点表明商业模式与设计的重要联系。设计的主要宗旨是找到满足人类需求的新方案。确实，仔细观察人类行为是所有设计过程的共同起点。专注且深刻的观察是创新的强大来源。这结合了仔细观察及对事情发生缘由的追问。因此，设计领域的核心观点已经被应用于商业模式的设计和创新中。设计不仅是一个吸引人的隐喻，而且对于那些有志于提出新商业模式想法的人来说，它还具有极强的实际意义。P2P借贷初创企业Zopa的联合创始人之一在以下声明中说明了这一点：

我设计了商业模式；市场的运行方式。实际上，主要的设计部分是理解如何匹配贷款人与借款人。这个过程是如何运行的？如何定价？我们如何平衡不同市场间的供需？我们如何将流动性分散至不同市场？这不只是一个战略角色。这是一个非常有设计感的角色，也是一个非常有趣的角色。你有机会拿到一张白纸，设计一个有效的市场，理解供给是如何变化的以及这将如何影响价格，需求是如何变化的以及这将对价格产生什么影响，并理解所有这些影响。这是一个需要解决的有趣问题。[1]

这位联合创始人被视为设计者而非管理者。因此，他将"商业建筑设计者"作为自己的官方职务，这反映了他在设计商业模式方面的重要作用。他告诉我们：

我认为我在Zopa的职责是……设计模式如何运作、业务如何开展并思考愿景。所以，从建筑设计者工作的角度来看就是：设计房子、思考它的外观及运行方式。

这清晰地表明，开发商业模式的企业家与管理者将自身视为设计者或建筑设计者。实际上，根据1978年诺贝尔经济学奖得主赫伯特·西蒙（Herbert Simon）的观点，每位企业家及创业型经理人都是设计者，因为"每个人都为将现状转变为自己偏好的情况而设计行动方案"。[2]这正是企业家所做的事情——致力于建立一家创造财富并为我们所有人带来更美好未来的企业！

在商业模式设计者确定需要重视的关键顾客时，受设计思维启发的商业模式学者区分了不同的阶段（如观察和整合阶段）。在随后的阶段中，

1　基于个人采访。
2　Simon（1996，p. 111）。

设计者创造了可供选择的商业模式结构，并将它们细化为更小的部分，且将选中的商业模式培育得足够成熟（可以采用）。[1]有关设计的这种"过程"观点（如何被设计的）是第六章的主题（如何设计一个新的商业模式——动态设计法）。在本章中，我们将重点放在设计的"内容"上，即"设计什么"这一问题（也就是商业模式的内容、方式、主体和原因），特别是影响后续设计及其结果的驱动因素。可以按首字母将这些驱动因素称为DESIGN，这将在本章后面介绍；其中的每个字母代表不同的设计驱动因素。

图5.1展示了商业模式设计中的主要概念元素，并将它们对应本书中对相关内容进行解释的章节。

商业模式设计的一个重要结果是商业模式创新（第四章中予以解释），这与"设计方法是促成创新的强大方法"的总体思路吻合。将设计应用于商业模式还会为商业模式中的各个利益相关者创造价值。在第八章，我们将把利益相关者创造的这种价值称为"价值主张"。最后，我们还将在本书后面的章节学习更多有关商业模式的可视化表示及在设计者的启发下开发出来的工具（如利益相关者之旅），它们有助于把设计思维应用于商业模式中。这种具有实际操作性的工具的存在与流行可以部分解释实践者对于商业模式的概念具有浓厚的兴趣的原因。[2]相关内容将在第九章进行解释。

图5.1　商业模式设计

1　Zott，Amit（2015）.

2　参见 Casadesus-Masanell，Ricart（2010）；Osterwalder，Pigneur（2010）。

第二节

什么是设计

设计"关注事情应该是怎样的，以及通过人为设计来实现目标"。[1]设计是一种解决问题的办法，它通常包含来自多学科的多元主体，有"明显的阶段，几乎总会包括搜索与理解的分析阶段、实验与发明的综合阶段，但这些阶段并不总是处于相同的顺序中"。[2]因此，设计可以"被视为一个综合且规范的创新过程，它从深厚的知识中构建创造性洞见"。[3]设计应用的典型领域包括建筑、时尚、工程、软件及医学。

在商业环境中，传统意义上，一提到设计就联想到产品和/或服务设计以及组织设计。然而，计算机与信息技术的发

1　Simon（1996，p. 114）．

2　Owen（1993，p. 2）．

3　Dunne（2018，p. 15）．

展催生出数字经济，这为设计方法论在商业中的应用创造了新的机会，即对企业生态系统内的经营方法进行战略设计。

然而，在理论意义层面，商业模式设计与产品设计并不相同。产品设计以中心企业与顾客之间广泛的关系为核心，商业模式设计注重多个利益相关者，如供应商和合作伙伴（除了企业及其顾客外）。换言之，商业模式设计涉及跨界活动系统的概念化，包括这些相互依赖的活动之间的连接机制，及确认系统内执行各项活动的主体。另外，产品设计通常聚焦确定一系列相互依赖的实物要素与特性，及刻画企业向顾客提供的产品的特性。然而，诸如技术功能或艺术性等产品设计的相关特性，并不易于被应用于商业模式设计中。因此，任何与产品设计起源或结果相关的理论都不可以被机械性地完全搬到商业模式设计中。[1]

在组织层面，设计通常指对组织中的活动、角色或职位进行分组的过程，从而有效地（可能以新的方式）协调存在的相互依赖关系。[2]在商业模式层面，可以将设计视为由商业模式利益相关者及其支配的资源所激活的特定（并且可能是新颖的）活动结构。

设计也被描述为一种思维方式和准则，它基于设计者的敏感性与人本方法，发现人们的需求并以新的价值主张予以回应。这种创新方法需要由辛勤工作以及训练有素的技术人员作为支撑。设计涉及跨学科团队自身内部及相互之间的密切协调，还需要具有收集数据与分析数据的时间。尤其

1　传统上，设计被企业视为产品发展过程中的一个环节。具体来说，设计主要聚焦有关研发产品的形式与具有的美学价值。然而，越来越多的企业要求设计者应用相关技能创造出具有创新性的解决方案而非简单地美化产品。因此，设计越发成为企业内部的主流做法，从而拿出满足新顾客需求、为新顾客提供舒适体验的解决方案。

2　Pfeffer（1978）.

是在创意阶段，这可能是混乱、重复且处于计划外的。[1]虽然不能确保成功，但针对那些"恶毒"的问题，设计特别有效。由于存在不完整的、相互矛盾的或变化的需求，复杂的相互依赖关系，以及高度（社会）的复杂性，因此针对恶毒的问题并不存在一个明确的解决方案[2]（恶毒的问题涉及贫困和恐怖主义，对此，没有明确的解决方案）。[3]

尽管设计重要且无处不在，但至今仍未形成统一的被普遍接受的设计科学或理论。[4]第一代确定设计理论的方法促使学者思考如何将这个复杂的动态过程分解成一系列更小、更具体的问题。第二代确定设计理论的方法将设计视为一个社会过程，并将重点从解决问题转向提出问题。[5]

1　Brown（2008）.
2　参见 Churchman（1967）的早期用法，参见 Rittel，Webber（1973）的正式定义。
3　Camillus（2008）.
4　Simon（1996, p. 113）.
5　Beckman，Barry（2007）.

第三节

商业模式战略设计的驱动因素

商业模式设计者可以通过设计的驱动因素战略性地考虑与关注影响商业模式设计的要素。在接下来的内容里，我们将重点介绍与描述设计的驱动因素（用由首字母缩写成的DESIGN表示）。这些驱动因素包括内部因素，或与设计相关的文献中提到的约束（我们特别称之为可用资源）（D）、中心企业的外部环境（E）、利益相关者的活动（S）、现有模板（I）、创造并获取价值的目标（G），以及感知到的顾客需求（N）。

可用资源（D）和中心企业的外部环境（E）

每个商业模式设计项目都涉及限制，这为问题划定了边界。"限制"的概念确实是设计的核心。正如加利福尼亚州设计公司IDEO的董事长蒂姆·布朗（Tim Brown）所说："设计思维的基础是愿意甚至热忱地接受竞争性约束。"[1]在商业模式设计中，我们将内部约束与外部约束加以区分。

可用资源，也称内部约束，包括人力资源和资本，以及支配它们开展活动的能力。如果一家企业的可用资源不包括进行商业模式设计的核心活动所需的资源，那么它就得思考是否以及如何开发或获取这些资源。它可以考虑接受合作，商业模式的其他利益相关者可以帮助中心企业克服资源瓶颈。另外，如果企业有足够的资源（甚至可能是闲置的资源，以增强抗风险能力），那么这些资源可以在中心企业的组织结构中发挥其他用途以实现物尽其用。换言之，可用资源的有无都可能成为商业模式设计者面临的内部约束。

外部约束是指中心企业的外部环境（包括竞争性市场和技术生态系统）强加给商业模式设计者的条件。它包括宏观经济（如利率）、法律、社会政治、监管和商业模式即将嵌入的文化环境，因此，它们经常被称为"环境约束"。新商业模式设计的可行性情况取决于遵守的重要法律、监管科技及行业规范和要求的程度，例如，新的空中出租运输服务需要合适的飞机（先垂直起降然后水平飞行的喷气式飞机），但更为重要的是合适的公共基础设施、监管方面的许可以及社会大众的接受情况。这些外部因素会影响设计备选方案的考虑范围。[2]换言之，外部环境会影响预期商业模式设计的可行性，也会影响商业模式中活动的具体执

1　Brown〔2009，p. 19〕.

2　摩根士丹利(Morgan Stanley)预计，2040 年，空中出租车市场的规模将达到 1.5 万亿美元。据总部位于慕尼黑的新企业 Lilium（致力于为城市交通运输服务而开发和生产喷气式飞机）估计，从肯尼迪机场到曼哈顿市中心，乘坐空中出租车大约需要 6 分钟（乘坐普通出租车大约需要 1 小时），但二者的成本几乎相同（Pfeifer，2019）。

行方式。

企业的技术生态系统是外部环境的一部分。一些技术发展趋势正在融合，鼓励企业设计新的商业模式。其中最主要的是商业的数字化，以及越来越多的"数字土著"期待获得卓越且个性化的数字顾客体验。[1]数字化社交的转变，使企业能够甚至需要变换顾客体验。因此，数字技术支持的商业模式创新正在成为常态。[2]企业的高层决策者似乎非常清楚数字技术及新顾客的迫切性（以及许多使人兴奋的可能性）。在IBM于2013年进行的一项调查中，近七成的高管认识到与顾客进行交流和互动的变化。[3]此外，对基于新技术或旧技术产生的具有新用法的商业模式创新源源不断。[4]

过去20年中，除互联网外，还出现一系列能够引起进行新商业模式设计的使能技术。这些技术包括先进的大数据分析、移动渠道、社交媒体、云计算、人工智能、机器学习、区块链、物联网、自动驾驶汽车和5G。其中，一些技术仍处于早期发展阶段，因此，应将它们视为新兴技术。[5]

大数据分析：大数据分析"检测大量数据从而发现隐藏的模式、相关性和其他部分"。[6]保险公司在汽车上安装的远程通信设备可以说明这项技术的使能本质。结合优化的数据分析，这些设备可以将特定司机和汽车的

1　"数字土著"是指出生于 1980~2000 年的人，他们伴随着互联网的发展长大。

2　使能技术是指那些支持"互补创新"和"开拓新机会而不是提供完整的终极解决方案"的技术（Bresnahan，Trajtenberg，1995，p. 84）。

3　IBM Institute for Business Value（2013，p. 9）.

4　IBM Institute for Business Value（2015，p. 1）.

5　以下五个关键属性决定了一种技术的新兴性：（1）具有突破性意义的新颖性；（2）相对快速的增长；（3）连贯性；（4）显著的影响力；（5）不确定性和模糊性（Rotolo，Hicks，Martin，2015）。

6　SAS website. Big Data Analytics.

信息转化为具有预测性的见解，保险公司可以利用这些设备进行个性化的保险费设计，并主动向驾驶员推荐方案。[1]

移动渠道：移动渠道为企业提供了一种通过移动设备与顾客联系的方式。它们已经成为售卖和交付的主要渠道，例如，如今，老牌银行越来越多地通过移动渠道与顾客打交道，而这正在迅速取代实体银行。一些金融科技初创企业（如德国的N26）完全放弃实体网点，为顾客提供全套的移动银行解决方案。

社交媒体：对于企业而言，制定社交媒体战略已是当务之急。企业可以利用社交网络平台获取数据、直接做广告，以及以新的方式与顾客建立联系，例如，现在航空公司通过众多社交媒体平台（如推特）直接与顾客联络。

云计算：云计算是"基于互联网（'云'）提供的计算服务（包括服务器、存储、数据库、网络、软件、分析和智能），从而加速创新、提供灵活的资源及规模经济"。[2]它是可扩展数字商业模式的关键推动者。

人工智能：人工智能被描述为"对使计算机行为智能化的方法进行的研究。大体而言，计算机的智能程度在于其做的是正确而非错误的事情。正确的事情是指最能实现目标的任何行动，或者更专业的表述为最大化预期效用的行动。人工智能涉及学习、推理、规划、知觉、语言理解、机器人等领域"。[3]例如，国际象棋世界冠军马格努斯·卡尔森（Magnus Carlsen）就投资了一款由人工智能驱动的应用程序，在这款程序里，玩家

1　Ralph（2017）.

2　Microsoft Azure website. What is Cloud computing？

3　Berkeley EECS website. Q&A：The future of artificial intelligence.

可以在模拟的棋局中与卡尔森"对弈"。[1]

机器学习：机器学习是人工智能中相对成熟的一个领域。谷歌首席决策科学家Cassie Kozyrkov将机器学习简单地描述为"事物标签助手"。"从本质上说，机器学习只是一个事物标签助手，其在了解你对事物的描述后，告诉你应该给予事物什么标签。"[2]机器学习造就了智能客服聊天机器人，实现了"良性循环"，诸如实现越发精确的观察与产品或服务的推荐之间的"良性循环"（如亚马逊提供的产品推荐或Spotify提供的播放列表推荐）。

区块链：如今，区块链作为比特币背后的技术广为人知。区块链应用广泛，它将催生出新颖的方式以进行交易和传递信息。区块链技术是一种更为安全的数据记录和储存方式，因此，它更趋中心化而非分布式。

物联网：广义上讲，物联网是指"与互联网相连的一切事物，但人们越发习惯于用它来定义相互'交谈'的对象"。[3]从传感器到智能手机等设备，万物通过巨大的互联网联系，产生大量数据。

自动驾驶汽车：基于一套传感器和技术，自动驾驶汽车从一个地方被驾驶到另一个地方；[4]如今，自动驾驶汽车有着不同的自动化分级。自动驾驶汽车有望对汽车行业现有的商业模式产生重大影响，比如，依赖私家车的传统商业模式。[5]

5G：5G是"第五代移动通信技术"，它将以更高速率、更大范围的

1　Hall（2019）.
2　Kozyrkov（2019）.
3　Burgess（2018）.
4　Gartner website. IT Glossary.
5　UMTRI（2015）.

连接催生并支撑广泛的物联网传感器和设备网络。[1]

因此，嵌于精心设计的商业模式中的使能技术，具备在广泛的应用中创造价值的巨大潜能。商业模式是释放这些技术中的价值的关键要素，找到进行最精良的商业模式设计的企业会有所回报。总之，使能技术的力量将产生深远的影响，并带来全新的商业模式设计机会。

商业模式理论家通常将约束视为障碍或绊脚石，很少将其与创新等积极的设计结果相关联。[2]因此，他们秉持将约束视为刺激和创造性挑战，而不是理所当然地将其视为障碍的设计态度，而它是通过创新和/或利用现有商业模式中的元素建设性地处理约束的关键。这类似于不加批判地拒绝接受规范。设计视角提醒商业模式设计者"把挑战视为一种设计创新性解决方案的机会"的重要性——根据奥地利经济学家约瑟夫·熊彼特的观点，这是创业的基本前提之一。[3]

利益相关者的活动（S）

利益相关者的活动根植于"协作"的设计概念中。这个概念既指设计过程中与合作伙伴的协作，也指最终商业模式设计中协作的定义特征。考虑到本章聚焦设计的内容而非过程，此处，我们讨论的协作是嵌于设计解决方案中的协作。在商业模式中，中心企业与商业模式中的其他利益相关

---

1 Qualcomm website. 关于 5G，你需要知道一切。
2 如有例外，参见 Sanchez，Ricart（2010）。
3 Schumpeter（1934）。在企业家精神中，将这种态度称为"创业思维方式"。相较于老牌公司，这种思维方式可能在新创公司中更为普遍，这使新颖的商业模式更容易出现在新创公司中而不是企业创新的过程中。企业创新往往沿袭母公司的结构和流程，并从中借用核心能力、资源，以及认知模型。这通常会限制而非促进商业模式创新（参见第三章关于认知及其相关陷阱）。

者（合作伙伴、顾客、供应商和金融家）协作，因此需要为商业模式中的每位利益相关者设定差异化的价值主张。利益相关者会完成其中的一部分活动（有时甚至是很多活动，如在eBay或LetGo等在线市场的案例中，顾客从事大部分营销和售卖工作）。因此，我们把这些称为"利益相关者活动"。[1]

思考利益相关者如何执行活动才能改善商业模式设计，这很重要，因为它强调商业模式是一种嵌套在企业、网络或生态系统层次之间的分析单元。虽然在理论层面，人们普遍认为商业模式具有跨企业和跨行业边界的结构，但在实践中，一些管理者仍然不够重视和/或低估了其跨行业边界的本质，并倾向于以企业层面的特征为中心。显然利益相关者的活动的设计驱动因素要求把关注的重点转移到中心企业的边界之外。这让商业模式的设计者意识到主动整合并利用中心企业生态系统内资源和能力的益处。[2]

更具体地说，商业模式设计需要同时思考利益相关者活动中的多元的外包与合作安排。这与是否将某项具体活动外包出去（购买还是自制）这类主要基于交易成本考量的决策不同，[3]在系统层面思考由中心企业及其合

---

1 利益相关者理论强调商业模式中休戚与共的群体之间的关系，突出平衡全体利益相关者之间不同利益的重要性，并采用有关关系及价值取向的观点，这表明商业关系可以被理解为一系列团体间的关系，这些团体在商业活动中具有利害关系（Freeman，2010，p. 7）。利益相关者理论提出了更好地协调和管理相关者利益的若干条件，包括利益结盟、公平、利益相关者整合和利益相关者管理。对利益相关者理论的回顾，参见 Laplume，Sonpar，Litz（2008）。

2 对于利益相关者活动的关注更加凸显了商业模式和嵌入其中的活动系统间的关系。商业模式描述了中心企业如何利用生态系统执行必要的活动，从而满足感知到的顾客需求。换言之，它由中心企业生态系统（包括中心企业自身）中部分主体执行的活动构成，这些活动交织在其所在的活动系统中。

3 Williamson（1985）.

作伙伴执行的一系列活动的决策包括两个步骤。第一步需要将活动系统中的一系列活动概念化。这一步骤的核心是互补性，针对某些确定的结果，活动之间是否存在潜在的加强、证实关系？例如，P2P企业是否应该在商业模式中加入对借款人的信用风险评估？

第二步是思考合适的活动治理方式。如果将活动纳入活动系统，那么由谁来执行？中心企业还是合作伙伴之一，供应商还是其他利益相关者？例如，P2P借贷平台通过为贷款人提供必要的工具从而让其自行对借款人进行信用风险评估，还是将这一功能作为平台的一部分？在P2P借贷市场中，可能的商业模式利益相关者包括银行（确保遵守国家法律法规）、信贷数据企业（协助完成借款人的风险评估）、商业贷款企业（向系统注入流动性）、支付处理企业（完成支付）等。利益相关者及其执行活动的多种不同组合为商业模式设计者提供了一个潜在的巨大决策空间。

因此，P2P借贷企业Zopa的联合创始人将整合企业活动系统的任务称为价值工程："设计合作伙伴的方式与设计网页或机器是一样的，你需要表述，'价值是什么？我自己可以做什么？我们可以使用开源软件吗？我们需要自己做吗？我们可以找个合作伙伴吗？'"例如，Zopa凭借从老牌信用评级机构（如Equifax）得到的信息，向潜在的借款人提供初步报价。[1]

现有模板（I）

设计者的灵感可能源自业内为他们所熟悉的现有企业的模板，也可能是其他行业里适用于当前设计任务的模板。换言之，设计者向来会利用现

---

1 Selvam（2016）.

有模板。[1]

在商业模式设计中，借鉴现有商业模式并受其启发是常见的做法。尤其新企业的创建者通常喜欢广泛搜集（通过与投资者、导师或可能提供建议的同事交谈）涉及其他商业模式的案例，以便在设计自己的模式时进行借鉴。特别是，他们思考互联网拍卖平台eBay与公司债券市场的模式模板，并融合这些模板，以为个人无担保贷款创建一个在线市场。P2P企业竞争对手的创始人使用其他模板来设计商业模式，如 Craigslist和格莱珉银行、华尔街和越南的Hoi信用系统、网上银行，iPod和iTunes。[2]研究人员甚至报告了一个案例，在这个案例中，一家与医疗保健相关的新创公司的创始人至少借鉴了其他行业（非医疗保健业）中32家老牌公司的商业模式模板，如推特、海尔、HTC。这帮助其重新设计了企业的商业模式并增强了新颖性。[3]

模板可以启发商业模式设计者找到新想法，还可以通过提供重要线索（何种设计可能有效及为什么有效）帮助控制引入的新商业模式的不确定性。这是因为模板证实了概念的成功，因此，其可以用来建立框架和标准，从而塑造自己和他人的看法。

关于设计商业模式，最熟悉、最常规的方案就是"默认模板"，即在核心行业的现有企业中占支配地位的商业模式。[4]这表明了一种在效率（降低组织风险）与新颖性（为企业创造优势）间的权衡取舍。默认式的解决方案通常以牺牲新颖性来换取效率（参见我们在第三章中对思维

---

1 Boland，Collopy（2004，p. 268）．

2 Amit，Zott（2015）．

3 Snihur，Zott（2020）．

4 Boland，Collopy（2004，pp. 269–270）．

方式陷阱的讨论：人们往往会追求主流且高效的设计）。[1]事实上，资源和能力是商业模式的基础，而默认模板为新进入者提供了关于有效利用资源和能力的重要线索。这些主流设计模式可能以降低成本的方式将活动联系起来，也就是说，各个单独的活动之间通过减少整个活动系统中交易成本的方式相互连接，这一点清晰地体现在活动系统的结构与治理中。因此，在新商业模式的结构设计和治理时，参考业内最流行的商业模式可能会提高设计新商业模式的效率。然而，这会带来路径依赖，不过，这也会降低创新性风险，例如，在麦当劳之后创建的连锁快餐店可能会实现高效运营，不过就商业模式而言，其可能缺乏创新性优势（菜单上的视频选择是另一回事）。

创造并获取价值的目标（G）及感知到的顾客需求（N）

为保证设计的潜在可行性，每个设计任务都必须有一个目标。[2]在商业模式设计的背景下，"目标"这个设计驱动因素往往与顾客（或更普遍地说，利益相关者）的需求高度相关，这是设计的另一个重要先决条件。[3]以P2P借贷公司Prosper为例对此进行说明。Prosper的创始人克里斯·拉森（Chris Larsen）和约翰·布朗·威切尔（John Brown Witchel）相信"世界上最严重的社会不公之一就是贷款缺乏透明度"。[4]他们认为，对很多人而言，贷款业务有意义且深深影响个人的生活，但这是一

1　这意味着一旦选择接受默认的解决方案，最终的商业模式就可能高效而非新颖。当然，这并不是说一个新颖的解决方案（与默认解决方案相背离）不会更高效（参见Zott，Amit，2007，他们认为以新颖为中心的设计和以效率为中心的设计并不是对立的）。

2　Boland，Collopy（2004，p. 272）.

3　根据Boland，Collopy（2004，p. 269），"一个设计者总有一个顾客，并且他总为这个顾客生产产品或服务"。对于陈述设计项目及解决设计问题而言，顾客是不可或缺的。

4　基于个人访谈和研究（就像本部分中其他直接引用的内容）。

个消费者几乎无法控制的社会领域。这一深刻的洞察是他们努力设计P2P市场（对消费者来说，比现有商业模式更公平、更透明）的核心。他们想象这样一个网络平台会是什么样子，并总是自问："它是最高效的吗？它是对消费者最友好的吗？它是最有用的吗？"[1]换言之，满足感知到的潜在借款者需求是设计工作的重点，所以，最终的商业模式应该是高效且易用的。

商业模式设计不仅需要满足顾客需求，还应当考虑全体利益相关者（其中，主要是中心企业，但也包括供应商和战略合作伙伴）的诉求，进行具有激励共存作用的约束。换言之，它需要实现价值创造（对于商业模式中的所有主体）和价值获取（对于局部企业）的双重目标。重要的是，我们注意到目前有关战略的学术研究大多聚焦价值获取（如企业利润），而创业的学术研究往往更多关注价值创造。然而，商业模式的设计角度表明需要同时强调两者的重要性。通过增加对顾客及其需求的关注有助于进行这种整合，并对侧重供给侧的传统战略文献进行补充。

商业模式设计者常常付出很大的努力以更好地理解顾客的需求及设计满足其需求的方式。[2]他们非常关心为其他利益相关者创造价值，而不仅是中心企业，例如，沃顿商学院校友Obi Ozor和Ife Oyedele II共同创立的非洲新创公司Kobo360。这家新创公司开发了一种"物流业优步"模式，把卡车司机、卡车车队运营商与一些非洲人口较多的国家（尼日利亚、多哥、加纳和肯尼亚）的进口货物企业连接起来。通过把基于应用程序的物流平台引入当前这一不安全、腐败且低效的行业，Kobo360不仅为自己创

1　Ditto.
2　Boland，Collopy（2004，p. 267）注意到"这是一种与竞争力量和形势要求相关的心理斗争，表明人们高度关注正确的行动方案"。

造了价值，也帮助卡车司机克服了一些障碍（涉及订立的口头约定及书面文件）。具体来说，这家新创公司通过为司机提供卡车融资、柴油折扣、医疗和学费援助、每次行程的保险以及预付款，为司机创造价值。[1]此外，Kobo360支持车队运营商实时跟踪运送情况，并及时告知出现的问题。由于商业模式促成了可靠的商业伙伴关系并推动经济增长，因此全社会都会从中获益。

因此，采用特别商业模式设计的一个重要前提是具有为全部利益相关者创造价值的目标，即关注价值总量，而非只注重中心企业获取的价值。[2]商业模式设计者从价值总量视角对资源进行整合，即商业模式的供需侧。通过考量其他主体的利益可以增加了离开中心企业的商业模式的机会成本，从而提升商业模式利益相关者的稳定性。

例如，应用开发者为苹果的iOS平台开发了一款应用，这款应用在iOS操作系统的手机或平板电脑等手持设备中运行。随着设备中运行程序数量的增加，苹果手持设备为利益相关者创造了更多的价值（如用户，当然也包括本案例中的中心企业苹果）。因此，苹果非常乐于吸引应用开发者加入iOS数字平台。同时，应用开发者有强烈的动机来确保该应用程序可以通过App Store下载，并在苹果的所有手持设备上使用顺畅。这增加了移动设备的使用者、应用开发者，当然还有苹果的价值。因此，在本案例中，苹果和应用开发者的动机是一致的。对于依靠iOS平台推广应用服务的应用开发者而言，脱离苹果数字平台的成本高昂。应用开发者与苹果间的强烈且一致的动机使双方都能从合作中获得价值。

---

1 Munshi（2019）.
2 参见 Brandenburger，Stuart（1996）。在商业模式背景下，中心企业创造的总价值可以被定义为全体顾客的支付意愿减去商业模式中全体供应商和合作伙伴（包括中心企业）的机会成本（参见 Zott，Amit，2008，也可参见本书第八章）。

因此，商业模式设计者需要仔细平衡多种商业模式的利益相关者之间的潜在的竞争目标，以开放和创造性的方式处理由此产生的紧张关系。[1]实现这种平衡，需要良好的判断力，尤其是在涉及很多不同利益相关者的复杂商业模式中（复杂性是商业模式创新的风险因素）。只强调价值创造而无视价值获取是天真的，这会将中心企业的经济发展置于风险之中。相反，专注价值获取可能会给价值创造带来无谓的减损，并且可能会降低一些参与者以指定角色加入商业模式的意愿。因此，商业模式可能会崩溃。

已破产的电动汽车企业Better Place的案例印证了这一观点，在申请破产前，它已筹集了8.5亿美元。[2]该企业进行电动汽车的研发，出售提供充电与更换电池的服务。其具有的创新性商业模式与传统汽车制造商的商业模式彻底背离，其中包括很多合作伙伴（兼具私人与公共合作伙伴）。这些合作伙伴间的动机未能充分协调，特别是由于雷诺Fluence电动汽车的销量远低于预期，雷诺等重要合作伙伴纷纷退出，Better Place新颖的商业模式最终崩溃。

总之，设计者可以通过重点关注以下设计驱动因素来影响商业模式结构：可用资源、中心企业的外部环境、利益相关者的活动、现有模板、创造并获取价值的目标和感知到的客户需求。图5.2总结了这些驱动因素（DESIGN）。

1　Boland，Collopy（2004，pp.268，276）.
2　Blum（2017）.

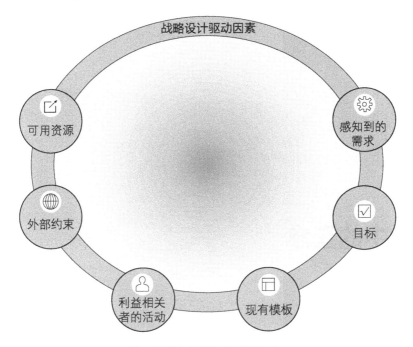

图5.2　驱动因素（DESIGN）

第四节

设计中的正念

前文强调了商业模式设计者的意识会对DESIGN塑造最终设计过程和结果产生影响。在商业模式设计的背景下，意识特指实时的判断，例如，应用默认设计模板中的元素，或需要平衡不同利益相关者间的价值创造要求。正念恰当地抓住了这一点，正念是指"一种积极的意识状态，其特点是不断创造和完善范畴，对新信息持开放态度，并愿意从多个角度审视环境"。[1]

用心的商业模式设计者会在摆脱约束、与利益相关者交涉、思考模板及谨记顾客需求的同时，深知自己的选择。例如，当思考现有企业的模板时，他们知道自己是在借鉴现有的商业模式，清楚借鉴的内容，并反思这种做法的合理性。

---

1 Levinthal, Rerup（2006，p. 502）.

这一深刻反思过程基于商业模式设计者的广泛关注，他们拒绝进行草率的解释。尽管不能保证一定会实现的理想结果，但会增加可能性。[1]对模板的深思熟虑会使设计者考虑更多备选方案，推倒那些不太可能令人满意、可行性较小的方案。经过更严密的审视过程、对与环境相关的内容进行更细致的解释，商业模式设计者会做出明智的决策。

正念还可以通过调整惯例、模板以及商业计划来改善企业的发现和开发过程。[2]它可能会故意拒绝业内模板，从而增强商业模式设计的创新性。加拿大连锁书店Indigo就是一个很好的案例。它追随亚马逊（图书零售业的颠覆者）的步伐，试图创建一个"包罗万象的商店"，但又没有完全照搬亚马逊的模板，而是建构一个精心策划的分类体系。相比之下，粗心的商业模式设计者会不加质疑地接受和借鉴现有模板，就像在"自动驾驶仪上"一样。这类似于常常导致次优设计结果的人类认知熟悉陷阱，因为"当组织成员按先例行事时，这些行为甚至会使其无法考虑是否需要重新检查实践"。[3]

正念被定义为一种与思维方式相关但又不同的积极意识状态。回想我们将商业模式思维方式定义为一种想法、精神状态或倾向，一种商业问题或机会的潜在解决方案，它帮助人们思考企业的整个活动系统及其相关的内涵维度（内容）、结构维度（方式）、治理维度（主体）和价值逻辑维度（原因）。培养商业模式的思维方式可以使设计者更加用心（反之亦然），因为它增强了其在设计内容以及信息源与灵感源方面的意识。

简言之，注意驱动因素（DESIGN）（他们经过反思后明确且合理的

1　Dane（2011）；Rerup（2005）.

2　Rerup（2005）.

3　Pfeffer，Sutton（1999，p. 7）.

应用，例如，在充分了解自身行为时，借鉴完善的、高效的、合法的商业模式模板）是一件好事。然而，他们的粗心应用（如自动复制现有模板）可能会带来高昂的成本。由于不知道更好的选择（如由于路径依赖、偏见和/或有限理性），因此坚持默认的模式或许是可以理解的，但似乎并不是明智之举。

第五节

设计出强大的商业模式

新商业模式设计可以驱动实质性的价值创造。然而，这类创新中的价值获取具有高度的不确定性。创新者如何保证自己（而不是他人）从中获利呢？这个问题得到大量关注，特别是技术管理学者，他们指出了适宜的管理体制的重要性、[1]创新时机的重要性、[2]创新企业控制的资产（如一般、专业或互补性专业资产）类型[3]以及专利或保密等因素。[4]

这表明商业模式创新者需要战略性地思考如何更好地

1　Teece（1986）将获取制度定义为："治理创新者在创新过程中具有获利能力的环境因素（不包括企业和市场结构）。"获取制度最重要的部分是"技术的性质和法律保护机制的效力"（p.287）。

2　Lieberman，Montgomery（1998）.

3　Teece（1986）将一般资产定义为"不需要针对创新而进行专门讨论的通用资产"；专业资产是指"创新与互补之间存在单边依赖关系的资产"；互补性专业资产即"存在双边相互依赖关系"的资产（p.289）。

4　例如，Arundel（2001）。

保护创新带来的价值，才能使之无法被他人（如试图复制新模式的竞争对手）获取。商业模式创新者需要在做到这一点的同时，保证其在大众视野中的合法性，这是创造价值的先决条件。合法性是指"在社会建构的规范、信仰和定义体系中，普遍认为实体的行为是适当且可取的"。[1]众所周知，新颖性与陌生性是进行创新时面临的障碍，所以，对合法性的追求十分重要。[2]也就是说，商业模式设计者需要兼顾增强创新设计的合法性与保护其免受他人模仿。换言之，他们需要保证最终的商业模式设计是强大的。强大的商业模式创新既具有合法性又不易被他人模仿。[3]

设计出强大的商业模式内容（内容）

为了增强新商业模式内容的合法性，商业模式的创新者可以选择在设计中包含面向顾客的合法性活动，这些活动围绕顾客已经熟悉的特征构建。熟悉特定活动会使顾客更容易接受企业的价值主张，并直观地知道如何评估它。尽管熟悉并不是合法性（正当性的看法）的必备要件，但由于频繁使用，熟悉的实践通常更少遭受正当性的质疑，因此熟悉有利于合法性形成。[4]例如，多年来，大量精通互联网的用户培养出通过互联网下载音乐的习惯，2003年，苹果基于这一特定习惯推出iTunes。由于人们熟悉这一做法，因此新商业模式更容易被接受。

1　Suchman（1995，p. 574）.

2　在托马斯·阿尔瓦·爱迪生的历史案例研究中，Hargadon，Douglas（2001）提出了如何通过巧妙的设计使顾客更容易接受创新这一问题。他们分析了爱迪生成功推出的灯泡及相关的电灯照明系统（当时是巨大的技术创新），这一技术创新被置于顾客非常熟悉的既有燃气照明产业中。研究者从顾客角度出发，将新老产品中设计元素间的这种平衡称为"富有生命力的设计"。

3　本节借鉴了 Snihur，Amit，Zott（2020）。

4　Aldrich，Fiol（1994）.

那么，你该如何降低合法商业模式内容（内容）被模仿的可能性？一种方法是创造与现有商业模式的不兼容性。在现有资源和能力支撑的商业模式下，如果企业担心增加额外的活动，则要么会减少收入，要么会增加成本，那么它会坚决地认为二者是不兼容的。例如，苹果通过将iPod（产品创新）与iTunes（商业模式创新）结合，为顾客开发了一种更强大的价值主张。然而，唱片公司并没有模仿iPod和iTunes的组合，因为唯有合作获得彼此的目录，才能为音乐爱好者提供充足的内容，而这会使它们售卖CD赚取的利润减少。因此，通过公司网站、媒体报道或顾客账户等公开信息渠道，现有企业可以轻松识别新商业模式的内容，即其内部进行的活动。然而，尽管苹果的商业模式面向顾客的活动相对易于识别，但因为音乐和电子行业的老牌公司认为这些活动与自己的模式并不兼容，所以它们在模仿苹果的商业模式进行创新时普遍持观望迟疑态度。

设计出强大的商业模式结构（方式）

商业模式结构是指企业内及跨界活动之间的连接方式（方式），这涉及外部合作伙伴。通常对于竞争对手而言，识别商业模式的结构的难度比识别商业模式的内容（内容）或治理（主体）的难度更大。因此，为了增强商业模式的合法性，商业模式的设计者需要让合法的结构元素清晰可见，而使具有新颖性却缺乏合法性的元素不那么明显。[1]这有助于合法性形成，同时也能有效抑制模仿行为发生，因此，这会使商业模式更加强大。例如，在进行国际收购时，沃尔玛的管理者只介绍了一些面向顾客活动的

---

[1] 制度理论家已经探讨了潜在问题实践的隐藏或脱钩情况（例如，Pache，Santos，2013）。然而，这里所说的"不那么明显"涉及商业模式中的隐藏元素，这些元素对商业模式参与者来说不一定有问题，或许有助于在创新商业模式时免予被模仿。

微小改变，而并未清晰地展现其在后勤活动（如采购、信息系统和物流）中进行的重大调整。这样做的原因可能有很多，但影响之一就是现有企业发现更难识别与复制这些结构性变化。

这表明企业为设计强大的商业模式，会有选择地展示商业模式中的一些部分，而隐藏其他部分。例如，葡萄园可能会欣然地告诉顾客葡萄种植中的一般方法和创新实践，但不愿意告知其具体的酿酒技术，这就凸显了商业模式的合法部分，而隐藏了其他做法（尤其是那些涉及商业模式结构的做法）。[1]奈飞也深谙其道，"表面来看，奈飞是一家大型音像公司，以拥有租赁权和向顾客租赁DVD获利。在表象背后，奈飞就像一个智库，它创建了一套可以最大化旗下每位顾客长期价值的算法，协调这个复杂的分销系统，并找到降低服务成本的方法。这是奈飞商业模式中不可见的部分……也是与竞争对手不同的地方"[2]，而且我们还要补充说明，这有助于保护其免被模仿。

设计出强大的商业模式治理（主体）

商业模式治理是指活动的控制，或由谁来负责哪些活动（主体）。根据制度理论家的观点，与中心企业商业模式中执行活动的成熟组织联合可以表明其正当性。[3]因此，通过将一些活动外包给具有合法性的合作伙伴，企业可以使顾客和其他合作伙伴相信新商业模式设计的合法性。与合法且重要的合作伙伴间的牢固关系表明中心企业得到了老牌、有影响力主体的

1　Voronov，De Clercq，Hinings〔2013〕.

2　Keating〔2012，p. 136〕.

3　DiMaggio，Powel〔1983〕.

积极评价，以向其他参与者表明合法性。[1]

如何做到兼顾增强商业模式治理的合法性与抑制对新商业模式的模仿？为选择具有合法性的合作伙伴，企业可以在新商业模式中为其创造并提供合作者的角色，如供应商、买家或互补者等。通过向现有企业提供强有力的价值主张（如收入共享协议），合作关系可以降低现有企业的模仿意愿。Spotify（一家新创公司）与音乐品牌及社交网站Facebook和推特合作，向免费用户和月度订阅用户提供曲库的直接流媒体音乐服务（通过与多家唱片公司的资源进行整合构建）。与唱片公司之间的合作是Spotify精明的平衡行为，后来，这项合作成为唱片公司最大的数字音乐收入来源，在一些国家甚至超过了iTunes。[2]这严重抑制了唱片公司模仿Spotify商业模式创新的意愿。尽管Spotify与唱片公司共享了创新知识，但唱片公司要在利用这些知识与推出自己的音乐流媒体服务所要付出的成本之间进行权衡取舍。

虽然与现有企业合作的想法似乎很简单，但要与知名合作伙伴建立关系，或设计出双方接受且互惠的价值分享协议并不简单，对于那些可信性不足的新进入者来说更是如此。现有研究表明，企业家进行巧妙的"象征性管理"以为未来提供有吸引力愿景的技能的水平参差不齐，如采用"反领导定位"可能有助于争取到合作伙伴，这对于新创公司更是如此。[3]

1　Stuart，Hoang，Hybels（1999）。

2　Greeley（2011）。

3　Zott，Huy（2007），Santos，Eisenhardt（2009）。有关象征性管理的更多细节，对收入模型的选择为设计出强大的商业模式的价值逻辑（原因）助力的相关情况，参见本书第十一章。

第六节

针对有效商业模式设计者的关键要点总结

设计提供了一个与解决现实世界中动态且复杂的问题高度相关的人本框架。在本章中，我们介绍了从设计视角出发，解释设计创新性商业模式这一任务。商业模式的设计方法为创业者和现有企业提供了一个基于内容的框架，从而打造出创新、强大且可扩展的新商业模式。它着重强调识别顾客和合作伙伴的需求。商业模式的六个驱动因素源自关键的设计概念（如约束、协作、模板和目标），我们按照其首字母缩写为DESIGN。DESIGN可以帮助识别支撑商业模式设计的内外部影响要素。本节对它们进行如下总结。

商业模式设计者面临的两大约束构成了前两个驱动因素：可用资源（D）和中心企业的外部环境（E）。约束是设计过程中不可分割的一部分。它们既是进行创新面临的挑战，也是进行创新的机遇。内部约束是指对于大量活动，企业所拥有的资源和能力。外部约束在保证商业模式的可行性方面至关重要，它包括竞争市场、技术生态系统以及宏观经济、法律、社会政治、监管和文化背景。

商业模式设计的第三个驱动因素是利益相关者的活动（S）。这一驱动因素源自协作的概念。它把协作作为商业模式内部的一个关键属性。利益相关者的活动指商业模式中的合作伙伴、顾客、供应商或其他利益相关者执行的活动。其中，至关重要的一点是，企业能够针对各种利益相关者提出差异化的价值主张，并深入更大的生态系统识别潜在的资源与能力。

商业模式设计的第四个驱动因素是现有模板（I）。设计者可以从业内熟悉的现有企业模板或其他行业的模板中获得灵感。然而，这需要在效率和新颖性之间进行权衡取舍。行业中的主导设计通常具备更高的效率，但新颖性较低。

商业模式设计的第五个、第六个驱动因素是创造并获取价值的目标（G）和感知到的顾客需求（N）。商业模式设计的目标不仅与顾客的需求高度相关，也与商业模式中其他利益相关者的联系密切。这需要兼顾价值创造与价值获取，以求得二者之间的平衡。为所有利益相关者创造更多的价值可以更容易地将合作伙伴保留在商业模式之中。平衡全体利益相关者的需求与对价值创造和价值获取双重目标的兼顾，需要进行创新且合理的判断。

此外，在商业模式中应用设计理念时，除了关注驱动因素（DESIGN）外，还需要额外考虑两个方面，它们也会提高商业模式创新的可能性。第一个是正念。用心的商业模式设计者会深刻思考面临的设计问题，了解选择、约束及利益相关者的需求。他们仔细且全面地、批判性地审视全部可能性（包括现有模板）。这与粗心的商业模式者形成鲜明的对比，后者让人想起熟悉陷阱。第二个是合法性。强大的商业模式应该是具备合法性且难以复制的。合法性是指企业在所处的社会中的接受程度。对于很难向潜在顾客或合作伙伴说明具有高度创新性的商业模式的新企业而言，合法性尤为重要。

参考文献

［1］Aldrich, H. E. & Fiol, C. M. (1994). Fools rush in? The institutional context of industry creation. *Academy of Management Review* 19(4), 645–670.

［2］Amit, R. & Zott, C. (2015). Crafting business architecture: The antecedents of business model design. *Strategic Entrepreneurship Journal* 9(4), 331–350.

［3］Arundel, A. (2001). The relative effectiveness of patents and secrecy for appropriation. *Research Policy* 30(4), 611–624.

［4］Beckman, S. L. & Barry, M. (2007). Innovation as a learning process: Embedding design thinking. *California Management Review* 50(1), 25–56.

［5］Berkeley EECS website. Q & A: The future of artificial intelligence.

［6］Blum, B. (2017). *Totaled: The Billion-Dollar Crash of the Startup that Took on Big Auto, Big Oil and the World.* Sherman Oaks, CA: Blue Pepper Press.

［7］Boland, R. J., Jr. & Collopy, F. (2004). *Managing as Designing*. Stanford, CA: Stanford University Press.

［8］Brandenburger, A. M. & Stuart, H. W., Jr. (1996). Value-based business strategy. *Journal of Economics & Management Strategy* 5(1), 5–24.

［9］Bresnahan, T. F. & Trajtenberg, M. (1995). General purpose technologies 'Engines of growth'? *Journal of Econometrics* 65(1), 83–108.

［10］Brown, T. (2008). Design thinking. *Harvard Business Review* 86(6), 84–92.

［11］Brown, T. (2009). *Change by Design: How Design Thinking Transforms Organizations and Inspires Innovation*. New York, NY: HarperCollins.

［12］Burgess, M. (2018, February 16). What is the Internet of Things? *Wired*.

［13］Camillus, J. C. (2008). Strategy as a wicked problem. *Harvard Business Review* 86(5), 98–106.

［14］Casadesus-Masanell, R. & Ricart, J. E. (2010). From strategy to business models and onto tactics. *Long Range Planning* 43(2–3), 195–215.

［15］Churchman, C. (1967). Wicked problems. *Management Science* 14(4), B141–B142.

［16］Dane, E. (2011). Paying attention to mindfulness and its effects on task performance in the workplace. *Journal of Management* 37(4), 997–1018.

［17］DiMaggio, P. J. & Powell, W. W. (1983). The iron cage revisited: Institutional isomorphism and collective rationality in organizational fields. *American Sociological Review* 48(2), 147–160.

［18］Dunne, D. (2018). *Design Thinking at Work: How Innovative Organizations are Embracing Design*. Toronto, CA: University of Toronto Press.

［19］Freeman, R. (2010). Managing for stakeholders: Trade-offs or value creation. *Journal of Business Ethics* 96, 7–9.

［20］Gartner website. IT Glossary.

［21］Greeley, B. (2011, July 14). Daniel Ek's Spotify: Music's last best hope. *Bloomberg Businessweek*.

［22］Hall, A. (2019, September 3). Magnus Carlsen buys chess platform Chessable.com. *Financial Times*.

［23］Hargadon, A. & Douglas, J. (2001). When innovations meet institutions: Edison and the design of the electric light. *Administrative Science Quarterly* 46(3), 476–501.

［24］IBM Institute for Business Value (2013). The customer-activated enterprise: Insights from the global C-suite study.

［25］IBM Institute for Business Value (2015). Redefining boundaries: Insights from the global C-suite study.

［26］Keating, G. (2012). *Netflixed: The Epic Battle for America's Eyeballs*. New York, NY: Penguin Group.

［27］Kozyrkov, C. (2019, October 5). The simplest explanation of machine learning you'll ever read. *LinkedIn*.

［28］Laplume, A. O., Sonpar, K. & Litz, R. A. (2008). Stakeholder theory: Reviewing a theory that moves us. *Journal of Management* 34(6), 1152–1189.

［29］Levinthal, D. & Rerup, C. (2006). Crossing an apparent chasm: Bridging mindful and less-mindful perspectives on organizational learning. *Organization Science* 17(4), 502–513.

［30］Lieberman, M. B. & Montgomery, D. B. (1988). First-mover advantages. *Strategic Management Journal* 9(S1), 41–58.

［31］Microsoft Azure website. What is cloud computing?

［32］Munshi, N. (2019, August 26). Tech start-ups drive change for Nigerian truckers. *Financial Times*.

［33］Osterwalder, A. & Pigneur, Y. (2010). *Business Model Generation: A Hand-book for Visionaries, Game Changers, and Challengers*. Hoboken, NJ: John Wiley & Sons.

［34］Owen, C. L. (1993). A critical role for Design Technology. *Design Management Journal (Former Series)* 4(2), 10–18.

［35］Pache, A. C. & Santos, F. (2013). Inside the hybrid organization: Selective coupling as a response to competing institutional logics. *Academy of Management Journal* 56(4), 972–1001.

［36］Pfeffer, J. (1978). *Organizational Design*. Arlington Heights, IL: AHM Publishing.

［37］Pfeffer, J. & Sutton, R. (1999). *The Knowing-Doing Gap: How Smart Companies Turn Knowledge into Action*. Boston, MA: Harvard Business School Press.

［38］Pfeifer, S. (2019, May 15). Air taxi aimed at revolutionising urban travel unveiled. *Financial Times*.

［39］Qualcomm website. Everything you need to know about 5G.

［40］Ralph, O. (2017, August 11). Drivers put the brakes on car insurance with a black box. *Financial Times*.

［41］Rerup, C. (2005). Learning from past experience: Footnotes on mindfulness and habitual entrepreneurship. *Scandinavian Journal of Management* 21(4), 451–472.

［42］Rittel, H. W. J. & Webber, M. M. (1973). Dilemmas in a general theory of planning. *Policy Sciences* 4, 155–169.

［43］Rotolo, D., Hicks, D. & Martin, B. R. (2015). What is an emerging technology? *Research Policy* 44(10), 1827–1843.

［44］Sanchez, P. & Ricart, J. E. (2010). Business model innovation and sources of value creation in low-income markets. *European Management Review* 7(3), 138–154.

［45］Santos, F. M. & Eisenhardt, K. M. (2009). Constructing markets and shaping boundaries: Entrepreneurial power in nascent fields. *Academy of Management Journal* 52(4), 643–671.

［46］SAS website. Big data analytics.

［47］Schumpeter, J. A. (1934). *The Theory of Economic Development: An Inquiry into Profits, Capital, Credit, Interest, and the Business Cycle.* Cambridge, MA: Harvard University Press.

［48］Selvam, S. (2016, July 11). Zopa and credit score. Zopa Blog.

［49］Simon, H. A. (1996). *The Sciences of the Artificial* (3rd ed.). Cambridge, MA: MIT Press.

［50］Snihur, Y., Amit, R. & Zott, C. (2020). Creating and capturing value from emerging technologies: The role of strategic business model design. *Strategy Science* (forthcoming).

［51］Snihur, Y. & Zott, C. (2020). The genesis and metamorphosis of novelty imprints: How business model innovation emerges in young ventures. *Academy of Management Journal* 63(2), 554–583.

［52］Stuart, T. E., Hoang, H. & Hybels, R. C. (1999). Interorganizational endorsements and the performance of entrepreneurial ventures. *Administrative Science Quarterly* 44(2), 315–349.

［53］Suchman, M. C. (1995). Managing legitimacy: Strategic and institutional approaches. *Academy of Management Review* 20(3), 571–610.

[54] Teece, D. J. (1986). Profiting from technological innovation: Implications for integration, collaboration, licensing and public policy. *Research Policy* 15(6), 285–305.

[55] The Economist. (2010, March 6). The net generation, unplugged. *The Economist.*

[56] The Economist. (2018, August 30). The promise of the blockchain technology. *The Economist.*

[57] UMTRI. (2015, February 11). *Driverless vehicles: Fewer cars, more miles. University of Michigan Transportation Research Institute.*

[58] Voronov, M., De Clercq, D. & Hinings, C. R. (2013). Conformity and distinctiveness. *Journal of Management Studies* 50(4), 607–645.

[59] Williamson, O. E. (1985). *The Economic Institution of Capitalism.* New York, NY: Free Press.

[60] Zott, C. & Amit, R. (2007). Business model design and the performance of entrepreneurial firms. *Organization Science* 18(2), 181–199.

[61] Zott, C. & Amit, R. (2008). The fit between product market strategy and business model: Implications for firm performance. *Strategic Management Journal* 29(1), 1–26.

[62] Zott, C. & Amit, R. (2015). Business model innovation: Toward a process perspective. In C. Shalley, M. Hitt & J. Zhou (Eds.), *Oxford Hand-book of Creativity, Innovation, and Entrepreneurship: Multilevel Linkages* (pp. 395–406). New York, NY: Oxford University Press.

[63] Zott, C. & Huy, Q. N. (2007). How entrepreneurs use symbolic management to acquire resources. *Administrative Science Quarterly* 52(1), 70–105.

CHAPTER 6

第六章

如何设计一个新的商业模式——动态设计法

第一节

商业模式设计的过程视角

拥有新商业模式的颠覆者（如特斯拉和优步）给长期依托线性制造价值链的传统汽车制造商带来了严峻的挑战。福特汽车公司（Ford Motor Company）成立于1903年，由于试图定义和构建与未来出行相关的商业模式，因此其正直面这些挑战。对于这家历史悠久的汽车企业而言，这是一个伟大的壮举。该企业小规模地尝试了一些计划和商业模式，希望"成为世界上最可靠的出行企业，为智能的世界设计出智能的汽车，帮助人们更安全、更自信、更自由地出行"。[1]通过投资大量出行计划（如共享摩托和自动驾驶初创企业等），福特汽车公司将自身的定位从单纯的汽车制造商转变为互联出行领域的参与者。

---

1 Ford Media Center（2017）；Johnson（2018）.

　　福特汽车公司在努力实现未来愿景的同时，也进行了另一项改变。2017年，吉姆·哈克特（Jim Hackett）被任命为新任首席执行官后加速了变革的进程。在哈克特的领导下，从设计创新性的产品（如开创性的全电动野马[1]）到设计全新的商业模式，全企业上下都在应用以学习为基础的迭代人本设计思维，正如福特汽车公司聘请了商业模式设计者，他们"融合战略思想与人本设计思维过程，用不同的方式思考现有的商业模式或创建新企业"[2]（相关内容见图6.1）。由此可见，设计思维是人本的。无论是产品设计还是商业模式设计（或两者），都是为了发现顾客的需求并对其进行回应。

　　在加入福特汽车公司之前，哈克特是家具制造商Steelcase的首席执行官，在那里，他首次学到了加利福尼亚州设计公司IDEO开发相关项目的设计、思考过程，在2016年被聘为福特汽车公司新成立的智能出行部的董事长时，他将这些知识一并带来。[3]从早期与IDEO（始于2005年的合作伙伴关系）合作，到现在拥有学习计划和出行设计实验室（D-Ford），设计思维已在福特汽车公司内制度化。[4]尽管福特汽车公司的新方案的规模相当宏大，且需要多年后才能知晓其在创新性出行项目上的投资是否会有回报，但它已经接受了一种基于设计过程的创新方式。

1　通过"一个跨职能团队进行头脑风暴、样品测试和再次尝试"，开发出了这款车，并进行相关创新，且提供了以用户为中心的娱乐系统（Schwab，2019）。

2　Ford（2018）.

3　福特智能出行有限责任公司被描述为"为设计、制造、增长和投资新兴出行服务领域而成立的子公司……福特智能出行有限责任公司是福特将商业模式扩展为兼顾汽车和出行战略的一部分。福特将继续注重核心业务——设计、制造、营销、投资和服务一般轿车、SUV、卡车和电动汽车。同时，福特正积极通过福特智能出行有限责任公司（计划成为连接、出行、自动驾驶汽车、顾客体验、数据和分析领域的领导者）抓住新机遇（Ford Media Center，2016）。

4　Roberts（2019）；Gelles（2016）.

福特汽车公司学习计划和出行设计实验室的商业设计

地点：美国密歇根州 迪尔伯恩

工作编号 35794BR
美国密歇根州 迪尔伯恩

我们的商业模式设计者要融合战略思想与人本设计思维过程，用不同的方式思考现有的商业模式或创建新企业。您将与设计师团队及利益相关者合作，通过设计、模拟及推出新产品或服务定义项目的战略和成长机遇。

作为一名商业设计者，你会……

- 进行研究和金融建模，探索新概念背后可能的商业模式，从而塑造和影响设计。
- 设计出能够改善和增加消费者体验的商业模式，并创造跨时间、区间的收入的新机会。
- 将商业战略和商业模式转化为项目团队可操作的观点。
- 深入了解未来业务或服务的外部市场环境。
- 通过业务可行性流程，评估投资的新产品、服务或通过企业来对团队进行指导。
- 与项目中关键的利益相关者合作，了解战略重点、关键机遇。
- 成为福特汽车公司的使者，与外部合作伙伴建立联系，从而进行产品测试和服务试点。
- 针对高级管理人员和外部受众者进行鼓舞人心的陈述介绍。
- 支持战略重点和计划发展。
- 就投资/购买机会与业务发展和财务部门展开合作。

图6.1 福特汽车公司的招聘广告

在第五章中，我们从战略设计视角出发更好地理解了商业模式，特别是前提及使其强大的因素。然而，这一视角基本上是静止的。在本章中，我们采用一种动态性更强的方式，即过程视角。对于许多设计思想家而言，过程是进行成功设计的关键："对于现代企业而言，真正重要的是构建设计过程——解决问题、创造和迭代的轻量级方法。"[1]

商业模式设计的过程视角关注"商业模式的产生方式"，尤为注重如何进行商业模式创新。为了更好地理解这一点，研究人员对老牌公司与新创公司的商业模式创新进行了深入的个案研究，分析了商业模式设计与产品创新设计间的相似之处。这些分析开发出包含不同阶段的流程模式。他们还认为，在高度抽象的层面上，产品创新与商业模式创新之间似乎没有什么区别。然而，在更为精细的层面，商业模式创新与产品创新中需要进行的具体活动间却存在显著差异。[2]

设计过程大体包括两个步骤：调研与发现的分析步骤、发明与制造的综合步骤。[3]这些步骤使设计者通过以下方式创造新的产品、服务或商业模式：（1）全面且深入地了解终端用户，构想出新的解决方案；（2）反复构想、模拟、提炼新的可能性；（3）创建新的活动系统，以盈利的方式认识和实施新的想法。[4]

加利福尼亚州设计公司IDEO倡导一种被广泛采用的设计流程。虽然它的研发初衷是设计新产品，但经检验，它在设计新服务即全新的业务方面亦行之有效。[5]如上所述，福特汽车公司不仅将这种方法应用到新产品的开发中，也将其作为处理商业模式相关问题的一种新方案。下文中，我们会解释如何将其调整为适合新商业模式的设计。

1　Vassallo（2018，p. 75）.

2　Bucherer, Eisert, Gassmann（2012）；Frankenberger, Weiblen, Csik, Gassmann（2013）.

3　Owen（1998）.

4　Brown（2008）.

5　参见 Bhavani, Sosa（2008）；IDEO 网站。

第二节

商业模式设计的过程

有关商业模式变革的案例研究已为如何设计新商业模式的过程提供了大量的观点。例如，西班牙企业Kiluva开发了Naturhouse商店的特许经营网络，在西班牙国内外销售膳食补充剂。该企业经过反复实验成功完成了商业模式的转变。随后，为实现国际扩张，它对新商业模式进行了扩展。在转变过程中有两个不同的步骤：首先，企业用5年的时间实验和摸索营养建议店的概念；其次是高增长的开发阶段，企业在西班牙和邻国复制这个新商店的概念及其商业模式。[1]

基于本案例和相似案例及对既有研究的观察与见解，本

---

[1] 参见 Sosna，Trevinyo-Rodríguez，Velamuri（2010）。其他有借鉴意义的个案研究包括 Demil，Lecocq（2010）对阿森纳足球俱乐部（伦敦，英国）的研究；1987~1995 年，Aspara 等（2011）对诺基亚转型进行的研究。

节提出的IDEO设计过程模式不仅在更高层面论证了商业模式的设计方式，而且为商业模式设计者提供了足够丰富且具体的指导建议。对于商业模式的利益相关者而言，这可能会进行商业模式创新并得到更多的价值。[1]为了介绍这一特定环境下的方法，我们将IDEO设计过程中的三个一般阶段（构想、迭代、实施）重新命名为构想商业模式创新、迭代商业模式创新和实施商业模式创新。

构想商业模式创新

商业模式创新设计的第一个阶段是构想商业模式创新。这需要观察使用中的商业模式，综合其他观点，并最终形成创新性商业模式的解决方案。

观察使用中的商业模式

2009年，在爱彼迎的联合创始人乔·杰比亚（Joe Gebbia）和布莱恩·切斯基（Brian Chesky）刚推出新商业模式时，发展得并不顺利。租金增长缓慢，创始人负债累累，潜在的投资者也因糟糕的商业指标而犹豫不决。实际上，因为爱彼迎模式需要陌生人之间的相互信任，所以很多人质疑其可行性。在该模式的一端，你需要让完全陌生的人在你的家中睡觉；

1　关于将设计系统（如活动系统）与产品对立起来，从事设计工作的理论家和实践者一致呼吁对系统理论和设计理论进行更大的整合。Dunne（2018，p. 140）指出，"对于一些问题，只考虑'用户'是不合适的……不仅终端用户重要，而且全部利益相关者构成的网络及他们之间的关系都很重要，换言之，重视系统。他还指出，设计过程中对中心企业成员的整合会促进解决方案成功实施。Vassallo（2018，p. 90）基于对人与人之间关系日益紧密的这一发现，提出"设计思维……需要从更大的视角思考。系统思维……将相互依赖的组成要素集视为一系列关系和结果，这些关系和结果与单个组成要素本身一样重要"。

在该模式的另一端，你需要在完全陌生人的家中睡觉。然而，乔和布莱恩没有选择及时止损，关停这家新企业，而是决定再次尝试，帮助业主更好地经营其房产。所以，他们租用了一台很棒的相机，前往纽约见早期的用户，拍下待租房产的精美照片。在与业主合作的过程中，他们能够直接观察用户的体验，并从中收获宝贵的意见："我们认为只需要点击两次的东西，实际上需要点击12次！我们大错特错了。"我们通过他们看世界，那一刻好像豁然开朗。因为我们收集了所有相关资源、激励因素和评论，所以在返回旧金山后，我们变得更加机敏了。[1]经过对用户的观察，他们发现要做的不仅是构建一个在线租赁市场，而且更为重要的是简化模式并建立彼此间的信任。基于这一认知，他们决定对商业模式进行一系列改进，从而克服心理和情感上的信任障碍。例如，他们添加了让人放心的高质量照片，编辑用户界面以消除明显的边界。进行这些设计改变后，爱彼迎飞速发展，租金开始呈现指数级增长。

正如本案例所呈现的以及在第五章中看到的，设计过程应基于对用户真实需求和问题的深度了解。可以通过对用户进行全面的实地观察，并随后加以分析来实现深度了解。[2]2006年竺兆江成立的中国企业传音控股股份有限公司（简称"传音"），是非洲智能手机的供应商，也是基于深度精准观察构建了商业模式及生产相关产品的典范企业。在非洲工作近十年

1　引自 Vassallo（2018）。
2　在自下而上的商业模式设计过程中，观察是第一步。自下而上的商业模式设计通常遵循以人为本的"设计思维"哲学，这是基于团队的、跨学科的、跨越组织层级和组织职能的。它也可能包括顾客、战略合作伙伴等外部主体。然而，为了启动与推进项目，它需要得到高层管理团队的支持。相比来看，自上而下的商业模式设计需要首席执行官和最高管理团队（TMT）参与。设计过程的起点是组织阶层中的最高层还是较低层，可能会使设计的步骤大不相同。在自上而下的商业模式设计过程中，可能会出现缩短观察步骤的情况，也可能会在构想这一步骤之前就产生了想法，特别是当致力于提出一个具有"完全破坏性"的新商业模式时。

后，竺兆江创办了该企业。在这一过程中，他直接观察到市面上售卖的手机并不能满足当地用户的需求。为此，传音（主要通过其在尼日利亚创立的Tecno品牌）在手机中专门设计了适合非洲用户的功能，如双SIM卡卡槽、更长的电池续航时间以及针对非洲肤色优化后的可拍照手机。重要的是，他们的价格非常低廉。为实现这一目标，该企业在组装手机前购买了预制组件，其中包括一家埃塞俄比亚当地的工厂生产的组建。

在商业模式背景下观察内涵更加广泛，不局限于终端用户（爱彼迎中的租户）与产品或服务互动的方式。首先，应该聚焦全部利益相关者，即不只是终端用户，还包括供应商（爱彼迎中的业主）、合作伙伴及中心企业本身。其次，应该观察利益相关者如何在给定的商业模式中发挥各自的作用，而不仅观察商业模式局部的顾客如何使用产品或服务。因此，以设计新商业模式为目的的观察比以设计新产品或服务为目的的观察更为宽泛和复杂。它需要商业模式设计者深刻理解第五章中提到的驱动因素（DESIGN）：可用资源、中心企业的外部环境、利益相关者的活动、现有模板、创造并获取价值的目标及感知到的客户需求。在爱彼迎案例中，陌生人通过线上平台进行交易时的信任证明了需求这一驱动因素。

对于已有商业模式的企业来说，在进行观察之前，应该对当前模式进行仔细记录和分析。这项工作并不简单，因为很少有企业进行这样的分析，更不用说定期进行这样的分析的企业了，所以它们不熟悉相关概念、工具及方法。大多数管理者习惯于仔细且全面地思考产品和服务，但几乎没有人分析过企业的活动系统。然而，为了优化现有模式，高级管理者需要仔细评估商业模式的内涵（内容）、结构（方式）、治理（主体）和价值逻辑（原因）。他们还需要检验它们是否仍然与相关商业模式利益相关者的价值创造和价值获取相匹配。这种分析带来的讨论、交流和见解本身就是有价值的。就像产品创新一样，理解中心企业面临的问题（"发现问题"）可能和后来的解决方案一样重要，甚至更重要。正如斯坦福大学机械工程系教授、设计先驱约翰·阿诺德（John Arnold）所说："人类的每一次进步都始于一个问题……有时候知道需要解答什么问题以及如何进行解答比最终的答案更重要。"[1]

通过进行内部分析，并辅以基于民族志的研究法、情景调查和现场观察的田野调查，可以实现对现有商业模式优缺点的深入理解。[2]这样的田野调查包括亲自与利益相关者（供应商、顾客和战略合作伙伴）进行深度接触，从而了解他们如何看待中心企业的商业模式创造的价值（他们感知到的价值主张）。他们在参与中心企业商业模式的过程中得到了什么样的切实利益？关于参与中心企业的商业模式，价值创造和价值获取的目标是什么？目前，这些目标是如何实现的？[3]田野调查也可能包括对非参与者的观察（如非顾客，找到需求是什么，以及目前中心企业的商业模式不能满足需求的原因）。例如，与福特汽车公司合作的IDEO设计者为了解芝加哥普通人日常的通勤方式及面临的束缚（和选择），设计了一个关于"多式联运"的"沉浸式研究"项目。设计者不断学习"尝试"，如在有时间和预算限制的情况下，带着购物袋不开车去吃午饭。他们也对当地人进行跟踪采访（包括一名步行和使用公共交通工具上班的守门人），从而了解他们的行为，并想出"优化通勤的方法。"[4]

商业模式设计过程的第一步的本质不仅在于思考商业模式的（非）

---

1 引自 Vassallo（2018，p. 24）。
2 参见 Beckman，Barry（2007，p. 30）。
3 Zeisel（2006，p. 226）将不同利益相关者之间的互动称为"环境行为"，并提问："谁和谁做了什么？在什么样的社会文化背景和物理环境中？"
4 Gelles（2016）.

参与者在做什么，也要思考他们这样做的原因，从而理解有意义的需求，并据此找出解决方案。这一点非常重要，因为数据通常会为"正在发生什么"提供线索，而不总是会就其原因提供线索。具体方法包括：（1）采访商业模式（非）利益相关者，请他们讲出一个有关商业模式是如何与其目标或需求匹配（或不匹配）的故事；（2）观察利益相关者与中心企业相互作用的方式，如他们如何使用或参与中心企业产品或服务的生产与交付；（3）试图理解战略合作伙伴的商业模式，以及中心企业在其中扮演的角色（"从外向内"看）。如爱彼迎案例所示，观察是非常强大的手段，深度观察运行原型或商业模式的初期版本，更有可能提供有价值的见解；换言之，当可以观察正在使用的商业模式时，正如史蒂夫·乔布斯曾说："真的很难通过焦点小组来设计产品。很多时候，人们根本不知道到底想要什么，直到你将产品放到他们眼前。"[1] 几十年前，当亨利·福特（Henry Ford）反思在不存在量产汽车的市场中推出T型车（Model T）的决定时，曾开玩笑地说："如果我问人们想要什么，他们会说更快的马。"[2]

此外，设计者应通过与商业模式利益相关者及相关生态系统中的专家交谈，更好地理解内外部制约因素（如财务约束、技术采用率、宏观经济形势）。这可能需要解决与满足相关问题与需求，以及如何将这些看法与中心企业自身的设想相匹配。

最后，既然中心企业的经营过程必定存在竞争，那么在观察中也应对同一产品市场中运营的企业的模板进行探索和分析。从其他行业或产品市场中的企业（它们与中心企业具有共同的重要特质和愿景）处也可以获得

1　Valentino-DeVries（2011）.
2　Gelles（2016）.

商业模式设计的灵感。例如，福特智能出行公司（Ford Smart Mobility）于2018年收购了总部位于加利福尼亚州帕洛阿尔托的风险企业Autonomic，该企业正在构建一个叫作"交通出行云"（Transportation Mobility Cloud）的开放云平台。福特X（Ford X）的现任副总裁桑尼·马德拉（曾任Autonomic首席执行官）将该平台与苹果操作系统类比："苹果刚问世时，他们设计了一半的应用设计，另一半是其辅助完成的。但如今苹果的应用程序占所有应用程序的0.002%。生态系统的其他部分（优步、Instagram）一切都在其创建的平台上开发。我们非常相信在互联汽车、互联城市中也将发展出同样的生态系统。"[1]

综合商业模式观点

经过对使用过程中的商业模式的观察，设计者需要在收集到的数据中找出有用的故事与行为方式……检查当前商业模式设计解决方案的使用、适用性情况及价值中的缺失情况。[2]更具体地说，商业模式里的"综合"是指更全面地理解中心企业面临的设计挑战与受到的影响。例如，我们（应该）服务哪些顾客？他们的需求/目标是什么？目前，我们在帮助顾客解决问题方面还存在哪些不足？我们是否还有改进的空间？我们在多大程度上依赖战略合作伙伴开展活动？换言之，商业模式设计者需要深刻理解中心企业正在弥补的市场缺口、中心企业正在为各种利益相关者解决的问题以及决定设计方案的力量，例如，目前，中心企业进行的哪些活动可以由商业模式中的其他利益相关者执行？

设计过程中难度最大的任务应当是从大量的数据中对关键观点进行综

1　参见 Alpha（2018）；Strader（2018）。
2　Beckman，Barry（2007，p. 6）.

合。它包括汇总和处理观察阶段收集的数据，并创造性地将其关联至新兴主题下，这些主题可能与驱动因素（DESIGN）和/或商业模式设计要素（活动系统的内容、方式、主体和原因）相关。这类似于定性研究者的工作（筛选大量民族志和田野调查数据，从而发现新变量和/或理论上的有趣关系）。虽然设计过程中的这一步骤看起来很模糊且很难整理，但定性研究可以通过技术等方式进行更为严谨的分析。[1]

为综合得出有关商业模式的观点，除了找出需要解决的问题、对其进行清楚说明（见第九章中有关清晰定义问题的重要性）外，还需要构建一个初步的价值逻辑及相关的价值主张（见第八章）。可以用这些来规划潜在的机会空间。这也详细地描述了中心企业、当下商业模式中的利益相关者及生态系统内的其他主体的资源和能力。综合商业模式观点的首要目标是创造性地进行安排和布局以明确新商业模式的组成要素。

产生新的商业模式的解决方案

在综合了从利益相关者处收集到的想法后，商业模式设计者需要制定解决方案。这些解决方案要么涉及修改现有商业模式，要么涉及重新创造一个全新的活动系统，从而解决之前被识别出的问题，以更好地满足广大利益相关者的需求，改善中心企业对利益相关者的价值主张。新颖性包括商业模式的内涵（内容）、结构（方式）、治理（主体）和/或价值逻辑（原因）。进行头脑风暴练习可以实现创新，如前所述，头脑风暴是一种释放创造性的结构化方法。由于头脑风暴前收集的事实、确定的主题及驱动因素（DESIGN）是新商业模式的灵感来源，因此请将它们牢记于心。如果一轮头脑风暴后得到的结果不尽如人意（如解决方案不够新颖），那

1　参见 Miles，Huberman，Saldaña（2013）。

么可能需要再进行几轮才能得到理想的结果。

为最大化头脑风暴的效能，应清楚注明头脑风暴的规则，如把这些规则写在白板或海报上，这样，每位参与者都能看到。[1]由于商业模式是一种复杂的设计对象，因此需要精心策划"鼓励疯狂的想法"或"可视化"等规则。什么是商业模式中疯狂的想法？如何实现商业模式的可视化？例如，疯狂的想法是那些超越了中心企业管理者传统的思维模式，或打破了传统思维框架的想法（如在普遍外包的行业中引入一体化商业模式，如西班牙时尚业零售商Zara）。

正如第五章所述，参考完全不相关行业中的商业模式模板更可能打破框架。例如，通过将运动企业作为注重营销/品牌创建及外包非核心活动的灵感来源，把运动服装制造商Nike的商业模式作为纸浆和纸张制造商重新设计商业模式的模板。可以将这种使用非传统模板的方式视为"自外向内看"。为突破现有思维方式，头脑风暴小组的成员应具备多元的学科背景并仔细进行搭配，最好包括业内专家、商业模式专家（学者、企业高管或顾问），以及有能力采用更高站位及从系统视角"鸟瞰"的一众局外人（非中心企业的成员）。正如我们将在第九章中看到的，研究者已经开始构想如何使商业模式可视化，这可能对头脑风暴很有帮助。[2]

在使用头脑风暴产生有关商业模式的新创意时，应注意以下几点。首先，商业模式的系统性本质表明了其具有的重要指导原则："着眼于森林

---

1 参见 Osborn（1963）；Sutton，Hargadon（1996）。
2 例如，Amit，Zott（2002，Figure1）以流程图的形式形象地描述了 eBay 的商业模式，表示活动之间交换的箭头将代表商业模式利益相关者活动的方框连接起来。同样地，Sánchez，Ricart（2010，Figures1-4）使用连接商业模式绩效指标的流程图，如规模经济、支付意愿或高品牌认同度描述价值创造的动态（价值循环或良性循环）。

而非树木！"换言之，应当持续鼓励头脑风暴参与者采用一种广泛且全面的视角，避免陷入某些具体细节中。其次，由于相较于产品（如牙刷）设计，商业模式设计更为复杂、抽象，因此头脑风暴参与者更应当深入先前的观察与综合中。这将培养他们的商业模式思维并有助于他们全面透彻地理解手头的设计任务。再次，近年来的研究表明，商业模式创新通常由身处要职的人进行。相反，大体而言，基于共识的决策实践团队在进行商业模式创新时不那么有效。[1]这表明，主张通过团队生成创意的企业需要仔细思考角色和责任，如由谁决定将哪些创意界定为积极的，并继续将其推进到下一阶段，迭代商业模式创新。最后，同样重要的是，头脑风暴可能无法提供成熟的商业模式解决方案，但可以确定仍需要组合和集结成一个连贯的整体的各种（有时是相互冲突的）元素。

迭代商业模式创新

在商业模式创新中，构想新商业模式后的下一阶段包括：（1）将各种想法整合为连贯的整体，形成一个或多个可能方案；（2）根据相关标准评估这些方案；（3）尽可能还原、模拟排名最靠前的方案，即进行小规模实验并控制成本。应以迭代的方式对步骤进行组合和反复试验，商业模式设计过程中的相关目标是聚焦新兴设计的细节。

整合商业模式的想法：形成连贯的整体

整合是一个必要的步骤。如果没有这一步骤，那么设计者可能不会知道要使用或结合哪些想法，或在何时及何处终止，从而陷入产生新的创新想法的无限循环中。可以将第五章中详述的驱动因素（DESIGN）作为汇

1　Snihur，Zott（2020）.

总与整合的指导原则。

- **可用资源和中心企业的外部环境**：整合可能会基于具体的约束克服相关障碍。以Zopa或Prosper等企业为例，它们需要重点考虑的外部环境要素是现有的银行监管。如果企业更成熟，那么另一种可能的分类方案是基于内部约束，如新想法与既有商业模式之间存在差异，则应同时考虑将新想法融入既有的商业模式中的难度及预期成本。

- **利益相关者的活动**：整合还可能是将同等程度利用利益相关者的活动的商业模式观点汇总在一起。例如，有些商业模式的观点认为，这是高度垂直的一体化结构，大多数活动由中心企业执行。然而，另一些观点完全将中心企业视为一个协调机构，很多活动由第三方（供应商、合作伙伴和顾客）执行。

- **现有模板**：另一项整合的原则可能是梳理强大且富有启发性的模板（像著名的在线市场、平台或特定的企业，如"亚马逊的……" "eBay的……" "Zara的……"）的创意。

- **创造并获取价值的目标和感知到的客户需求**：可以按解决的具体问题，对针对创造阶段出现的新商业模式设计想法进行分组。换言之，它们可以围绕驱动因素（DESIGN）中的创造并获取价值的目标和感知到的客户需求进行整合，从而针对商业模式的关键利益相关者提出最有力的价值主张。

　　然而，人们也应该相信，构想阶段可能会出现强大且未料想到的整合主题。不管使用什么样的整合标准，这一阶段的商业模式设计者的任务是通过在众多可能的选项中进行选择并组合，以创造连贯且一致的整体（具体来说是新活动系统的内容、方式、主体和原因），并将其进行丰富，进而制定完整的商业模式解决方案。

评估新设计并对其排序

在整合商业模式理念后，需要对形成的大量选项进行评估，以解决以下重要问题：

- 相较于旧模式，新模式一共创造了多少价值？

- 提供给利益相关者的价值主张是否强大到足以驱动其加入商业模式？

- 能否找到一种使商业模式的全体利益相关者获取足够的收入和降低成本的方法，从而克服激励共存面临的约束？

- 价值创造与价值获取之间的目标实现的情况如何？

- 商业模式的扩展性如何？它能够支持快速增长吗？

- 商业模式的不足和瓶颈是什么？它会在哪里崩溃？主要的风险是什么？

- 是否有效克服了约束？面临哪些新约束？哪些新约束更为突出？[1]

- 与竞争对手相比，这个新商业模式如何？特别是它有哪些不同之处（基于竞争优势）？

- 新商业模式对未来驱动因素（DESIGN）变化（如顾客需求的变化）的适应能力如何？技术上的变革情况如何？

- 新商业模式有多强大？它是否具备高合法性，并可以防止竞争者模仿？

1　例如，中心企业想将分销模式从直接售卖改为通过经销商售卖。然而，如果经销商拒绝拥有库存，同时，中心企业无法自行保管库存，新的财务约束就会凸显。

- 中心企业（或与其合作伙伴）是否具有实现新商业模式的资源和能力？

- 新商业模式与公司层战略是否兼容？它与现有的组织结构（包括薪酬和激励机制）是否兼容？

也许建立涵盖这些问题（其中的任意部分）及对应权重的计分卡可以完成评估。然后可以通过该体系对每个商业模式备选方案进行评估。随后可以落实评价最好的备选方案（注意，为保持商业模式设计过程中高度迭代的本质属性，可以在评估前先进行模拟，从而更好地回答上述问题）。

模拟新商业模式

模拟意味着以最低成本构建一个商业模式模型。"快速"和"精简"是模拟新商业模式的典型准则。[1]在精简的背景下，商业模式的模型是对"如何工作"进行文字性、图形化与可视化的描述，混合使用文本、插图和视频。它解释了商业模式如何与大量的利益相关者关联，他们应该如何互动，应该做出什么贡献以及在合作中会得到哪些好处。

在构建模型后，商业模式的众多利益相关者必须接受它并愿意进行尝试。"模型是一种解决问题的尝试，但主要价值是作为学习的工具。"[2]在此基础上，收集利益相关者的反馈，了解商业模式是否帮助其实现目标及商业模式是否可以有效克服约束。换言之，设计者必须进入观察状态，反复进行（迭代）各种观察；观察与模拟相结合时方为最强大的。每当商业模式设计者有所尝试，他们就会更加了解应该解决的问题，[3]可以用获得的

---

1 参见 Bhavani，Sosa（2008）。
2 Dunne（2018，p. 20）.
3 迭代过程也被称为"共同进化或问题空间和解决方案空间"，或者"行动中的反思"，参见 Dunne（2018，pp. 18-19）。

反馈和观点进一步改良相关模式。

例如，福特智能出行的福特X致力于快速打造有关新交通解决方案的模式，如"果冻"（Jelly）是与普渡大学（Purdue University）共同开展的研究项目。目前，人们可以通过应用程序使用在校园内投放的40辆电动摩托车。研究项目的目标是研究如何最好地将电动摩托车融入城市环境。[1]福特X的Sunny Madra表示，"果冻"帮助团队"更好地理解在微出行领域取得成功的条件，如人本设计的重要性、可靠供应链的重要性以及需要与城市和校园一起负责地推进共享摩托车领域的发展"。[2]这种成本相对低廉的研究项目是产生知识和观点的重要来源。

因此，模拟可能意味着实施一个粗糙的且可能是模块化的商业模式，从而实现在线学习（与线下学习相对）。[3]随着时间推移，可以模拟、添加新的要素或模块。然而，这种可能性取决于现有具体商业模式。例如，需要投入大量资本，涉及很多重要战略合作伙伴的商业模式可能很难"模型化"，而且难以以模块化的方式进行模拟。然而，还是有可能模拟新商业模式中的"实体"元素。以2010年成立于中国深圳的小额信贷金融科技企业CredEx为例。[4]其创始人发现市场上缺乏向个人和小企业提供小额贷款的业务。最初，该企业的活动完全是线下的，在大型购物中心设置线下网点，潜在的借款人通过填写大量文件申请贷款。CredEx从"资产转移模式"开始，从而充分利用在小额贷款方面的专长。在这种模式下，CredEx负责申请和批准贷款——用自己的资金向顾客提供贷款，随后将这些贷款

1　Tally（2018）.

2　Madra（2018）.

3　Gavetti，Levinthal（2000）.

4　Amit，Han（2016）.

"卖给"银行，以作为后续贷款的资金来源。该企业在2011年采用第二种商业模式——"助贷模式"。在这种情况下，银行和CredEx按一定比例提供贷款。尽管CredEx执行与贷款相关的一切活动，但银行就是否真正批准享有最终决定权。

最终，CredEx提供的线下服务转移至应用程序上。借款人可以通过该应用程序申请贷款；整个贷款申请和审批流程都是数字化的，且耗时少于10分钟。为了测试这款新的应用程序，企业开发了许多申请者的在线界面和后台的电子跟踪模型。该模式是逐渐铺开的：最初，它只适用于一个城市的一个区，经过几个月的扩张，该模式不断完善且趋于完美。

总之，模拟有助于检验商业模式是否具有吸引力，并生成数据来评估假设的合理性。例如，如果价值主张基于顾客确实关心便利（并愿意为其额外付费）的假设，"那么我们最好尽快查明事实是不是这样"。[1]

实施商业模式创新

实施商业模式创新需要整合新设计构想出来的要素。这包括以下设计元素：商业模式的内容（活动是什么？）、方式（活动间如何关联？）、主体（谁来执行这些活动？）以及原因（为什么创造和获取价值？收入模式是什么？）。由于很难界定试错阶段与全面实施阶段，因此实施阶段与之前的设计阶段（特别是模拟阶段）间的过渡非常快。特别是当实施是渐进的且被反馈来的知识引导时，更是这样。例如，回想福特与普渡大学合作的"果冻"。该项目带来的效应为福特收购Spin铺平了道路。收购Spin后，福特将其此前的试验性共享摩托车商业模式转变为出行解决方案组合

---

1 Liedtka，Ogilvie（2011，p. 131）.

中更为切实的一部分。

无论如何，本阶段必须重视中心企业的组织及它与新商业模式的匹配度。为了使新商业模式奏效，可能需要在实施过程中重新进行组织设计（更多细节见第十章）。

在这一阶段，新企业和现有企业可能面临截然不同的挑战。在执行新商业模式时，新企业需要拥有资源（如财务资本、人力资本、合法性），并创造性地利用这些资源。这些步骤是中心企业贯彻活动（商业模式内涵）的基础，也是融合这些活动（商业模式结构）的基础。执行还需要构建合作伙伴关系，中心企业外部主体间的交换、协调机制（商业模式治理）。此外，商业模式设计者需要考虑中心企业进行设计时面临的问题并与商业模式涉及的问题保持一致。这包括内部组织设计（包括激励结构、控制边界、组织成员的角色与责任、人力资源政策、价值、文化以及规范）及产品市场的战略设计（如产品市场边界、市场进入时机及产品市场定位）。

现有企业在执行新商业模式时，可能需要改变现有的商业模式和/或改变组织设计与战略。在某些情况下，这些改变的组织成本相对较低（如商业模式变化只是在现有系统中增加新活动，如苹果iTunes的案例）。然而，在其他情况下，由于这些改变意味着对现状的颠覆及进行重大的组织变革，因此成本更加高昂（如IBM从计算机制造商转变为IT服务提供商）。具体来说，如果新商业模式与现有商业模式相去甚远，那么执行新商业模式将需要同时进行诸多改变。这些改变暗含的重要性与复杂性将导致出现高昂（有时甚至让人望而却步）的成本。第十章中将对此进行更为细致的说明，在此处，我们认为执行过程中所面临的挑战的核心是：

（1）由于商业模式具有系统性本质，因此，应改变其中暗含的重要性和复杂性；（2）新商业模式、组织及中心企业产品市场战略之间的契合程度。图6.2总结了本节中介绍的商业模式设计过程。

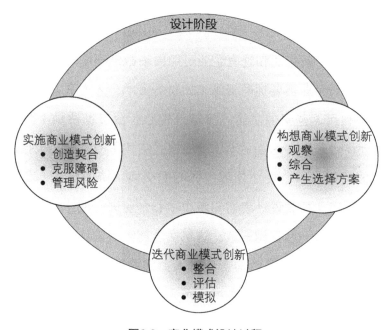

图6.2　商业模式设计过程

第三节

培养商业模式创新能力

　　我们将在本节介绍培养商业模式创新能力的过程，并强调这种企业层面能力的战略作用。[1]本节结合本章和前面章节中的关键点，将一次性商业模式创新扩展至多次创新计划。

　　可以将组织能力定义为"以可靠（至少是最低满意度）的方式执行特定活动的能力"。[2]例如，福特培养的设计能力。如图6.3所示的培养商业模式创新能力框架是指加强对商业模式创新的认识（阶段一）、构建商业模式创新过程（阶段二）、设计新商业模式（阶段三）。商业模式系统性和整体性的本质，使人们很难把控这一跨界活动系统，同时，商业模式也可能超出管理者熟悉的思维模式，所以，培养商业模式创新能力的前两个阶段尤为重要。

1　本节借鉴了 Amit，Giessen，Zott（2019）的观点。
2　Helfat，Winter（2011，p. 1244）.

阶段一需要管理者从商业模式视角加强对产品和服务的关注，理解当前商业模式的优势与不足，抓住当下商业模式中可以进行创新的关键维度。我们把这称为"意识阶段"。阶段二，管理商业模式创新设计的人员需要确定所面临的设计问题，例如，他们可以基于技术、资金及人力资本的可行性调整目标。我们把这称为"建构阶段"。阶段三，管理者需要在清晰的设计阶段推出并进行创造性的商业模式（再）设计。我们把这称为"设计阶段"。

该框架背后的关键思想是培养商业模式创新能力需要第一阶段（意识阶段）提供的最初灵感，然后经过不同商业模式创新计划的第二阶段（建构阶段）、第三阶段（设计阶段）的反复循环，逐渐走向成熟。创造意识（第一阶段）有助于构建框架（第二阶段），反之亦然。然后，经过改善的意识和框架可以指导设计工作（第三阶段），这反过来会增强商业模式创新的意识（第一阶段），并加强对关键边界选择的关注（第二阶段）。这些动态循环加深了管理者对手头设计任务的认识，也使其发展技能、构建正确的思维框架并完善培养组织能力的基础。当在多种商业模式创新计划中反复且谨慎地进行这一过程时，企业能够培养出商业模式创新能力，并可以把这种能力视为动态能力。[1]

---

1 动态能力是一种高层次能力，帮助企业对内外部资源进行整合、构建及进行重新配置，从而应对和塑造迅速变化的商业环境（Teece，Pisano，Shuen，1997）。具体来说，它是指"组织有目的地创建、延伸或改变自然资源基础的能力"（Helfat et al.，2007，p. 4）。当对商业模式反复进行模块化设计，并至少部分地将其嵌入组织流程时，可以将其视为一种动态能力（Amit，Zott，2016）。这种高层次的能力刻画了中心企业构建新商业模式，以商业模式与环境匹配和 / 或塑造有利于自己的商业环境的情况。

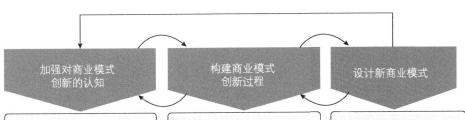

加强对商业模式创新的认知	构建商业模式创新过程	设计新商业模式
提升组织对商业模式创新力量的认知水平： • 商业模式准许哪些活动（内涵）？ • 这些活动如何与商业模式相连接（结构）？ • 由谁执行商业模式准许的活动（治理）？ • 为什么商业模式会创造价值？为什么商业模式会增加获取的价值（价值逻辑）？	构建过程中包括的关键问题： • 商业模式设计过程应该采用那种方式（自上而下的方式、自下而上的方式，还是二者混合的方式）？ • 应该追求哪些目标和需求？ • 应该考虑哪些模板？ • 应该考虑哪些内外部约束（以及何时考虑）？ • 应该包括哪些利益相关者？	通过有指导的、迭代的、试错的过程进行设计和实施，包括： • 商业模式创新构想 • 商业模式创新迭代 • 商业模式创新实施

图6.3 培养商业模式创新能力的框架

第四节

针对有效商业模式设计者的关键要点总结

　　在本章中，我们介绍了商业模式的动态设计过程会促进企业层面能力的发展。在IDEO设计过程的启发下，内含构想商业模式创新、迭代商业模式创新和实施商业模式创新三个阶段的过程尤其适用于商业模式设计。这些阶段是连续的，但也是迭代的。例如，在商业模式迭代中的模拟阶段，你会反思商业模式构想中的观察阶段，从而收集相关观点并调试商业模式。商业模式创新的设计方法基于对终端用户和利益相关者的深度了解。这是一种基于学习的方法，终极目标是构建一个创造价值的创新性商业模式。

　　第一阶段，构想商业模式创新包括三个步骤：观察使用中的商业模式、综合观点，并生成新的解决方案。在第一个步骤中，商业模式设计者深入了解全体商业模式利益相关者的需求，以及其在商业模式创新中发挥的作用。第二个步骤是综合和理解第一个步骤中得到的数据和想法，并将观察所得转化为更清晰、操作性更强的观点。这一阶段有助于详细了解市场机会，解决的问题，以及设计解决方案背后的力量。找到将数据组织成不同主题（如设计驱动因素和活动系统元素）的连接是一个需要毅力和创造力的挑战。这一步骤还对问题进行了清晰的定义和说明，进而确定第一种新价值逻辑，以及中心企业和其他利益相关者的资源和能力。本质上，综合观点这一步骤详细说明了新商业模式的所有组成部分。商业模式构想中的下一个步骤是通过头脑风暴产生涉及商业模式的新的解决方案。这可能会产生需要后续（在迭代商业模式创新阶段）进行汇总的内容，而不是一个完整的解决方案。对于头脑风暴而言，重要的是由一个多元化的团队进行，其可以从整体上进行思考，由外向内地审视，甚至可以思考来自完全不同的行业的模板。在这一阶段，可以构建诸如流程图等商业模式的图形来进行表达。

第二个阶段是迭代商业模式创新，包括整合商业模式观点、评估可选方案并模拟最优选项。第一个步骤需要在特定规范标准（如驱动因素）的指导下，收集一些想法并创建完整的商业模式解决方案。接下来，第二个步骤是对这些解决方案进行评估和排序。最后，模拟最佳选择（第三个步骤），这检验了支持新解决方案的假设。模拟也可能在迭代商业模式创新的评估步骤之前发生，或与之结合。它需要构建商业模式模型，展现每位利益相关者所发挥的作用，以及他们加入商业模式会获得的收益。应当从利益相关者处获得对有关模型的反馈；然后，商业模式设计者回到观察模式，从而迭代和优化解决方案。

最后，实施商业模式创新阶段将之前步骤中提到的新商业模式要素设置到位。本阶段通常与迭代商业模式创新中的模拟步骤存在重叠。对于新企业，必须获得相关资源，并设置必要的流程（包括与合作伙伴间的交换机制）。商业模式应当与企业的内部组织和产品市场战略保持一致。对于现有企业，新商业模式往往需要以高昂的成本变革企业的组织结构和战略。对于这些实施阶段中的挑战，第十章和第十一章将进行更为深入的讨论。

参考文献

［1］Amit, R., Giessen, E., & Zott, C. (2019). Building a business model innovation capability. Working paper.

［2］Amit, R. & Han, X. (2016). *CredEx* (A). Wharton Case Study 90. The Wharton School, University of Pennsylvania.

［3］Amit, R. & Zott, C. (2002). Value drivers of e-commerce business models. In M. A. Hitt, R. Amit, C. Lucier, & R. D. Nixon (Eds.), *Creating Value: Winners in the New Business Environment* (pp. 15–47). Oxford, UK: Blackwell Publishers.

［4］Amit, R. & Zott, C. (2016). Business model design: A dynamic capability perspective. In D. J. Teece & S. Leih (Eds.), *The Oxford Handbook of Dynamic Capabilities*, Oxford, UK: Oxford University Press. (Retrieved from www.oxfordhandbooks.com)

［5］Aspara, J., Lamberg J., Laukia, A., & Tikkanen, H. (2011).

Strategic management of business model transformation: Lessons from Nokia. *Management Decision* 49(4), 622–647.

［6］Beckman, S. L. & Barry, M. (2007). Innovation as a learning process: Embedding design thinking. *California Management Review* 50(1), 25–56.

［7］Bhavani, R. & Sosa, M. (2008). IDEO: Service Design (A). Case study 10/2008-5276. INSEAD.

［8］Brown, T. (2008). Design thinking. *Harvard Business Review* 86(6), 84–92.

［9］Bucherer, E., Eisert, U., & Gassmann, O. (2012). Towards systematic business model innovation: Lessons from product innovation management. *Creativity and Innovation Management* 21(2), 183–198.

［10］Demil, B. & Lecocq, X. (2010). Business model evolution: In search of dynamic consistency. *Long Range Planning* 43(2–3), 227–246.

［11］Dunne, D. (2018). *Design Thinking at Work: How Innovative Organizations are Embracing Design*. Toronto, CA: University of Toronto Press.

［12］Ford (2018). D-Ford Business Designer.

［13］Ford Media Center (2017, October 3). Ford's Future: Evolving to become most trusted mobility company, designing smart vehicles for a smart world. Ford Media Center.

［14］Ford Media Center (2016, March 11). Ford Smart Mobility LLC established to develop, invest in mobility services; Jim Hackett named subsidiary chairman. Ford Media Center.

［15］Frankenberger, K., Weiblen, T., Csik, M., & Gassmann, O. (2013). The 4I-framework of business model innovation: A structured view on process phases and challenges. *International Journal of Product Development* 18(3–4), 249–273.

［16］Gavetti, G. & Levinthal, D. (2000). Looking forward and looking backward: Cognitive and experiential search. *Administrative Science Quarterly* 45(1), 113–137.

［17］Gelles, D. (2016, February 13). The commute of the future? Ford is working on it. *New York Times*.

［18］Helfat, C., Finkelstein, S., Mitchell, W., Peteraf, M., Singh, H., Teece, D., & Winter, S. (2007). *Dynamic Capabilities: Understanding Strategic Change in Organizations*. Malden, MA: Blackwell Publishing.

［19］Helfat, C. & Winter, S. (2011). Untangling dynamic and operational capabilities: Strategy for the (n)ever-changing world. *Strategic Management Journal* 32(11), 1243–1250.

［20］IDEO website.

［21］Johnson, M. W. (2018). How Ford is thinking about the future. *Harvard Business Review Digital Articles*, 2–6.

［22］Liedtka, J. & Ogilvie, T. (2011). *Designing for Growth: A Design Thinking Tool Kit for Managers*. New York, NY: Columbia University Press.

［23］Madra, S. (2018, November 8). Let's go for a spin: Ford buys scooter company to provide customers a first-last mile solution. *Medium*.

［24］Miles, B., Huberman, A. M., & Saldaña, J. (2013). *Qualitative Data Analysis: A Methods Sourcebook*. Thousand Oaks, CA: SAGE Publications Inc.

［25］Osborn, A. F. (1963). *Applied Imagination: Principles and Procedures of*

Creative Problem-Solving. New York, NY: Charles Scribner's Sons.

[26] Owen, C. L. (1998). Design research: Building the knowledge base. *Design Studies* 19(1), 9–20.

[27] Roberts, I. (2019, December 4). How design is driving Ford to reimagine what a car company can be. *IDEO*.

[28] Sánchez, P. & Ricart, J. E. (2010). Business model innovation and sources of value creation in low-income markets. *European Management Review* 7(3), 138–154.

[29] Schwab, K. (2019, November 17). Ford is betting its future on an electric Mustang SUV. *Fast Company*.

[30] Seeking Alpha (2018, September 12). Ford Motor Company (F) management presents at Morgan Stanley's sixth annual Laguna Conference (Transcript). Seeking Alpha.

[31] presents-morgan-stanleys-sixth-annual-laguna-conference?part=single Snihur, Y. & Zott, C. (2020). The genesis and metamorphosis of novelty imprints: How business model innovation emerges in young ventures. *Academy of Management Journal* 63(2), 554–583.

[32] Sosna, M., Trevinyo-Rodríguez, R. N., & Velamuri, S. R. (2010). Business model innovation through trial-and-error learning: The Naturhouse case. *Long Range Planning* 43(2–3), 383–407.

[33] Strader, R. (2018 January 9). Why we're working with Autonomic to create a platform that can power future cities. *Medium*.

[34] Sutton, R. I. & Hargadon, A. (1996). Brainstorming groups in context: Effectiveness in a product design firm team. *Administrative Science Quarterly* 41(4), 685–718.

［35］Tally, S. (2018, October 23). E-scooters at Purdue are sweet as jelly. Purdue University.

［36］Teece, D. J., Pisano, G., & Shuen, A. (1997). Dynamic capabilities and strategic management. *Strategic Management Journal* 18(7), 509–533.

［37］Valentino-DeVries, J. (2011, August 24). Steve Jobs's best quotes. *Wall Street Journal*.

［38］Vassallo, S. (2018). *The Way to Design*. San Francisco, CA: Foundation Capital.

［39］Zeisel, J. (2006). *Inquiry by Design – Environment/Behavior/ Neuroscience in Architecture, Interiors, Landscape and Planning*. New York, NY: WW Norton & Company.

［40］Zott, C. & Amit, R. (2015). Crafting business architecture: The antecedents of business model design. *Strategic Entrepreneurship Journal* 9(4), 331–350.

CHAPTER 7

第七章

如何设计一个新的商业模式——创业企业家
们提倡的方法

第一节

将设计理念转化为实践

在上一章中，我们介绍了设计导向下构想和创建新商业模式的过程。该过程的优势体现在早期阶段（涉及构想商业模式创新、迭代商业模式创新），通过人本观察等方式帮助管理者和企业家了解顾客和其他利益相关者的需求。通过混合使用分析和综合方法，他们利用观察所得构建满足利益相关者需求的商业模式。同时，该商业模式与中心企业的愿景及长远利益相符，为所有利益相关者而不仅是终端使用者创造价值，与中心企业的产品市场战略互补，契合企业的组织结构。因此，创新性商业模式帮助中心企业形成自身竞争优势。如果管理层培养出持续反复创新商业模式的能力，那么就将提升中心企业的竞争优势的可持续性。

然而，设计过程的最后阶段——实施商业模式创新，并未像早期阶段那样很好地在理论和实践上进行构建与解释。

在这一阶段，商业模式设计者和商业模式创新管理者经常需要使用其他领域（如企业或组织）的方法，从而确定并应用将新商业模式由理念转为实践的合适路径。为此，新创公司和老牌公司中都越发流行创业过程。通常，这些过程与资源匮乏或企业发展的高度不确定性有关。

鉴于与日俱增的重要性，在本章中，我们将介绍并讨论三种不同的创业过程。创业学者已提出其中的两个过程（发现驱动计划和效果推理），第三个过程（精益创业）也已被广泛应用于实践之中。我们将详细阐述基本原则，明晰知识根源，解释异同之处，并探讨将其应用于开发新商业模式的适用性。对于致力于构建新商业模式的管理者和创业者而言，它们与第六章介绍的设计过程一并构成"过程工具包"。在这个意义上，它们还补充了后文将介绍的分析性商业模式工具包（该工具包有助于表述、创建并构建与他人交流商业模式的理念）。

下文描述的创业过程会补充而非替代第六章中的设计方法，二者是互补的。事实上，务实的管理者通常排斥单一方法。相反，他们总是混合使用多种方法，从而得到更好的结果。因此，在打造自身的创新之旅或构建自身的创新过程时，管理者会混合使用发现驱动、效果推理和精益的准则。

以德国跨国企业博世的创新过程为例。近年来，博世和加州大学伯克利分校（UC Berkeley）共同推出一个支持初创企业的内部加速器项目。它依托创新框架进行低成本且快速的新产品研发与商业模式创新。这个框架整合了精益创业与商业模式设计中的元素。因为参与博世加速器项目的团队在进行全面开发之前，对想法进行了测试与验证，所以开发成本显著下降。[1]

---

1 Innovation Leader（2019）.

第二节

发现驱动计划——很快失败，且
快速失败

在三个过程中，我们首先介绍发现驱动计划（DDP），这一过程通过构建确定和检验关键假设的框架，降低设计新商业模式过程中的内在不确定性。

发现驱动计划的基本原则

顾名思义，发现驱动计划是一个标准的创业方法，它结合了计划的原则与对于意外发现的开放态度。该计划旨在促进老牌公司进行内部创业，最初由Ian C.MacMillan（沃顿商学院创新与创业学迪鲁拜·安巴尼荣誉教授）与Rita Gunther McGrath（哥伦比亚商学院执行项目教员）共同开发。它承诺通过降低失败的可能性和/或成本的方式，来提高企业计划预期的绩效。[1]核心在于必须以严谨、全面且系统的方式检验有关创业项目的假设。有计划的实验促进学习过程进行，逐步降低不确定性，并加深对商业模式关键要素的了解。发现驱动计划的企业家以"开明的试错"为准则，学着走向充满不确定性的未来。

企业管理者需要在每个学习节点（也称"转折点"或"检查点"），自问与下列内容相关的一系列问题：商业模式机会、潜在假设及以通过慎重考虑得出的形式继续该项目是否真的有意义。因此，发现驱动计划的实施过程创造了一系列决策节点，决定项目是否终止或基于完善后的信息库进行调整。换言之，在转折点处检验假设为企业管理者创造了一系列实物期权，其开始思考退出创业还是以改善后的概念继续投资。[2]经验证据支撑发现驱动方法背后的真实选择逻辑，特别是风险投资人的成功可以部分归因于其在投资方面的严谨和原则，放弃表现平平的企业组合（不再向其投资）并将注意力集中在表现较好的企业组合上。[3]可以将这背后的理念总结为"如果你必定失败，那么越早失败越好，失败的成本越低越好"。

更具体地说，发现驱动计划包括六个相互关联的步骤：构建框架、基准测试、明确交付成果、检验假设、管理转折点、节约成本。

构建框架

构建框架（步骤一）要求企业管理者通过提出一系列问题，定义长远的成功。例如，未来成功的项目会是怎样的？什么项目值得开展？他们衡

1　McGrath，MacMillan，Venkataraman（1995）；McGrath，MacMillan（2000）.
2　实物期权是指获得或开发一项资产的机会。相应的投资具有三个特点：部分或完全不可逆、投资的未来回报不确定、投资的时机有一定的回旋余地（Dixit，Pindyck，1994）。
3　Guler（2018）.

量成功的标准是什么？因此，发现驱动计划、鼓励企业管理者应首先思考项目的终极博弈，明晰愿景与长远目标，是值得努力的。然后，企业家要像国际象棋大师一样，自此处开始向后推导（博弈理论家将这称为"逆向归纳法"），从而确定需求，最大化地实现长期目标的可能性。[1] 例如，如果目标是通过新商业模式实现高利润，那么可以根据利润率要求建立一个反向损益表，以表明实现利润所需的投入。在战略性地设计创新性商业模式的背景下，商业模式驱动计划中的框架构建与商业模式设计过程中的"目标"设计驱动因素相对应（见第五章和第六章）。

基准测试

基准测试（步骤二）要求企业管理者将关键收入和成本指标（如反向损益表）与市场、商业模式最具可比性的企业的相关指标对应。步骤二的目的是为新商业模式项目设立一个尽可能现实的起点。与步骤一构建框架一样，这是纯粹的概念训练，不需要进行任何项目上的重大投资。相反，它需要确定我们所说的"模板"（见第五章），并对其进行基准测试。

明确交付成果

明确交付成果（步骤三）也是概念性的，它需要阐明促成、实现用户体验所需的全部活动。换言之，它需要清晰且具体地掌握构成商业模式的大量活动的运行要求（内容）。例如，需要多少销售员来售卖新产品或服务，并且获得步骤一中确定的收入？他们要打多少个销售电话？他们需要拥有多少个潜在顾客？需要多少转化率（他们要在什么时间段内完成多少

---

1 逆向归纳法是解决多阶段博弈问题的有效方法：首先，确定最后阶段的最优解决方案；其次，确定基于此的倒数第二阶段，最后，确定基此的倒数第三阶段，并以此类推（Aumann，1995）。

销售量）？在商业模式设计中，该步骤与对商业模式内容的确定相对应，即需要进行相关活动。

这一阶段会做出关键假设，应将其仔细记录在关键假设检查表中。建立该表需要与项目的所有相关主体沟通协调。让这些主体就所做的假设达成共识至关重要，但这并不简单。不同管理者通常会将不同的商业模式假设视为理所当然（如基于他们的特定经验或"直觉"）。然而，后续可能会证明其中的一些假设是错误的，这会付出极高的代价。因此，不应当省略仔细记录假设并就其达成共识这一步骤。它构成了发现驱动计划方法的本质：诚实地承认关于商业模式及其预期效果的未知之处。

1997年9月成立的Chemdex.com详细记述了当时一种新兴的B2B电子商务商业模式。它失败的原因是创始人在未经测试的情况下，贸然针对商业模式提出假设，后来证明这会造成毁灭性的影响。Chemdex.com的基本理念是促进特种化学品（如实验室用化学品和酶）贸易开展。该企业致力于取代之前供应商基于目录的商业模式。它还试图通过提供产品和实时价格、减少中间商的加成来提高特种化学品供应链的效率。尽管Chemdex.com在1998年的收入只有2.9万美元，但它在1999年完成上市。该企业从投资者（包括美国顶级风险投资公司Kleiner Perkins Caufield & Byers）处筹集了6.7亿美元。鼎盛时期，它的市值达到70亿美元，每股价格为243美元。然而，2001年6月，创立仅仅四年之后，它的股票只值几美分。投资者意识到他们所做的关键假设（如缺少竞争反应、顾客的高速接受、技术实施的低成本等）完全是错误的、站不住脚的。因此，这种商业模式在商业上不可行。发现驱动计划会提前识别并检验这些假设，而不是在这个过程中耗费这么多的成本。

检验假设、管理转折点、节约成本

检验假设（步骤四）、管理转折点（步骤五）、节约成本（步骤六）涉及行动，不只是发现驱动计划中的概念性步骤。这些步骤谨慎使用资源，且不愿意在前期进行大额投资，在将它们组合在一起时，效果是最强大的。应在商业发展过程早期的里程碑阶段（步骤五）对商业模式的关键假设（在步骤三确定）进行检验（步骤四），这些里程碑是预先选择甚至是被创建的，因为它们允许以尽可能低的成本进行最大程度的学习（步骤六）。

例如，可以通过在Facebook上创建针对不同用户群体的实验检验有关新兴在线保险商业模式价值获取的假设（如它最能引起哪些用户群体共鸣）。随后可以用实验数据来检验假设的有效性。如有必要，可以在后续将它们与反向损益表和业务要求一起进行调整。如果项目看起来不再可行或吸引力不足，那么中心企业需要思考是否应该在项目上投入更多的时间和金钱，改变商业模式（进行"转型"），甚至放弃它。

例如，石油和天然气企业荷兰皇家壳牌（Royal Dutch Shell）在伦敦（欧洲最大的汽车租赁市场）进行了为期18个月的实验后，放弃推出创新性的约车服务FarePilot，因为实验结果表明，该服务的需求还不够强烈。最初的想法是帮助优步等约车平台上的司机找到出租车需求量高的区域。荷兰皇家壳牌将商业模式变更为把司机与其他私人出租车租赁公司相连接。然而，这也未能实现该模式的有效运转。最终，企业决定终止这个项目。[1]

与之相反，企业交流平台Slack是创始人斯图尔特·巴特菲尔德（Stewart Butterfield）在2005年将另一个项目Flickr出售给雅虎（Yahoo）

1　Raval，Ram（2019）.

后，成功进行商业模式转型的产物。巴特菲尔德是Flickr母公司Ludicorp的联合创始人之一，该公司最初专注于多人在线游戏。虽然这款游戏并未获得成功，但Ludicorp团队将其中一个游戏功能发展成Flickr。在这次成功（首次）转型及随后对Flickr的出售中，巴特菲尔德试图再次推出多人在线游戏Glitch，并于2011年发行。然而，Glitch失败了。但巴特菲尔德并未气馁，他将注意力转向团队研发出来的在内部发送信息的工具上，这个工具被称为"所有对话和知识的可检索日志"（或简称Slack）。[1] 显然，巴特菲尔德的（第二次）转型取得成效，2019年，Slack的每日用户量增至1000万人。[2]

发现驱动计划商业模式开发：优点与缺点

发现驱动计划适用于进行创业和企业冒险探索，包括（有时是新颖的）商业模式的设计和实施。每个企业和在任者都有自己的商业模式，必须确定和检验相关假设。发现驱动计划方法适用于确定和检验特定商业模式的假设，特别是当目标是创新商业模式（不只是研发更好的技术，如下一代智能手机）时。

就活动系统的设计因素提出商业模式假设，即涉及内容、方式、主体和原因维度（见第一章）。另外，还要假设系统作为一个整体运行。[3] 应在关键假设检查表中强调商业模式假设，可参考以下示例。

- 可以在合理的成本下执行关键活动（内容）。

---

1 Griffith（2019）；Born Digital（2015）.

2 Kastrenakes（2019）.

3 系统理论认为，任何系统都可能会表现出一些既不会直接产生也不能从部件的特性中预测出来的新特性（Von Bertalanffy，1972）。

- 我们可以实时从我们的顾客处以低成本得到有关（不断变化的）偏好的充足且可靠的信息。然后，我们可以将这些信息注入产品系统，从而快速设计出新产品（方式）。

- 我们将能够与政府合作，从而为我们的服务背书（主体）。

- 顾客将接受基于订阅的模型来订购基本物品（原因）。

- 商业模式保证在10个工作日内完成满足新顾客需求的新产品设计（系统层面属性）。

发现驱动计划的商业模式开发与实验驱动的方法一致，用于构建似乎在实践中盛行的新商业模式。[1]然而，与一般的试错实验相比，发现驱动计划的企业能够为不确定性建模，并随实验创造的新数据更新财务预估结果。[2]更重要的是，"人们可以在所需的任何投资前，对商业模式进行概念性实验"。[3]因此，发现驱动计划构成了一条探索新商业模式正当性与可行性的精益化路径。基于设计思维（第五章和第六章），它代表在行动中反思：步骤一到步骤三（构建框架、基准测试、明确交付成果）需要反思（在进行潜在昂贵的行动之前），步骤四到步骤六（检验假设、管理转折点、节约成本）需要行动（提升反思能力）。

驱动商业模式实施的其他优势还包括以下几点。

- 它有望通过降低失败的概率及预期成本来提高投资的整体回报水平，尤其是在创业项目组合上。

- 它创造了一系列决策（继续/终止）节点，迫使管理者明确思考调整

1　参见 Sosna，Trevinyo-Rodríguez，Velamuri（2010）。

2　Chesbrough（2010，p. 362）.

3　McGrath（2010，p. 259）.

概念，并转型至另一个概念上或完全终止项目。

- 它需要在商业模式项目中的全部主体间进行广泛的沟通与交流（如就所做的假设达成共识），从而围绕一个共同的愿景结盟。

- 它非常适合许多企业的系统化的、严明的、以过程为导向的经营方式，也让许多员工和管理者感到满意。发现驱动计划就像"特洛伊木马"，通过"后门"向老牌公司注入创业技术和计划。它组合为一个流程，要求雇员清晰地知道他们所做的假设，并创造性地设计出相应的实验，从而以聪明和创业的方式进行检验——像新创公司的企业家那样以低廉的成本进行早期检验。

- 它向组织成员传递有关失败的重要信息。更具体地说，它向团队传达，在具有高不确定性和严重资源约束下进行的有关商业模式的项目中，如果失败得到充分反映，即当它是从精心设计出的用于测试关键假设的实验中学习到的结果时，那么它是"OK"的。因此，在早期以较低成本失败好过在后期以昂贵的成本失败。[1]

当然，将发现驱动计划应用至商业模式开发也面临许多挑战。

- 第一，正如第三章中介绍的，由于商业模式是系统层面的构想，因此有时很难从概念上对其进行把控。同样，详尽地确定一个人就商业模式做出的全部假设也是具有挑战性的，特别是在系统层面。

- 第二，对整个商业模式（相对于模型和/或测试特定的产品或服务）进行市场测试是具有挑战性的，需要考虑周全。

---

1 Thomke(2003)区分了失败和错误。失败是有意且精心设计的实验的自然结果。正因如此，它们是有益的，因为它们促进学习，并降低了不确定性。错误则基于简陋、考虑不周全的设计实验，或缺乏对重要假设的有意测试，它们阻碍学习。

- 第三，很难承认自己并非无所不知，甚至存在很大的知识缺口。但这恰好是发现驱动计划所需要的。若缺少这一前提条件，则该方法可能不会奏效，或无法呈现预期的结果。

- 第四，发现驱动计划的主要优势之一是它需要在商业模式的全体利益相关者及实施过程所涉及的人员间进行大量的沟通与交流，而这可能是困难的一大主要来源。密集的沟通可能会导致产生分歧，加剧人际冲突，在相关人员不了解这一过程或不具备所需的技能时更是如此。

- 第五，尽管发现驱动计划的本质基于过程和系统性，但发现驱动计划违背了传统规划哲学背后的线性、阶段把控和基于历史（而不是前瞻性）的特质，而这些在很多老牌公司内被广泛应用。如果发现驱动方法需要采取的行动会威胁既得利益、破坏个人事业和权力，那么该问题将进一步恶化。

- 第六，同样重要的是，关于发现驱动计划的科学证据不足；作为一个整体，它尚未经过严格的实证检验和审查。

其他与发现驱动计划的基本原则相关的规划方法

基于发现驱动计划背后的核心思想与原则，学者们提出了其他密切相关的商业模式实施方法。[1]其中的一种方法被称为平行游戏（Parallel Play），总体来说，它类似于学龄前儿童为发现世界中的新事物而参加的游戏。[2]在玩耍的过程中，小孩子不会与同龄人竞争，而是对周围的人感兴

---

1 参见 Gans，Stern，Wu（2019）；McDonald，Eisenhardt（2020）。
2 McDonald，Eisenhardt（2020）.

趣，并总是模仿他们的行为。他们在选择喜欢的玩具之前，也会测试不同的玩具。学者们观察到这样的行为也反映了新兴市场中企业家发展商业模式的高效的方法。在新兴市场中，对新产品和服务的需求尚不明确。只有少数企业（通常是新企业）会在这一高度动态化、充满不确定性且不明确的新市场环境中奋力前行。[1]在这样一个充满挑战的市场环境中，可以将平行游戏应用于制定有效运行的商业模式过程中。正如图7.1所示，它结合了设计和发现驱动计划的要素。

具体来说，平行游戏帮助创业者在多个商业模式设计选项中做出选择。这需要创业者在设计和模拟商业模式时，汲取新兴市场中初创企业竞争对手的想法，借鉴相邻市场中提供替代品的现有企业模板（见图7.1中"有趣"的设计一栏）。然而，在选定一种特定的商业模式前，高效的企业家会谨慎地检验多个商业模式选项中的主要假设（发现驱动计划的核心）（见图7.1中发现驱动学习一栏）。

为同一个机会同时寻找、思考并测试大量的商业模式代表改进之前提到的基础性发现驱动过程（假定追求单一的选项）。然而，由于新兴市场的高不确定性，商业模式设计者不应过早地选定最佳设计方案。他们还需要意识到这样的选择要承担巨大的机会成本，因为这会使企业走向一条清晰的道路，并可能排除其他商业模式选项（后来可能会发现这是更好的选择）。这也被称为创业悖论。[2]

1　根据 Santos，Eisenhardt（2009，p. 644），新兴市场是"商业环境处于形成的早期阶段……特征是具有不确定或短暂的行业结构……不清楚或缺少产品定义……缺乏主导逻辑以指导行动……因此，新兴市场是极度模糊的非结构化环境"。
2　Gans，Stern，Wu（2019）.

图7.1 在新兴市场中设计商业模式的平行游戏过程

资料来源：改编自McDonald，R. M.，Eisenhardt，K. M.，"Parallel Play: Startups, Nascent Markets, and Effective Business-model Design，" *Administrative Science Quarterly*，2020，65（2），pp.483-523。

为可行的商业模式选项排序需要知识（这些知识只能从实验中获得）提供支撑，但化解不确定性的实验最终可能会做出一定程度的承诺，从而塑造市场和/或影响其他路径，甚至排除其他商业模式选项；因此，这是一个悖论。

以1971年在西雅图成立的星巴克咖啡公司为例。三位创始人专注于售卖高品质的新鲜烘焙咖啡豆，因为他们认为这是向美国消费者引入优质咖啡的最佳途径。他们据此设立了商业模式。然而，在追求这一路径时，他们不太可能考虑全然不同的商业化方式，如建立咖啡零售店，这种店铺将意式咖啡吧商业模式与专业零售商店、画廊及办公室（更多模板的概念性组合见第三章，特别是"商业模式的认知基础"一节）相混合。这就是霍华德·舒尔茨（Howard Shultz）能够离开公司，并通过开发一种新零售商业模式追求自己的愿景的原因，其商业模式与人们的直觉相反，以意大利风格的咖啡馆为中心。舒尔茨创立的公司最终收购了星巴克（保留了名字），如今，它发展为世界各地随处可见的咖啡店品牌。[1]

因此，一些学者建议在做出重大决策、进行一项特定商业模式的发现驱动实验前，企业家应当广泛且基本无偏好地进行搜索。具体来说，企业家会搜索可能满足已知顾客需求或有关问题的商业模式解决方案，直到在无偏好的情况下无法继续学习。换言之，在进一步的探索和无偏好的学习不再有价值或不可能之前，他们应当持续进行学习。做到这一点，可能会有两个或更多商业模式选项具有相似的预期价值，如果不在一定程度上选定其中的一个选项，则不能对其进行排序。经过这些，商业模式决策者必须基于合理的判断（考虑自身的价值观、视野、直觉及特点）从中选定一个。[2]

根据发现驱动计划的原则，企业家应当避免在没有充分考量各选项前，做出重要、成本高昂、潜在不可逆的选择。这是因为由此产生的活动系统及与之相伴的承诺和责任都难以解除。然而，与此同时，他们也不

1　Schultz，Jones Yang（1999）.
2　Gans，Stern，Wu（2019）.

应拖延太久，否则他们就无法足够快速地掌握什么是有效的，什么是无效的，特别是在新兴市场中。这种承诺包括采纳一个活动系统内容、方式、主体和原因的基本结构，确定基本的原则和想法，但它尚不必是一个已明晰所有细节的完全成形的商业模式。这不仅需要通过检验的主动学习，还包括通过观察商业模式"基本框架"及如何在实践中运转的被动学习（见图7.1中停下来反思一栏）。这样的学习使企业家进一步降低不确定性，完善和细化商业模式。例如，一家成功的"社会投资"新创公司将经验丰富的投资者与"追随者"联系起来，并没有将其直接同行（同一市场中的新创公司）视为竞争威胁。[1]它在早期观察这些同行，甚至向它们借鉴有用的具体商业模式要素。随着这家新创公司对其假设进行检验，它选择聚焦业内规模更大的成熟竞争对手，如将提供替代产品的瑞银（UBS）或富达（Fidelity）作为更大的竞争威胁。

简言之，平行游戏完善了开发商业模式的发现驱动计划方法，它首先针对基本无须做承诺的阶段性实验提出多个备选方案，在选定特定选项后，最初不指定商业模式。这既促进了通过实验（检验假设）进行主动学习，也促进在观察中进行被动学习，这反映了设计思维的原则，重视进行人本观察。

1　McDonald，Eisenhardt（2020）引用的案例。

第三节

效果推理——只管去做

发现驱动计划背后的核心观点是通过进行积极的、深思熟虑的、低成本的、弱承诺的实验,检验商业模式的核心假设,从而持续降低不确定性。发现驱动计划基于两个主要前提:第一个前提是管理者知道知识盲区(他们需要测试的内容);第二个前提是他们已经清楚了解市场机遇(又称顾客需求),以及抓住机遇的方案(特别是商业模式)。如果未能满足这两个前提,那么几乎很难实施发现驱动计划的基本步骤(如构建框架、基准测试、明确交付成果)。如果在实践中未能满足这些前提,那么将发生什么?例如,管理者不知道他们的知识盲区是什么怎么办,也就是说,他们面临的是不可量化的风险(也指"不确定性"[1])而非可量化的风险(指已知可能的结果,并知道相关概率)?或者,他们只

1 Knight(1921).

是对市场内潜在的缺口有一种模糊的预感，那么他们该怎么办？在这类具有高度不确定性的情况（通常是处于早期发现问题阶段的情况）下，一种被称为"效果推理"的创业过程可能有助于构建价值创造商业模式。[1]

效果推理的原则

效果推理代表一种始于聚焦手段的创业行动逻辑。手段是指创业型经理人和商业模式设计者手中掌握的资源，可以用来设想不同的效果，或利用这些资源的可能结果（因此称为效果推理）。[2]只要选定其中的一个目标（如通过满足假定的顾客需求创造价值），创业者就会立即采取行动，实施商业模式。以下五个手段（见图7.2）是这一行动的特征。

- 利用手中掌握的资源。手中掌握的资源（第五章也称中心企业的"可用资源"）包括企业团队成员及其志向、知识、专长、财务资源、个人网络等。[3]在企业进行风险投资中，还包括企业的资源和能力。与设计思维不同，效果推理将这些资源视为起点而非约束。在构建商业模式的背景下，重要的是不仅应关注"我们是谁及我们知道什么？"，还要关注"我们知道谁？"也就是说，风险团队可以

---

1 Sarasvathy（2001）基于对45位专家型创业者的研究，创造了"实施"这一术语。她采访了这些专家型创业者，并要求他们大胆地说出解决的一系列问题，从而可以跟踪并研究他们的思考过程。她发现她研究的大多数企业家使用了"实施"，她将这一过程定义为"已知一系列方法，并聚焦在这一系列方法可能创造的影响中进行选择"（Sarasvathy，2001，p. 245）。

2 效果与第五章讨论的设计驱动因素"目标"相对应。效果推理中的目标与发现驱动计划中的目标不同，前者是短期且经常变化的，后者是长远且基本保持不变的（除非里程碑处的市场检验强烈建议其进行调整）。

3 这让人想起了"拼凑"：在资源匮乏环境下的创业过程。在这种环境下，"利用手中的资源"允许创业者开发被其他企业忽视或排斥的物质、社会或制度，实现从无到有进行创造的目标（Baker，Nelson，2006，p. 329）。

向哪些其他利益相关者（公司或个人）寻求帮助，从而构建（可能跨界）商业模式（需要注意的是，这种对当前可用手段的最初关注与发现驱动计划大不相同，后者先确定最终目标再着眼未来）？

- 牢记可承受的损失。有效的商业模式设计者清楚其在最糟糕的情况下会失去什么，而不是采取利润最大化的态度。他们力求低成本地实施与学习，并重视精细使用金钱、时间和他们（及其投资者和合作伙伴）拥有的其他资源（需要注意的是，这类似于发现驱动计划中的节约成本这一步骤）。

- 建立合作关系。有效的商业模式设计者试图与其周围的其他企业和顾客构建战略合作关系，而不是竞争。这是有道理的，因为有效的商业模式通常构建于高度模糊的市场中，该市场尚未被完全定义，因此，很多竞争者尚不明确（需要注意的是，这一行为准则也体现在发现驱动计划的平行游戏中，及第五章中提到的利益相关者的活动这一设计驱动因素）。

- 利用意外事件。有时，不确定性严重到无法确定可能的结果，更不用说相关概率了。这些无法对事情做出预判的情况被称为"未知的未知"。换言之，在业务发展过程中，有时会发生一些完全意想不到的事情。有效的商业模式设计者需要关注这些意外事件，并学会充分抓住这一机会，而不是将其视为消极的约束（在发现驱动计划中，检验假设的里程碑即检查节点，代表规划发现这些意外事件的机会，但效果推理提醒我们这随时都会发生）。

- 控制"短期未来"。由于在本质上，未来（特别是处于高度不确定性环境中）是不可预测的，因此有效的创业活动需要聚焦可控的方面。这一特征基于"最终我们会控制未来，我们不必预测"的逻辑。[1]在商业模式设计者确定的节点处检验假设（如在发现驱动计划中）时，控制就是一个案例。

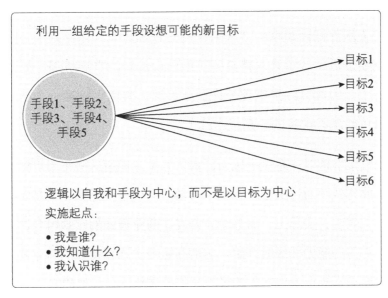

图7.2　效果推理的原则

效果推理商业模式开发：优点与缺点

将效果推理作为创业逻辑指导商业模式开发的情况是直观且简单的。例如，创业者应把利用现有的手段和想法作为实施过程的起点（短期目标）。这意味着即便创业者只是对可能的商机有模糊的认知，他们也可以推出创业项目。实际上，效果推理方法适用于很多情况，包括众多创始人、资源、环境不确定性程度、可用的合作伙伴及感知到的市场缺口。这会减轻潜在的首次创业者在创建一家新企业和/或新商业模式时的认知障碍，这些障碍可能会阻止其迈出第一步、创办公司。效果推理让人相信，每个人都应该有能力实现目标，因为它降低了创业的门槛。

1　Sarasvathy（2001，p. 251）.

另外，效果推理也让人相信：其遵守的主要原则降低了创业行为中失败的成本与风险。上述五个手段避免了草率使用资源（如通过关注现有的手段、可承受的损失及建立合作关系），要求贴近市场，并不断接收市场中的反馈（从而控制短期的"未来"及与顾客建立合作关系），同时，它们也强调要灵活且敏锐地对待其间可能出现的新的市场机遇（如通过利用意外事件）。因此，效果推理允许调整目标，避免固守某一个结果（实现这一结果可能是不现实的、高成本的）。

由于效果推理以一系列手段为前提，并关注通过这些手段可能会产生的效果，因此它认同通过实验（包括平行游戏）确定应用哪一个商业模式。一项创业研究表明，实际上，有些企业开发了商业模式的实验组合，"从最初的想法、可用的能力和经验开始，它们在组合中添加特定的商业模式，并基于从之前商业模式实验中得到的经验和信息重新定义其他模式"。[1]

虽然效果推理适用于很多创业情形，但它似乎最适用于新兴市场及其他具有高度不确定性的环境。从商业模式开发的角度来看，效果推理尤为适合开展跨界活动（不是中心企业内部的活动）。研究人员也将商业模式的这一部分称为外部价值创造结构。[2]效果推理鼓励合作者积极参与，从而利用互补的资源和能力。

然而，效果推理不是一种排除其他方法的排他性方法。效果推理原则可以与更多基于计划的方法结合（相继发生或同时进行）。这有助于商业模式设计者适应变革的环境，或使不确定性程度发生变化。例如，在业务发展的后期阶段，逐渐确定了有效的商业模式要素，这可能会引入其他行

---

1 Andries，Debackere，Van Looy（2013，p. 306）。
2 Futterera，Schmidt，Heidenreich（2018）。

动逻辑。[1]

效果推理也有不足之处。首先，它在很大程度上由巧合和试错驱动，例如，"无论谁先买……根据定义，都是第一个目标顾客。"根据这种方法，创业者"通过持续听取顾客意见，与顾客和战略合作伙伴构建持续壮大的网络"来完善商业模式。[2]然而，现实中，创业者很少只是"顺势而为"、随意学习，而是经常有意地选择和设计商业模式，从而检验关键假设。[3]该行为与之前提到的设计和发现驱动计划方法更吻合。其次，行动意味着承诺，所以会发生之前提到的创业悖论。效果推理由一个简单的想法开始，无须确定顾客需求（这些需求非常可能是重要且普遍的）。以效果推理的方式探索这一想法需要在局部（而不是全局）确定有效的商业模式。平均而言，这些短视且受限的调查行为会限制机会（财务或其他方面）的优势。综上所述，可以将效果推理描述为"低风险低收益"的决策战略。[4]

1　Sarasvathy（2001）将"因果"作为一种不同于效果推理的逻辑。在因果行动逻辑中，商业模式设计者关注给定的目标（而不是给定的手段），如偏好的商业模式，旨在找到最佳的手段（而不是目标），如合作伙伴或能推进商业模式中的核心活动的自身资源和能力。

2　Sarasvathy（2001，p. 247）.

3　Andries，Debackere，Van Looy（2013）.

4　近来的很多研究已经从实证层面检验了"效果推理逻辑"与"因果逻辑"方法在商业模式创新层面的有效性。例如，Schmidt，Heidenreich（2018）发现"效果推理逻辑"在高增长的行业中的效果更好，而"因果逻辑"在低增长的行业中的效果更好。Reymen等（2017）也比较了"效果推理逻辑"与"因果逻辑"，他发现"效果推理逻辑"可以用于识别可行的价值主张，而"因果逻辑"可以用于丰富商业模式的其他方面；此外，在资源短缺的情况下，"效果推理逻辑"往往会取代"因果逻辑"。最后，利用案例研究法，Andries，Debackere，Van Looy（2013）将"专一承诺"和"同步实验"（体现"效果推理逻辑"）确定为发展商业模式的两种可能途径。他们的理论内容为："专一承诺"有助于最初的成长，但不利于长期存活；"同步实验"则完全相反，即不利于最初的成长，但增加了长期存活的可能性。

第四节

精益创业——检验，检验，检验

精益创业是一种基于相关方法（设计思维、发现驱动计划及效果推理）的核心观点的方法。概括来说，它来源于组织学习、实物期权、产品开发和技术演进等观点。[1]

精益创业基于以下观察：创业者对商业模式机会的主观认知可能与实际情况截然不同。为了突出这一点，该方法鼓励创业者针对机会构建一系列可实证检验的假设，然后以精益、节约的实验检验这些假设。精益创业的核心是摒弃严格基于计划的创业过程，接受由早期顾客间的有效实验驱动的迭代方式。因此，它也被称为假设驱动的创业，这是一种科学的创业方法。[2]

1　Contigiani，Levinthal（2019）.
2　Leatherbee，Katila（2019）.

精益创业的基本原则

精益创业的目标是缩短产品开发时间，快速找到可行的商业模式。[1] "精益"表明采用的方法注意避免不必要的资源浪费，并指出精益生产运动的概念根源，强调精简的生产系统。[2]精益创业从快捷的软件开发及开源和免费软件所提供的可能性中进一步收集灵感，从而减少浪费，这甚至优于创业者的典型的资本效率和节约成本。[3]尽管精益创业主要针对初创企业，但也有人建议将其应用于老牌公司来构建新的商业模式，甚至整个新业务。[4]

如图7.3所示，当使用这一方法构建新商业模式时，企业家和管理者应当首先将商业模式理念转化为一系列可证伪的假设（有关设想活动系统的内容、方式、主体和原因）。接下来，他们需要详细说明、进行排序并使用最小化可行商业模式（MVBM）检验这些假设，并将MVBM作为检验的基础[注意，由于该方法最初是为产品开发的，因此最初使用的术语是最小可行产品（MVP）]。最小化可行商业模式代表证伪商业模式假设所需的最小活动集。[5]关键目标是快速且低成本地从这些基于市场的检验中吸取教训，并减少影响商业模式可行性的变数。需要继续检验结果以决定是否坚持（继续使用同样的商业模式）、转型（改变模式）或消亡（放弃商业模式）。如果选择继续，那么需要检验下一组商业模式假设。如果选择转

1　Blank（2003，2013）；Ries（2011，2017）.

2　Womack，Jones，Roos（1990）.

3　如今，世界各地的软件团队都在使用构建在精益原则基础上的敏捷方法，它已带来了诸如 Scrum 和 Kanban 等特定的迭代框架。2001 年的一份宣言体现了敏捷原则等主要原则。敏捷原则在软件中无处不在，其他非 IT 团队（包括 ING 和西门子等企业）也在应用敏捷原则（Prats et al.，2018）。

4　参见 Ries（2017）；Lashinsky（2018）。

5　根据 Eisenmann，Ries，Dillard（2011），最小可行产品是证伪产品假设所需的最小特征和 / 或活动集合。

型，那么将从头开始。因此，精益创业是以经验为依据，有序寻找可行商业模式的结构化过程。表7.1描述了精益创业的关键术语、根本概念与知识根源。

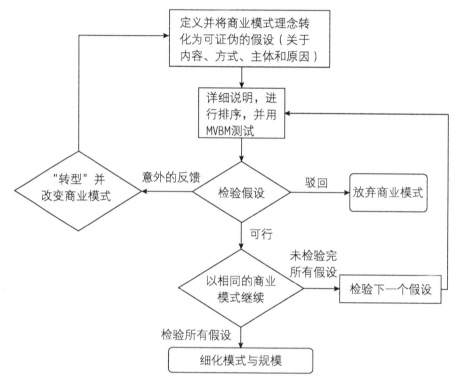

图7.3 开发商业模式的精益创业过程

表7.1 精益创业的关键术语、根本概念与知识根源

关键术语	根本概念	知识根源
最小可行产品	低成本的运转模型	效果推理（可承受的损失与顾客的战略合作）
转型	基于顾客反馈调整	发现驱动计划（节约） 效果推理（利用突发事件） 发现驱动计划（检验假设、管理里程碑）

关键术语	根本概念	知识根源
商业模式画布	未检验的假设	发现驱动计划（基准测试、明确交付成果、假设） 效果推理（计划前行动)
敏捷	快速发展	发现驱动计划（计划和行动间的迭代）

由两名MIT毕业生于2007年创办的文件共享与同步企业Dropbox，在早期阶段使用了精益创业方法。Dropbox团队很早就发现，为了满足"大多数人未意识到"的需求（无缝文件共享体验），他们必须测试自身的"信仰之跃问题：如果我们提供了超前的顾客体验，那么人们愿意尝试我们的产品吗？"例如，当联合创始人德鲁·休斯敦（Drew Houston）向潜在的风险投资者描述Dropbox方案时，他们表示很难理解这一概念。当时，很多企业和应用程序平台在做文件共享业务，但它们使用起来都很笨拙。然而，开发出产品的最终版本是昂贵且非常耗时的。Dropbox的解决方案是用MVP的方式，面向前沿的早期使用者发布一个简单视频。这是一段由休斯敦解说的简短演示，其阐述了最终产品将如何运行。该视频中有许多吸引目标观众的指南和笑话，迅速得到关注。这是一种真实表现开发者兴趣、从潜在用户处得到重要反馈并确立早期可行性的低成本方式（不需要真正构建一个产品）。[1]

使用精益创业原则（如建立最小可行产品和学习导向的思维方式）使Dropbox以高度有机的方式实现规模扩大和知名度提升。在2010年创业经验大会上的一次演讲中，休斯敦表示，他和团队已经认识到，最大的风险是"做没人想到的事情"；"不推出"是痛苦的，但"不学习"是致

---

1 *TechCrunch*（2011）.

命的；你应当把不一定是机密的东西交给用户，并"尽快得到真实的反馈"；你应该知道"你的受众目标在哪里，并以真实的方式与其交谈"。[1]通过构建最小可行产品及交付产品的相关商业模式，Dropbox能够首先确定存在市场的需求，然后提供可以快速为用户使用的简明工具。

精益创业商业模式开发：优点与缺点

从本质上讲，应用精益创业方法构建创新性商业模式的主要优势是进行快速有效的寻找。它是有效率的，因为它不会浪费不必要的资源；加快开发进程；以一种理性的、系统的方式进行，易于理解及与他人沟通。由于与顾客和其他商业模式利益相关者密切互动和协商，精益创业很可能真正开发出可行的商业模式，从这个意义上说，它是有效的。

两个相关好处如下。

降低市场风险：开发过程中收集到的顾客和利益相关者的反馈确保不会构建顾客不想要或利益相关者认为参与其中没有价值的商业模式。

减少资本开支和初始资金需求：通过强调低成本实验，精益创业减少了对大额项目资金的需求。它鼓励延迟进行涉及商业模式的资本支出，直至无法再避免这些成本。

由于精益创业方法相对年轻（最初由Steve Blank提出，随后由Eric Ries更全面地发展），因此证实其效果的科学依据仍然较少。然而，早期的证据表明其是有前途的。在一项对早期创业团队的研究中，训练其中的一个

1　Lean Startup Co.（2014, July 2）. Dropbox @ Startup Lessons Learned Conference 2010 [video file].

团队使用科学的假设检验方法，结果表明，这些团队比对照组（使用其偏爱的默认方法）表现得更好且更频繁地转型。[1]科学的方法不仅能够帮助创业者更好地理解当下所处的形势，也有助于其更好地识别机遇。这表明精益创业方法可能会促成有价值的商业主张，以此类推，还有价值创造商业模式。

然而，尽管精益创业似乎很有前途且直观，但并不容易将其应用于实践中，尤其是在大型老牌公司中。最近的一项研究比较了企业家在创建新业务时使用"精益"和"繁重"方法的倾向，结果发现，潜在的企业家更倾向于"繁重"的方法（例如，对于那些需要一定程度的承诺和重大资源投入的项目，可以通过设立与保护知识产权或撰写商业计划书的形式完成）。[2]事实上，精益创业的局限性值得思考，这反映了发现驱动计划和效果推理的一些缺陷（特别是在老牌公司中）。具体包括如下内容。[3]

实验成本：尽管此成本取决于新企业或商业模式所处的行业以及相应商业模式的复杂性，但实验的固定成本总是大于零，尤其是在商业模式开发的后期阶段。这包括培养实验能力的成本，如培训关键人员使用科学方法，还包括可能排除其他商业模式选项的成本（见本章前面讨论的创业悖论）。

公开重要战略信息：进行基于市场的检验，并从顾客、战略合作伙伴或供应商那里获得最小可行商业模式的反馈，这意味着公开可能具有战略

1　参见 Camuffo，Cordova，Gambardella，Spina（2020），实验组比其他组平均多出 13.1% 的改变，这表明科学的精益方法使其调整想法，或者提出结果分布具有更高预期回报的新想法。
2　Bennet，Chatterji（2017）.
3　参见 Contigiani，Levinthal（2019）。

意义的商业模式信息。反过来，这可能助长竞争对手的模仿行为（有关如何使商业模式更具战略性、稳健地对抗模仿见第四章和第五章）。

名誉受损的成本：利益相关者不会积极对待所有实验（它们是精益创业过程中的一部分），例如，当习惯接受中心企业近乎完美的服务或产品、习惯完美运行商业模式的顾客面对"最小可行"的顾客体验时，可能会惊讶且排斥。

干扰信号：检验假设可能会产生干扰信号，而非清晰明确的学习见解。部分原因可能涉及抽样过程中的统计挑战，如选定早期商业模式利益相关者的正确目标群体（如早期顾客、最可能的供应商、分销合作伙伴等）。

组织变革成本：如果精益创业过程的结果表明需要变革现有模式和/或改变组织结构、过程及战略予以支持，那么这可能是高成本的，涉及经济成本和组织关键成员的动机、时间及注意力。

针对有效商业模式设计者的关键要点总结

上一章介绍了商业模式设计过程的三个阶段，其中，实施商业模式创新是最开放的。在本章中，我们仔细探讨了实施商业模式创新阶段，有利于商业模式创新从概念转为现实中的三项互补方法。这三项互补方法基于第六章的内容构建，常用于创业阶段的方法是发现驱动计划、效果推理及精益创业，它们可以补充第九章中介绍的工具。

第一种创业方法是发现驱动计划，它通过降低不确定性减少失败成本。为此，它将项目分解为多个步骤（构建框架、基准测试、明确交付成果、检验假设、管理转折点、节约成本），并确定和检验有关商业模式的假设。这使管理者更容易在不同的节点确定是否要继续、放弃或调整商业模式。前三个步骤是概念性的。在构建框架（步骤一）中，管理者定义长远成功（商业模式设计驱动因素的"目标"）。在基准测试（步骤二）中，需要确定现有企业及商业模式模板。在明确交付成果（步骤三）中，阐明与商业模式有关的活动的操作需求，并记录关键假设。最后三个步骤（检验假设、管理转折点、节约成本）涉及实施行动。

平行游戏是与发现驱动计划相关的概念，它适用于创业者面临较高不确定性、需要在多种商业模式选项选择的新兴市场。当进行平行游戏时，企业进行高度动态化的商业模式选择与细化过程。其通过将现有企业模板与其他初创企业的商业模式相融合，并"平行"地检验诸多商业模式，从而创造模型。这提供了一种方法，在平衡快速选定商业模式的需求与未考虑可行替代方案前不做选择。鼓励企业家通过观察竞争对手进行学习，并积极检验假设和早期商业模式理念。

第二种创业方法是效果推理。与发现驱动计划（假定管理者充分理解顾客需求与潜在的新商业模式）不同，效果推理在存在不可量化风险、管理者不清楚或只是模糊掌握市场机遇的情况下运转得最佳。企业家运用现有手段将商业模式变为现实，五个手段为：利用手中掌握的资源、牢记可承受的损失、建立合作关系、利用意外事件及控制"短期未来"。

第三种创业方法是精益创业，这是一种近年来被广泛采用的混合创业方法。基于设计思维、发现驱动计划及效果推理背后的主要思想，精益创业帮助创业者以精益（快速、廉价、低成本且迭代）的方式提出有关市场机遇的假说，并进行验证。在精益初创企业中，与已知的最小可行产品等效的商业模式就是最小可行商业模式。商业模式设计者可以基于低成本的市场检验决定继续、转型还是消亡。

参考文献

［1］Andries, P., Debackere, K. & Van Loy, B. (2013). Simultaneous experimentation as a learning strategy: Business model development under uncertainty. *Strategic Entrepreneurship Journal* 7(4), 288–310.

［2］Aumann, R. J. (1995). Backward induction and common knowledge of rationality. *Games and Economic Behavior* 8(1), 6–19.

［3］Baker, T. & Nelson, R. E. (2006). Creating something from nothing: Resource construction through entrepreneurial bricolage. *Administrative Science Quarterly* 50(3), 329–366.

［4］Bennett, V. M. & Chatterji, A. K. (2019). The entrepreneurial process: Evidence from a nationally representative survey. *Strategic Management Journal*, 1–31.

［5］Blank, S. (2003). *The Four Steps to the Epiphany:*

Successful Strategies for Products that Win. Morrisville, NC: Lulu Enterprises Incorporated.

［6］Blank, S. (2013). Why the lean start-up changes everything. *Harvard Business Review* 91(5), 63–72.

［7］Born Digital. (2015, September 25). A brief history of Slack. *Born Digital*.

［8］Camuffo, A., Cordova, A., Gambardella, A. & Spina, C. (2020). A scientific approach to entrepreneurial decision making: Evidence from a randomized control trial. *Management Science* 66(2), 564–586.

［9］Chesbrough, H. (2010). Business model innovation: Opportunities and barriers. *Long Range Planning* 43(2–3), 354–363.

［10］Contigiani, A. & Levinthal, D. A. (2019). Situating the construct of lean start-up: Adjacent conversations and possible future directions. *Industrial and Corporate Change* 28(3), 551–564.

［11］Dixit, A. K. & Pindyck, R. S. (1994). *Investment Under Uncertainty*. Princeton, NJ: Princeton University Press.

［12］Eisenmann, T., Ries, E. & Dillard, S. (2011). Hypothesis-driven entrepreneurship: The lean startup. HBS No. 812-095. Harvard Business Publishing.

［13］Futterer, F., Schmidt, J. & Heidenreich, S. (2018). Effectuation or causation as the key to corporate venture success? Investigating effects of entrepreneurial behaviors on business model innovation and venture performance. *Long Range Planning* 51(1), 64–81.

［14］Gans, J. S., Stern, S. & Wu, J. (2019). Foundations of entrepreneurial strategy. *Strategic Management Journal* 40(5), 736–756.

［15］Griffith, E. (2019, June 2). As Slack prepares to go public, its C.E.O. is holding his tongue. *New York Times*.

[16] Guler, I. (2018). Pulling the plug: The capability to terminate unsuccessful projects and firm performance. *Strategy Science* 3(3), 481–497.

[17] Innovation Leader (2019, September 23). Here's our list of 2019 impact award winners. *Innovation Leader*.

[18] Kastrenakes, J. (2019, April 26). Slack plans to go public after hitting 10 million daily users. *The Verge*.

[19] Knight, F. (1921). *Risk, Uncertainty and Profits*. Boston, MA: Houghton Mifflin.

[20] Lashinsky, A. (2018, February 22). How 'The Lean Startup' turned Eric Ries into an unlikely corporate guru. *Fortune*.

[21] Lean Startup Co. (2014, July 2). Dropbox @ Startup Lessons Learned Conference 2010 [video file].

[22] Leatherbee, M. & Katila, R. (2019). The lean startup method: Team composition, hypothesis-testing, and early-stage business models. Stanford University working paper.

[23] McDonald, R. & Eisenhardt, K. (2020). Parallel play: Startups, nascent markets, and the effective design of a business model. *Administrative Science Quarterly* 65(2), 483–523.

[24] McGrath, R. (2010). Business models: A discovery driven approach. *Long Range Planning* 43(2–3), 247–261.

[25] McGrath, R. & MacMillan, I. (2000). *The Entrepreneurial Mindset*. Boston, MA: Harvard Business School Press.

［26］McGrath, R., Macmillan, I. & Venkataraman, S. (1995). Defining and developing competence: A strategic process paradigm. *Strategic Management Journal* 16(4), 251–275.

［27］Prats, J., Siota, J., Gillespie, D. & Singleton, N. (2018). Organizational agility. Oliver Wyman and IESE Business School.

［28］Raval, A. & Ram, A. (2019, June 13). Shell puts the breaks on plan to launch London car-hailing service to rival Uber. *Financial Times*, pp. 13.

［29］Reymen, I., Berends, H., Oudehand, R. & Stultiëns, R. (2017). Decision making for business model development: A process study of effectuation and causation in new technology-based ventures. *R&D Management* 47(4), 595–606.

［30］Ries, E. (2011). *The Lean Startup: How Today's Entrepreneurs Use Continuous Innovation to Create Radically Successful Businesses*. New York, NY: Crown Books.

［31］Ries, E. (2017). *The Startup Way: How Modern Companies Use Entrepreneurial Management to Transform Culture and Drive Long-Term Growth*. New York, NY: Currency.

［32］Santos, F. M. & Eisenhardt, K. M. (2009). Constructing markets and shaping boundaries: Entrepreneurial power in nascent fields. *Academy of Management Journal* 52(4), 643–671.

［33］Sarasvathy, S. D. (2001). Effectual reasoning in entrepreneurial decision making: Existence and bounds. *Academy of Management Proceedings* 1, D1–D6.

［34］Schultz, H. & Jones Yang, D. (1999). *Pour Your Heart Into It: How Starbucks Built a Company One Cup at a Time*. New York, NY:

Hyperion.

［35］Schmidt, J. & Heidenreich, S. (2018). The role of human capital for entrepreneurial decision-making - investigating experience, skills and knowledge as antecedents to effectuation and causation. *International Journal of Entrepreneurial Venturing* 10(3), 287–311.

［36］Sosna, M., Trevinyo-Rodríguez, R. N. & Velamuri, S. R. (2010). Business model innovation through trial-and-error learning: The Naturhouse case. *Long Range Planning* 43(2–3), 383–407.

［37］TechCrunch (2011, October 19). How DropBox started as a minimal viable product. *TechCrunch*.

［38］Thomke, S. (2003). *Experimentation Matters: Unlocking the Potential of New Technologies for Innovation*. Boston, MA: Harvard Business School Press.

［39］Von Bertalanffy, L. (1972). The history and status of general systems theory. *Academy of Management Journal* 15(4), 407–426.

［40］Womack, J., Jones, D. & Roos, D. (1990). *The Machine That Changed the World: The Story of Lean Production, Toyota's Secret Weapon in the Global Car Wars That Is Now Revolutionizing World Industry*. New York, NY: Free Press.

CHAPTER 8

第八章

价值主张——确定商业模式影响的NICE框架

在如今这个高度互联的世界中，顾客不再是企业产品和服务的被动接受者与消费者，供应商不再只是服务和商品的提供者。相反，消费者开始越来越多地参与满足消费需求的相同产品和服务的开发、生产和交付之中，而供应商正紧密地融入许多企业的研发（R&D）和生产活动中。可以将这一现象描述为中心企业商业模式内部的"共同创造"价值。[1]例如，eBay（及Letgo等应用程序）的顾客发挥市场营销（编写产品说明）和销售的核心功能，同时，它们保有库存、实际执行活动，并承担之前由零售企业负担的相关成本。微软（Microsoft）等科技企业让顾客参与早期产品发布的Beta测试，每年节省了数百万美元的研发费用。苹果、乐高和美国宇航局等多个企业和组织也利用顾客和供应商的创造力追求开放式创新模式，利用群众的力量以极短的时间且低成本地解决棘手的商业问题，有时甚至是困难的科学问题。[2]数字化共创的另一种形式是通过众包信息改善产品质量。以谷歌于2013年用近10亿美元收购Waze为例，这是一款利用移动设备的GPS信息进行导航的应用程序。[3]软件利用司机实时共享的交通和路况信息（如事故或其他道路隐患）更

1 Prahalad，Ramaswamy（2004）.

2 Lakhani，Lifshitz-Assaf，Tushman（2013）.

3 参见 United States Securities and Exchange Commission（2019，p. 19）。

新推荐路径，从而使用户更快地到达目的地。Waze基于网络的商业模式具有巨大且直接的正网络外部性：在任何给定的时间内，使用应用程序的用户越多，导航越准确，就会为全体利益相关者创造更多的价值。

商业模式通过对价值创造和价值获取的综合、整体且平衡的考虑（见第一章和第二章），再次让顾客和其他利益相关者（如供应商和战略合作伙伴）受到关注。与其他形式的创新（如产品或流程创新）不同，商业模式创新很少起源于技术突破，而是由"新商业模式会满足哪些顾客需求"[1]这一问题开始（见第四章）。这种以顾客（及更普遍的利益相关者）为中心的观点表明其与设计领域和市场营销领域的重要关联（见第五章和第六章）。市场营销中已提出一项重要构想，即中心企业的当务之急是吸引足够多的顾客和其他利益相关者。这是价值主张中的内容。事实上，管理者和投资者转而将价值主张视为创造比较优势、扩大传统战略关注的企业范围及进入选定细分市场的模式与时机的关键考虑要素。但商业模式背景下的价值主张是什么呢？

1　Amit，Zott（2012，p. 45）.

商业模式与价值主张

　　有关市场营销的文献表明，针对顾客的价值主张"解释了产品的性能、满足顾客需求及顾客生命周期中顾客的总成本之间的关系"。[1]换言之，它反映了顾客从中心企业试图满足需求的过程中得到的净收益。基于"任何成功的战略背后必然有强大的价值主张做支撑，该价值主张清晰简明地阐述了企业将提供的有形与无形益处，根据此益处，它将向每位顾客收取大致相同的费用"的观察，早期定义将价值主张与中心企业的战略和绩效相关联。[2]这与战略学家提出的逻辑一致，战略学者认为，向顾客兑现的价值主张等于顾客的

1　Payne，Frow（2005，p. 172）．
2　Lanning，Michaels（1988）．

支付意愿减去产品或服务的价格。[1]

基于上述观点，考虑到构建可持续性商业模式的中心企业不仅需要为顾客提供价值主张，还需要为商业模式的全体利益相关者提供价值主张，我们对价值主张做出如下定义：

价值主张是一种中心企业做出的假设，即除去利益相关者承受和/或感知到的任何成本，中心企业为满足利益相关者需求创造了有形和无形的价值。

我们可以从这一定义中得出两个结论。首先，我们有意使用"利益相关者"而不是"顾客"。在商业模式中，中心企业需要为顾客、供应商及战略合作伙伴提供强大的价值主张，从而为全体商业模式参与者提供强大的合作激励。其次，价值主张是主观的而非客观的。[2]换言之，它们存在于观察者眼中，不同的利益相关者可能对相同的利益有不同的看法与评价。例如，忙碌的高管与退休员工对快速订单交付的重视程度会有所不同。在另一种意义上，价值主张也是主观的。其是基于中心企业的管理者对不同

1　参见 Brandenburger，Stuart（1996）。经济学家将为顾客创造的价值称为消费者剩余。
　　请注意，可以在不考虑成本的情况下定义价值主张，即利益相关者从中心企业处得到的
　　利益总和。例如，Osterwalder 和 Pigneur 指出，价值主张是"企业为消费者提供的利益
　　集合或利益束"（2010，p. 22），它"描述了顾客期待可以从产品和服务中得到的利益"
　　（2014，p. 6）。此外，可以将价值主张定义为利益相关者从中心企业处得到的独特价值（相
　　比他们从竞争对手企业获得的价值）。按此设想，可以将其视为"与竞争对手相比，只
　　有中心产品才能获得的独特利益和效用"（DeSarbo，Jedidi，Sinha，2001，p. 845）。
2　在这一方面，Vargo，Lusch（2004，p. 11）指出："企业只能提供价值主张；消费者必
　　须在合作生产的过程确定价值并参与创造价值。如果有形商品只是产品的一部分，那么
　　它包含对目标消费者具有潜在价值的知识，但它不包含价值（效用）。消费者必须明白，
　　通过合作可以将价值潜力转化为特定的需求。企业只能提出比其他竞争对手更好或更有
　　吸引力的价值主张。"

利益相关者的主观效用函数[1]所做的主观假设。

利益不仅可能来自核心产品或服务及相关特征，也可能来自支持产品或服务开发、生产和交付的商业模式。前文已经介绍了产品和商业模式之间的区别（见第四章），同时，相关价值主张间的区别也不难理解。例如，吉列剃须刀用户的价值主张与吉列廉价剃须刀和昂贵的消耗性刀片商业模式的价值主张不同，但又互补。

再如2015年成立的中国电商平台拼多多。成立仅仅四年，该平台全年交易额达1175亿美元，拥有5.362亿名活跃用户及360万个商家。[2]它使用一种全然不同于其他中国领军电商平台（如京东和阿里巴巴旗下的淘宝）的商业模式实现了这种规模。用户使用流行的社交网络平台（如微信）拼团，从而解锁团购价格。他们喜欢抽奖、免费产品和通过其他方式（邀请好友）得到的有趣奖励。从廉价商品到杂货和家电等各种物品都由制造商直销。这一点与该平台大量的"病毒式"特征共同为买家带来大幅折扣。许多"拼多多"用户身处偏远的农村地区，大多数用户来自中国三线及以下城市。[3]其商业模式的价值主张显然与通过平台销售单个产品的价值主张不同。

然而，可能更难区分服务的价值主张与商业模式（支持该服务的商业模式）的相关价值主张。为了突出这一分别，让我们思考一下经济合作与发展组织（OECD）对服务的定义："服务是按订单生产的产品，不能与生产分开交易。服务不是可以建立所有权的独立实体。它们不能与生产分

1　消费者效用函数测量了消费者对一项产品或服务的满意度。效用函数捕获了消费者对一揽子产品和服务的偏好排序，即消费者选择一种产品/服务而非另一种的顺序。

2　Pinduoduo Inc. website.

3　Lee（2018）.

开交易。"这是于19世纪早期法国经济学家让·巴蒂斯特·萨伊做出的定义。[1]

使用这一定义可以让我们突出服务的价值主张与基础商业模式（支持该服务）的价值主张之间的区别。它们共同构成了对顾客的总价值主张（见图8.1右上角）。

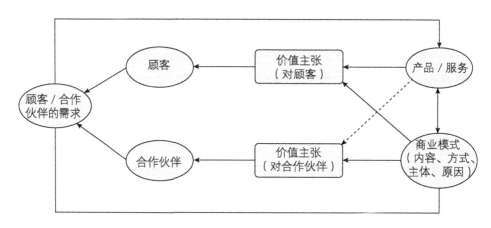

图8.1　产品和商业模式的价值主张

以饭店的送餐服务为例。饭店有两种基本的商业模式可供选择。它可以自己配送（内部送货）或与Uber Eats这样的送餐服务机构合作。服务的价值主张（由于无法将生产和消费分开）在很大程度上独立于使能商业模式的具体情况：通常顾客看重由友好的送货员按时提供的热腾腾的美味饭菜，这并不取决于具体由谁送餐。然而，商业模式能够给顾客带来额外的好处。例如，Uber Eats是优步忠诚计划Uber Rewards的一部分。用户可以用在这一项目中获得的积分兑换优步提供的其他服务（如乘车服务）。在本案例中，可以将顾客通过商业模式（忠诚积分）受益的产品与消费区别

1　"Of Immaterial Products, or Values Consumed at the Moment of Production," in Say, *Treatise on Political Economy*, 1803.

开来。

同样，亚马逊向顾客提供亚马逊信用卡，从而使其以相同的价格进行网上和实体店购物（换言之，这是一个无论顾客使用线上还是线下渠道，零售服务的价值主张都相同的案例），并获得忠诚积分，以后在亚马逊网站购买任何产品时，该积分都可以抵现。同样，商业模式的价值主张是不同的，它改善了有关服务的价值主张。

再以航空运输为例。如果一家航空公司提升了商务舱食物的品质，它就在未对基本商业模式进行任何重大变革的情况下，强化了与核心服务（从地点A到地点B的航空运输）有关的顾客的价值主张。然而，如果航空公司从另一家企业租用飞机，而不是操作自己的飞机，那么这代表一种通常不会影响核心服务（提供从地点A到地点B的准时航空运输）的商业模式变革。然而，对于一些乘客而言，变革可能会影响体验。例如，他们可能会认为租用的飞机质量欠佳、安全性不足，并且可能会改变总价值主张。因此，本案例中，商业模式的价值主张可能会削弱服务的价值主张。

然而，很多情况下，商业模式的价值主张是服务价值主张的一个组成部分（因此无法与之分开）。以新兴的网约车行业为例。在来福车这样的企业，乘客可以享受基本的交通服务（与乘坐老式出租车大体相同），但同时他们也会从服务中的附加信息（如关于司机在任何时间点的位置及他们还要多久才能上车），以及省时省事的方便付款流程中获益。来福车商业模式带来的这些额外益处不仅增强了基本服务的价值主张，而且是服务中不可或缺的部分。与其他交通方式相似，它们边生产边消耗。

图8.1表明商业模式设计者不仅需要仔细思考顾客的价值主张，还需要谨慎考量合作伙伴的价值主张。在商业模式中，开展活动的伙伴也有自己

的需求。中心企业需要以明确清晰的价值主张回应需求。价值主张来源于商业模式（如图8.1中从商业模式到价值主张的箭头所示）。在某种程度上，价值主张也源自交付给顾客的产品或服务，即便合作伙伴并未从中获得使用价值。当顾客认为产品优于其他全部可用的替代品时，这预示着产品的需求将持续强烈且稳定（如图8.1中从产品/服务到价值主张的虚线箭头所示，它之所以是虚线是因为作为对顾客价值主张的这一功能，该连接是间接的），这会显著激发合作伙伴参与商业模式的热情。

第二节

价值主张的正式模型

正如图8.1所示，商业模式需要为全体利益相关者提供价值主张，而不只是顾客或中心企业。它直接提供（正如图8.1中从商业模式到价值主张间的箭头）或通过商业模式支持的产品或服务间接提供（正如图8.1中从商业模式到产品/服务的箭头，及从那里再到价值主张）。根据我们的定义，价值主张是对利益相关者的价值创造承诺。因此，商业模式需要面向总价值创造，这是对全体利益相关者的价值创造（也可以参见第一章，特别是关于这一点的图1.5）。为了更好地理解这一概念，及价值创造与价值获取之间的区别，我们需要思考包括商业模式（含一家中心企业、一位顾客及一个供应商）总价值创造的简单模式。

图8.2中的直线表示该模式创造的总价值。每位参与者

（企业、供应商、顾客）都能从创造的总价值中获得特定的价值，这是有关个人议价能力的函数。顾客份额是获取的价值，等于顾客的支付意愿减去支付的价格。同样，中心企业份额是其设法获取的价值，等于顾客支付的价格减去付给供应商的成本。最后，供应商份额是其获取的价值，等于企业支付的价格减去供应商的机会成本。这个简单的模式已经定义了四种"基于价值"的方式。第一种方式是提升顾客的购买意愿（如采用经典的差异化策略）。第二种方式是降低供应商的机会成本（如降低供应商与中心企业合作的成本）。第三种方式是降低顾客对于竞争企业产品的支付意愿（如创造转换成本）。第四种方式是增加供应商与其他企业合作的机会成本（如通过为供应商创造转换成本）。[1]简单商业模式下的总价值创造见图8.2。

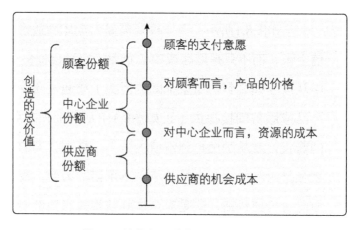

图8.2 简单商业模式下的总价值创造

资料来源：改编自Brandenburger A. M.，Stuart H. W.，Jr.，"Value-based Business Strategy,"*Journal of Economics & Management Strategy*, 5(1), 1996, pp.5-24。

---

1 资料来自 Brandenburger，Stuart （1996）。

商业模式如何改善价值主张：NICE价值驱动因素

考虑到产品或服务与商业模式的价值主张之间的区别，我们现在对商业模式的价值主张进行更深入的探索。作为一个活动系统，"设计主题"（指系统主导的价值创造驱动因素）表征了商业模式。设计注重主题实际元素的组合，或以不同主题组合和连接设计元素的程度。概念和实证研究表明，组合和连接活动系统元素的常见设计主题包括新颖性（N）、锁定性（I）、互补性（C）和高效性（E），故简写为NICE。[1]NICE价值驱动因素代表商业模式的价值主张，商业模式可以有一个及以上的价值驱动因素。下面我们将详细阐述这些价值驱动因素。

---

1 Amit，Zott（2001）.

新颖性

以新颖性为中心的商业模式设计的本质是开展新活动（内涵），以新方式连接活动（结构），以新方式治理活动（治理）和/或以中心企业以新方式商业化活动系统（价值逻辑）。正如第四章所示，最初专注于设计和生产创新性硬件（如个人计算机）的苹果就是一个典型案例。通过开发iPod及相关的音乐下载业务iTunes，苹果成为第一家将音乐发行作为一项活动（内涵新颖性），以与iPod软硬件开发（结构新颖性）相关联的电子企业。苹果还通过向商业模式中加入数字音乐发行活动，创新了商业模式的价值逻辑，从iPod的销售和使用中获得收入，即从音乐的数字发行中获得收入。这一案例说明苹果将创新核心由产品扩展至商业模式。

熊彼特将创新定义为引入新产品或服务，采用新生产方法、新资源配置方式或新组织以及开辟新市场。[1]然而，这种定义并未刻画出商业模式创新的本质。具体来说，它没有抓住企业引入的商业模式创新，如优步或奈飞，点对点平台企业LinkedIn、eBay和Match，市场交易企业亚马逊。这些企业的创新都发生在商业模式层面，而非产品或服务层面。这些企业都创新了经营业务的方式。因此，对于这些企业和许多其他企业而言，除产品、服务或流程创新外，商业模式创新成为关键。新颖性成为一个重要的价值驱动因素。

虚拟市场的独特属性（消除地理和实体限制，可能会逆转从顾客到卖家的信息流，及其他新颖的信息捆绑和传输技术）使商业模式创新有无限可能性。尽管对于一组给定的活动会有大量可能的商业模式结构，但并不是每一种组合都可以产生经济效益。

数字企业可以通过新颖的方式将宝贵的互补产品或服务整合至商业模

1　Schumpeter（1934）.

式中，发现潜在的价值来源。商业模式创新的一个维度是选择合适的参与主体。如企业可以通过与第三方发起联盟项目引导和增加网站流量，作为回报，第三方可以在自己的网站上完成交易。

对于商业模式创新者来说，其有显著的先发优势。其以新颖的商业模式率先进入市场，通过抓住"注意力"、提升品牌知名度和声誉，可以更快且更廉价地创造转换成本。商业模式创新者还可以通过学习数据分析方法和积累专有知识获益，抢占稀缺资源。

锁定性

商业模式也可以设计为具有锁定性的，即保持顾客和合作伙伴等利益相关者参与商业模式。锁定性可以表现在转换成本或源自活动系统结构、内涵和/或治理的网络外部性方面。例如，在eBay的商业模式中，顾客（卖家）进行大部分的市场营销和销售活动（如拍摄和描述在售商品）。他们被eBay的哪里吸引？什么eBay激励他们进行这些活动？什么阻止他们转向其他服务提供商？可以说，一个非常重要的原因就是eBay活动系统内在强大的正网络外部性。基于强大的潜在顾客基础，卖家在eBay上会比在其他地方更可能以诱人的价格进行交易。这就是他们总会回来的原因，他们被锁定了。这同样适用于Facebook或LinkedIn等网站。除了享受以友谊为基础的网络外部性外，Facebook用户通常会花费大量精力个性化个人资料。这些投入形成了其转向其他供应商的巨大障碍。

商业模式的价值创造潜力还取决于它能够激发顾客进行重复交易的程度，也可以将这一特征描述为商业模式的"黏性"或"锁定性"。它防止顾客转向竞争对手，并通过重复交易增加交易量。

商业模式可以通过以下几种方式留住顾客。第一，企业可以制订奖励回头客特别奖金的忠诚计划。该计划类似于航空公司的常客奖励计划和连锁酒店的忠诚计划。第二，企业为商业过程、产品和服务开发一套占主导地位的专有设计标准（如亚马逊的专利购物车）。第三，企业可以与顾客建立信任关系，如为顾客提供安全且可靠的交易（由独立且高度可信的第三方保证）。例如，Zopa通过与两家知名信用评级机构（Equifax和Callcredit）合作来提高贷款筛选过程的可信度。

转换成本可能包括网络用户根据需求在完成定制产品、服务或信息后转换至其他企业的成本。商业模式中的企业通常会使用特定方法提供个性化商品、信息及服务，从而增加转化成本。这些方法可能需要以下能力：设置个性化产品清单或直接打广告，分析提交的顾客信息，使用cookie，分析点击流，分析、创建个性化界面，面向电子邮件并以网页上的交叉销售为目标。此外，创建虚拟社区将参与者绑定到特定的商业模式中。在这样的社区中，可以就广泛的话题进行频繁的互动，从而产生忠诚度并提高交易频率。

顾客对网站或应用程序界面设计的熟悉是其进行学习的结果，从而组织顾客转换至其他网站。当显现定制功能（如很多电商网站的标准功能"一键下单"）时，这一理由更加有力。过滤工具也能实现个性化，这些工具比较兴趣点相同的顾客的购物模式，并根据推理出的偏好进行推荐。顾客与系统的互动越频繁，匹配出的结果就越精准。因此，顾客有强烈的动机使用该系统。这创造了一个正反馈循环。[1]在我们探讨商业模式时，应当注意，可能是网络效应带来了与日俱增的收益和积极反馈。[2]

数字商业模式将参与交换的各方连接起来，故可以将其视为网络制造

1　Arthur（1990）.
2　Katz，Shapiro（1985）；Shapiro，Varian（1999）.

者。网络可能表现出外部性，即一方的生产或消费活动会影响网络内其他主体的生产或效用函数，该影响并未通过价格机制传导。网络外部性通常被理解为正消费外部性，即"用户在消费中获得的效用会受益于其他消费者的行为"。[1]此后，在讨论网络外部性时，我们只讨论消费外部性。在商业模式中，当为顾客创造的价值随顾客基数的扩大而增加时，网络外部性就显现出来。以即时通讯应用WhatsApp为例，每位WhatsApp用户都受益于庞大的WhatsApp用户数量。

经济主体从另一组主体的正反馈回路中获益时，可能产生间接的网络外部性。以eBay等的商业模式为例，正如前文在讨论eBay时所提到的，这些拍卖网站的用户不会因其他买家的存在而有任何即时优势。然而，更多的买家（代表当下和未来市场的流动性）会吸引潜在的卖家将产品放在特定的网站上销售，从而增强网站对潜在买家的吸引力。因此，买卖双方都会间接受益于其他买卖双方数量的增加。另一个能够证明这种间接网络外部性的案例是相亲网站，如Match.com。网站上的女性越多，对男性的吸引力就越大，更多的男性越有可能加入其中。反过来，这也增强了网站对女性的吸引力，因为网站上有更多的男性可供选择。

可以将间接的网络效应归因于构成商业模式的网络的主要组成元素间的互补性。[2]在拍卖商业模式中，买卖双方是网络的互补部分。在这里，创造的总价值是网络规模的直接函数。

尽管一些商业模式（如围绕在线社区和拍卖的商业模式）比其他商业模式（如主要关注直接在线销售的商业模式）更可能展现重要的网络外部性，但可以设计电子商务商业模式以利用这种锁定机制的红利。例如，亚

1　Katz，Shapiro（1985，p. 424）.

2　Economides（1996）.

马逊已向商业模式中加入了一些社区功能。[1]此外，它通过允许顾客撰写产品评价，创建了一个"利益共同体"。某些网络游戏甚至会产生更强的网络效应，在这些游戏中，顾客能够在复杂的虚拟环境中交流。一个突出的案例是魔兽世界（MMORPG），这是一款大型多人在线角色扮演游戏，个人玩家扮演虚拟角色。通过扮演的角色，玩家可以探索虚构的艾泽拉斯星球，获得装备并与其他"角色"互动（包括交易）。随着玩家数量增加，他们致力于构建一个更加复杂和有趣的线上社区，从而增强游戏的吸引力。

新颖性和锁定性是商业模式四大价值驱动因素中的两个，它们以两种重要的方式连接。首先，商业模式创新者在吸引和留住顾客方面具有优势，尤其当与强大的品牌结合时。其次，首次进入是在回报递增的市场中取得成功的必要前提。先行者处于有利位置，可以启动源自网络外部性的正反馈动态，并先于其他人获得大量供应商和/或顾客。 在"赢家通吃"的市场中，抢占先机至关重要。

互补性

当把系统中的活动捆绑到一起比单独运行更有价值时，就存在互补性。[2]例如，商业银行中，"跨村挪动"是补充银行贷款活动的重要资金来源。以制药行业为例，创新生物技术企业进行的研发为大型制药企业的营销活动提供了药物来源。类似地，在钻石业务中同时进行抛光和分销活动是有好处的，因为它使企业能够根据每个细分市场的需求定制钻石。

---

1 Kotha（1998）.
2 Teece（2000）.

当商品组合提供的价值大于单独拥有每件商品的总价值时，也存在互补性。战略学者已经强调向顾客提供互补性产品的重要性。[1]"如果顾客使用其他主体的产品比单独使用你的产品而更重视你的产品，那么该主体是你的互补者。"[2]

企业可以通过向顾客提供互补性产品或服务组合挖掘进行价值创造的潜力。这些互补性商品可能会体现垂直互补性（如售后服务）或水平互补性（如一站式购物），这通常由合作企业提供。它们通常与企业商业模式支持的活动直接相关。例如，欧洲在线旅游网站ebookers支持顾客访问天气信息、货币汇率信息和免疫门诊信息。这些服务提升了核心产品（机票和度假套餐）的价值，方便用户通过ebookers预订旅游度假套餐。

类似地，线下活动能够补充线上活动。网购顾客可能会看中能否在实体零售店享受售后服务，包括能否退换货。这种线上与线下业务间的互补性是"点击式"商业模式的精髓。如Zara等服装零售商的顾客可能会在网店购买衣服，但如果不合身，则将其退回实体店。

商业模式还可以通过利用活动间的互补性（如整合供应链）与技术间的互补性（如将一位商业模式参与者的成像技术与另一位商业模式参与者的互联网通信技术连接起来）创造价值，从而释放新的价值。

信息技术提高了效率，为互补性的协调和有益探索铺平了道路。当激励机制一致时，即当中心企业与合作伙伴一起工作好过单独工作时，将不同企业执行的活动一并整合至中心企业的商业模式将带来更多经济效益。

---

1 可以依据投入和产出定义互补性，即根据企业利润函数的决定因素进行定义。如果提高一个投入变量的水平会增加另一个投入变量的边际收入，那么良好的（凹的、连续的和两次连续可微的）利润函数在投入中是互补的。参见 Milgrom，Roberts（1990，1995）就 BMI 策略相关互补性进行的讨论。

2 Brandenburger，Nalebuff（1996，p. 18）。

通常，这种互补性会改善顾客的价值主张。顾客可以从互补性产品和服务中获益，通过更充足的信息，减少搜索成本并改进决策。例如，在线汽车搜索企业Edmunds.com集成了不同供应商提供的大量信息和相关服务。这增加了新车和二手车买主的利益，并且是激励相容的。

新颖性也与互补性相关。一些电子商务商业模式的主要创新是指交易内容的互补。在Cars.com这家提供给汽车买卖双方及互补性产品（如配件）、服务（如维修）供应商的在线平台上，新车和二手车的买卖双方都会从买卖与车相关的一系列互补性服务中获益。

高效性

以效率为核心的设计是指，企业旨在通过对活动系统的设计实现更高的效率。以效率为核心的活动系统致力于降低交易成本。例如，中心企业可能决定垂直融入活动中，以免被有动机利用相互依赖情况的交易伙伴约束或考虑相反的情况。在这种情况下，企业设法标准化系统中活动间的接口，从而通过将一些活动外包给第三方降低交易成本。这解释了印度业务流程外包行业崛起的原因。在印度，塔塔咨询服务公司（Tata Consultancy Services，TCS）、威普罗（Wipro）和印孚瑟斯（Infosys）等公司在全球拥有超过17.5万名员工和获得至少80亿美元的收入。另一个案例是美国企业First Data Corporation（于2019年7月被Fiserv收购），它为信用卡企业处理关键活动，如处理申请、授权信用额度或处理交易。First Data Corporation在118个国家拥有约24000名雇员，每秒处理2500多笔交易。[1]这些都是以效率为核心的设计案例，暗含对活动系统的治理。企业也可以通过活动系统的内容和结构来提高效率。一些廉价航空公司放弃了常规航空

1　2015 年数据参见 First Data website。

公司视为标准的活动（如机上餐食或座位分配），并改变了活动执行及与其相互关联的方式。

商业模式的交易效率越高，价值主张就越大。提高效率的方式有很多。一种方式是通过提供更新、更全面的信息，破解买卖双方的信息不对称问题。改进的信息也会降低顾客的搜索和议价成本；促成做出更快、更明智的决策；通过降低营销成本可以提供更多低成本选择；改进库存管理方式；简化交易从而降低犯错的可能性；通过整合需求实现规模经济，从而让顾客从中受益；简化供应链；加快交易进程和订单的执行速度。改进信息带来的所有可能性对供应商和顾客有利。在有效的商业模式中，营销和销售成本、交易成本和沟通成本也都会下降。

在高度网络化的行业中，效率的提高是有据可查的。例如，一项对高度网络化的日本企业的研究表明，除了其他因素外，信息流动和解决信息不对称问题对于降低与专业资产相关的潜在交易成本很重要。[1]更普遍地说，信息技术会减少协调和执行活动的费用。这些观点可能与数字商业模式带来的效率提高有关。

高效性与新颖性价值驱动因素之间存在重要的关系。新颖的活动（内容）可能会造就商业模式的某些高效特性。例如，欧洲企业Artnet.com采用的商业模式支持在线拍卖艺术品，通过维护和完善顾客可用的全面交易数据库（包括价格信息），解决艺术品买卖双方的信息不对称（传统上严重低效性的来源）问题。在艺术品拍卖行业，这种允许拍卖参与人将当前价格与历史价格进行比对的信息服务具有新颖性，提高了商业模式的效率。新颖的商业模式结构也能提高效率，即现有商业模式中的小规模重组可能会实现效率的显著提升。

1　Dyer（1997）.

高效性这一价值驱动因素有助于强化锁定性。商业模式的高效性有助于吸引和留住顾客与合作伙伴。为既有及潜在合作伙伴提供的相关利益越多，他们追随及加入商业模式所构成的网络的动机就越强。网络效应固有的递增收益属性会放大其所提供的相对利益，从而触发正反馈动态。

反过来，当商业模式创造锁定性时，其效率也会得到提高。例如，很多零售平台允许买家评价卖家。这一功能增加了买家对交易公平性的信任，从而提升了其对商业模式的黏性。这一功能还为重复卖家不进行欺骗行为提供巨大的激励，这明显提高了商业模式的效率。此外，商业模式强大的锁定性潜力预示着这将产生海量的业务，这会激励知名合作伙伴开展互补性活动。

总之，新颖性、锁定性、高效性和互补性之间存在重要的关系。在很大程度上，这四个价值驱动因素的综合效应决定为商业模式中全体利益相关者创造的潜在价值（见图8.3）。

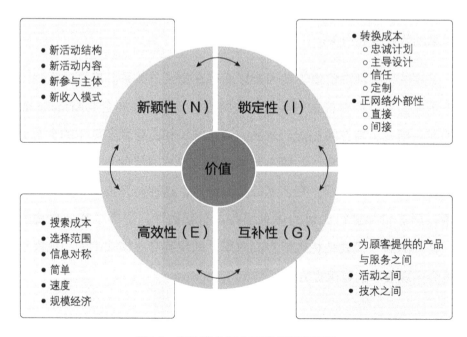

图8.3　商业模式的NICE价值驱动因素

第四节

从价值主张到价值获取

商业模式的价值创造是价值主张的来源，它以两种方式为中心企业的价值分配奠定基础。首先，它通过共同确定创造的总价值来实现，这是中心企业实现价值获取的上限。其次，商业模式还影响中心企业相对于其他商业模式利益相关者的议价能力。商业模式创造的总价值越多，中心企业的议价能力越强，中心企业就越有可能获取更多价值。[1]接下来，我们将更加详细地阐释这一逻辑，重点是新颖性价值驱动因素。

商业模式创新可能会增加企业家租金。[2]商业模式的利益相关者可能会在创新引入和扩散期间赚取垄断性租金。虽

1　Zott, Amit（2007）.

2　Rumelt（1987）.

然我们希望以新颖性为中心的商业模式设计会提高中心企业的绩效，但我们注意到商业模式的全体利益相关者都会获得企业家租金。为了预测以新颖性为中心的价值主张对中心企业绩效的总体影响，我们必须思考它们对中心企业价值获取能力的影响。这种能力取决于以下因素：（1）其他商业模式利益相关者的转换成本；（2）中心企业控制信息的能力；（3）其他利益相关者对中心企业采取统一行动的能力；（4）其他利益相关者的重置成本。[1]例如，其他商业模式利益相关者的转换成本越高，中心企业对这些利益相关者的作用越大，获取租金的能力就越强。

我们认为，平均而言，商业模式新颖性的提升不会降低创业型中心企业相对于其他商业模式利益相关者的事后议价能力。中心企业是创新者，商业模式是创新的核心。商业模式的新颖性越高，中心企业的顾客、供应商及合作伙伴的转换成本就越高，因为这可能不存在与中心企业做生意的现成替代方案。中心企业议价能力的其他决定因素不太可能在一个方向或其他方向上受到系统性影响。以新颖性为中心的商业模式设计不太可能削弱中心企业对其他主体的议价能力。因此，考虑到以新颖性为中心的商业模式设计对总价值创造和中心企业价值获取能力的积极影响，我们预计以新颖性为中心的商业模式设计会提升创业型企业的绩效。

1　参见 Coff（1999，p. 122）。

针对有效商业模式设计者的关键要点总结

在本章中，我们基于市场营销的文献定义了商业模式的价值主张。价值主张是一种假设，它描述了为商业模式利益相关者创造的价值（扣除产生的任何成本）。我们的定义再次强调为全体商业模式利益相关者创造价值的重要性。此外，我们建议商业模式的价值主张不同于产品的价值主张，但二者是互补的。然而，这可能很难将一项服务的价值主张与相关商业模式的价值主张区分开来，它们共同构成面向顾客的价值主张，与产品的价值主张补充商业模式的价值主张的方式相同。随着数字化在企业及供应商、顾客间建立新的联系，新的参与者越来越多地参与到积极的共同创造价值过程中，这体现在开放的商业模式中。

　　我们还提出了一个框架，扩展了单一企业、单一供应商和单一顾客的价值创造的基本模式。我们的框架描述了四个不同的价值驱动因素，它们可以以不同的方式进行强有力的结合，从而最大化为全体利益相关者创造的价值，可以将其缩写为NICE：新颖性（N）、锁定性（I）、互补性（C）及高效性（E）。例如，中心企业可以通过先发优势抓住新颖性价值驱动因素，并通过转换成本加以捍卫。锁定性是指商业模式留住关键利益相关者的能力。它可以表现为转换成本或网络外部性。商业模式可以通过忠诚计划、设计标准、信任或个性化等机制将顾客锁定。对于互补性，当商业模式中的活动组合增加了整体价值（相较于加总每个项目的独立价值）时，就存在互补性。最后，商业模式的高效性价值驱动因素反映了活动系统的设计如何降低交易成本，以相对较低的成本从高效性中获益的数字商业模式尤其清楚地体现了这一点。

参考文献

［1］Amit, R. & Zott, C. (2001). Value creation in E-business. *Strategic Management Journal* 22(6–7), 493–520.

［2］Amit, R. & Zott, C. (2012). Creating value through business model innovation. *MIT Sloan Management Review* 53(3), 41–49.

［3］Arthur, W. B. (1990). Positive feedbacks in the economy. *Scientific American* 262(2), 92–99.

［4］Brandenburger, A. M. & Nalebuff, B. J. (1996). *Co-Opetition*. New York, NY: Doubleday.

［5］Brandenburger, A. M. & Stuart, H. W., Jr. (1996). Value-based business strategy. *Journal of Economics & Management Strategy* 5(1), 5–24.

［6］Coff, R. L. (1999). When competitive advantage doesn't lead to perfor-mance: The resource-based view and stakeholder bargaining power. *Organization Science* 10(2),

119–133.

［7］DeSarbo, W. S., Jedidi, K. & Sinha, I. (2001). Customer value analysis in a heterogeneous market. *Strategic Management Journal* 22(9), 845–857.

［8］Dyer, J. H. (1997). Effective interim collaboration: How firms minimize transaction costs and maximise transaction value. *Strategic Management Journal* 18(7), 535–556.

［9］Economides, N. (1996). The economics of networks. *International Journal of Industrial Organization* 14(6), 673–699.

［10］First Data website.

［11］Katz, M. L. & Shapiro, C. (1985). Network externalities, competition, and compatibility. *American Economic Review* 75(3), 424–440.

［12］Kotha, S. (1998). Competing on the internet: The case of Amazon.com. *European Management Journal* 16(2), 212–222.

［13］Lakhani, K. H., Lifshitz-Assaf, H. & Tushman, M. (2013). Open innovation and organizational boundaries: Task decomposition, knowledge distribution and the locus of innovation. In A. Grandori (Ed.), *Handbook of Economic Organization: Integrating Economic and Organization Theory* (pp. 355–382). Northampton, MA: Edward Elgar Publishing.

［14］Lanning, M. & Michaels, E. (1988). A business is a value delivery system. McKinsey Staff Paper No. 14.

［15］Lee, E. (2018, July 26). The incredible rise of Pinduoduo, China's newest force in e-commerce. *TechCrunch*.

［16］Milgrom, P. & Roberts, J. (1990). Rationalizability, learning, and equilibrium in games with strategic complementarities. *Econometrica* 58(6), 1255–1277.

[17] Milgrom, P. & Roberts, J. (1995). Complementarities and fit strategy, structure, and organizational change in manufacturing. *Journal of Accounting and Economics* 19(2–3), 179–208.

[18] Osterwalder, A. & Pigneur, Y. (2010). *Business Model Generation: A Hand-book for Visionaries, Game Changers, and Challengers*. Hoboken, NJ: John Wiley & Sons.

[19] Osterwalder, A., Pigneur, Y., Bernarda, G., Smith, A. & Papadakos, T. (2014). *Value Proposition Design: How to Create Products and Services Customers Want*. Hoboken, NJ: John Wiley & Sons.

[20] Payne, A. & Frow, P. (2005). A strategic framework for customer relationship management. *Journal of Marketing* 69(4), 167–176.

[21] Pinduoduo Inc. website.

[22] Prahalad, C. K. & Ramaswamy, V. (2004). *The Future of Competition: Co-Creating Unique Value with Customers*. Boston, MA: Harvard Business School Press.

[23] Rumelt, R. P. (1987). Theory, strategy and entrepreneurship. In D. J. Teece (Ed.), *The Competitive Challenge*. Cambridge, MA: Ballinger Publishing.

[24] Say, J. B. (1803). Of Immaterial Products, or Values Consumed at the Moment of Production. In Clement C. Biddle (Ed.), (trans. CR Prinsep), *A Treatise on Political Economy; or the Production, Distribution, and Consumption of Wealth*, (from the 4th ed. of the French). Philadelphia,

PA: Lippincott, Grambo & Co, 1855. 4th–5th ed.

［25］Schumpeter, J. A. (1934). *The Theory of Economic Development: An Inquiry into Profits, Capital, Credit, Interest, and the Business Cycle*. Cambridge, MA: Harvard University Press.

［26］Shapiro, C. & Varian, H. R. (1999). *Information Rules: A Strategic Guide to the Network Economy*. Cambridge, MA: Harvard Business School Press.

［27］Teece, D. J. (2000). Strategies for managing knowledge assets: The role of firm structure and industrial context. *Long Range Planning* 33(1), 35–54.

［28］United States Securities and Exchange Commission. (2019, January 13). *Form Q-10 of Google Inc*.

［29］Vargo, S. L. & Lusch, R. R. (2004). Evolving to a new dominant logic for marketing. *Journal of Marketing* 68(1), 1–17.

［30］Zott, C. & Amit, R. (2007). Business model design and the performance of entrepreneurial firms. *Organization Science* 18(2), 181–199.

CHAPTER 9

第九章

评估现有商业模式与设计新商业模式——你的必备工具包

第一节

商业模式分析——为什么需要它

商业模式分析涉及一系列实践与工具，它们支持管理者：（1）精准定义当前商业模式的运作效果；（2）评估当前商业模式的优缺点及对企业绩效的影响；（3）设计、实施及评估创新性商业模式；（4）重新设计现有的商业模式。在本章中，我们将介绍一些文献中提出的最流行的商业模式分析工具，以及实践中被广为应用的商业模式分析工具。为此，我们借鉴了过去20年来的材料、现有的大量设计方法及具体的商业模式工具，如亚历山大·奥斯特瓦德（Alexander Osterwalder）、伊夫·皮尼厄（Yves Pigneur）的商业模式画布，圣加仑大学（University of St. Gallen）奥利弗·加斯曼教授等学者提出的商业模式导航 。[1]我们将这

---

1 参见 Gassmann，Frankenberger，Csik（2014）；Osterwalder，Pigneur（2010）。需要注意的是，其他学者也提出了有用的工具及分析框架，如 Afuah（2019）；George，Bock（2017）；Johnson（2010）。

些多样化的分析工具与本书中的商业模式框架及概念相连接。[1]

在前文中，我们提出的基本框架本身就是一个基本工具。例如，它有助于阐明和描述现有商业模式。虽然它看似只是一个简单的工具，但将其应用于实践中也是具有挑战性的。很多管理者很难具体说出企业的商业模式，同一家企业内的不同管理者对此持不同说法的现象也屡见不鲜。可以部分地将其归因为尚未明确术语"商业模式"的定义，及人们的不同理解。然而，即便存在一个达成普遍共识的高级定义（如将商业模式定义为活动系统），管理者可能还是会对企业的商业模式持不同观点。他们可能还是会发现很难精准深入地阐明企业的商业模式。当然，这使他们很难确定当前商业模式（具体是哪个模式？）的优缺点和/或提出一个更优的商业模式。因此，拥有一个框架，以足够的广度和深度清晰定义商业模式的各个维度和组成要素很重要。此外，为了更好地理解和阐明现有商业模式、更好地理解新设计的驱动因素从而指导和优化设计工作、切实设计并执行商业模式创新及评估新的和现有商业模式的优缺点，还需要额外的方法和工具来应用这一框架。本书将在下文中将讨论这些方法和工具。

1　本章的主旨是介绍一套适用于应用本书提出的概念和观点的基本工具和方法，并将其付诸实践。我们并非致力于详尽描述商业模式设计工具——这超出了本书的范围。确实，本章的主要价值在于帮助读者从该领域提供的许多工具和方法中识别出那些对进行商业模式创新真正重要的工具和方法。

第二节

用于理解与阐明商业模式的工具

正如我们在前文（特别是第一章和第四章）中所介绍的，商业模式创新是在系统层面实现的活动。它源自一个或多个商业模式关键维度的创新，具有系统范围的影响。如第二章所示，商业模式创新是一个新的创新层次。它是一种价值创造的全新来源，与产品、服务或流程创新不同但互补。在第三章中，我们也指出，商业模式创新不像其他更常规的商业模式创新方式那样容易被理解和关联。因此，为了充分挖掘潜质，管理者需要加强对商业模式创新力量的重视。在第六章中，我们认为这也是培养商业模式创新能力的重要先决条件。简言之，参与企业创新的管理者和员工需要采用商业模式思维（如何实现见第三章）。管理者还需要能够阐明企业的商业模式，从而进行更为深入的分析。为此，本节从宏观视角讲述商业模式的运作方式，详细阐述商业模式的不同维度，制表展示构成企业商业模式的主要活动之间相连的方式。接下来我们将详细解释这些内容。

"如何运作"的故事

作家Joan Magretta认为，商业模式是"解释企业如何运作的故事……有着精确刻画的人物（主体）、合理的动机（原因）、关于价值理解的情节（内容、方式）"。[1]在阐述这一观点时，她进一步解释说，"总之，创建商业模式非常类似创作新故事。所有新的商业模式都是所有业务潜在通用价值链的变体"。[2]价值链包括生产产品及与向顾客销售产品、服务或经验有关的所有活动（见第二章）。因此，以故事形式讲述的商业模式以活动为中心，类似于我们所构建的商业模式框架（第一章和第四章）。因此，将故事作为阐明商业模式的工具完全符合我们所认为的关键概念。

根据Magretta的说法，一个好的故事需要满足两个条件。第一，需要合乎情理。例如，它需要满足全体商业模式利益相关者的激励相容约束要求。第二，在为中心企业带来利润方面，结果应当是令人满意的。条件一是指我们在第八章中所说的价值主张。它表明针对商业模式中任何特定利益相关者的价值主张都必须足够强大，从而促成"合作"。只有这样，这个故事才合乎情理。条件二是指我们在第一章中提到的商业模式价值逻辑，它体现在"原因"方面。更准确地说，为什么商业模式创造了价值？为什么它增加了中心企业的价值获取？如果中心企业的价值逻辑不具有说服力，那么这个故事也不能为人所信服。最终，以营利为目的的中心企业

1　Magretta（2002，p. 87），括号中的术语。
2　Magretta（2002，p. 88）.

应该通过商业模式提升价值（或实现价值创造的目标，如非营利性的非政府组织或社会企业）。

Priceline WebHouse Club是一个"违背"这些条件的有关商业模式的案例。如第二章所述，Priceline WebHouse Club将颠覆性的"自订价格"拍卖机制引入航空旅游业。受商业模式早期好评如潮的鼓舞，企业管理层积极将这一概念从旅游业推广至其他行业，如食品杂货与汽油行业。他们的想法是成为消费者与消费品品牌之间的有力中间人。他们讲述的故事大致是这样的：[1]

通过我们的互联网平台，数以百万计的消费者告诉Priceline WebHouse Club愿意为特定商品支付价格，比如，一罐花生酱。顾客确定价格而非品牌。然后，Priceline WebHouse Club汇总出价，并与宝洁等企业接洽以达成交易：把你的产品降价x%，那么我们将在本周订购100万件。这是一个三赢的计划：消费品品牌会受益于大幅增加的销量，消费者会受益于更低的价格，WebHouse Club会从中赚取一笔可观的服务费。

这就是该商业模式的故事。不幸的是，由于忽视了曾经对品牌忠诚度投资的重要性，这个故事严重误判了品牌所有者的价值主张。Priceline WebHouse Club模式假定顾客只在意价格。因此，这极易破坏品牌忠诚度，严重削减品牌所有者的实际价值主张。由于品牌所有者拒绝合作，因此无法实现商业模式假定的价值逻辑。Priceline WebHouse Club不得不对折扣进行大额补贴，最终耗尽了资金。

正如本案例所示，故事可以是阐述、交流及采纳（或拒绝）商业模式的好工具。具体来说，讲故事工具应承担以下任务。

---

1 参见 Magretta（2002，p. 90）。

工具一："如何运作"的故事 写一段有关商业模式如何运作的故事。在故事中，解释主要开展的活动、开展主体及开展顺序。同时，解释新商业模式的逻辑、合理性与意义。价值创造的主要来源是什么？顾客和合作伙伴的价值主张是什么？它们是否足够强大？你最终赚钱的方式和理由是什么？

作为描述商业模式的工具，故事还是学习其他企业（如竞争对手）商业模式的有效方法。特别是，基于商业模式创新的新创公司通常会在网站上解释故事（如在"关于我们"的标签下，你会找到一个解释"运作方式"的标签）。例如，前文中提到的英国金融科技企业Zopa就在网站上有一个简短的介绍视频。这个视频的标题是"在90秒内了解Zopa"，其将Zopa的商业模式分解为简单易懂的术语，并采用解说和色彩鲜艳的图形动画形式。

详细阐述商业模式

在全面且简洁的商业模式故事的基础上，进一步深挖并阐述商业模式的不同维度十分有用。在这种更细致的阐述和理解方式中，分析者条理清晰地剖析不同维度，聚焦具体部分，而非将商业模式视为一个整体（当分析者撰写商业模式故事时），当然，这也就失去了全局视角。这是为什么详细阐述商业模式这一步骤应该在讲完"如何运作"的故事之后进行，或额外进行补充。

工具二：详细阐述商业模式 描述商业模式的内容、方式、主体及原因。

什么是商业模式的关键活动？

- 销售了什么：产品？服务？产品和服务组合？具体针对哪一部分顾客？

- 需要哪些活动来生产并向顾客交付产品？哪些是关键活动？

- 这些活动需要哪些资源和技能予以支持？

模式创造和传递的顾客体验如何？

- 采用系统视角并描述活动的顺序。

- 活动之间的关键联系是什么？通过哪些渠道接触顾客？

- 模式中包含的哪些动态反馈循环支持了解顾客的偏好并做出反应？

谁是新模式的关键利益相关者？

- 哪些主体（包括顾客）执行哪些活动？

- 哪些活动是在"内部"执行的？

为什么商业模式能够创造和获取价值？

- 商业模式转变的主要逻辑是什么？

- 对顾客和其他关键利益相关者的价值主张是否符合该逻辑？它们足够强大吗？

- 价值逻辑和相关价值主张是否将中心企业与其竞争对手区别开来？

- （在以营利为目的的企业中）中心企业获得了多少价值？其是否足以获得可观的收入？

活动图

一张图胜过千言万语。与这一传统认知相一致，将整个活动系统用图的形式展现出来十分有用，我们称其为活动图。在活动图中，商业模式的关键活动（内容）以方框的形式表示。每个方框都口语化地描述了各自的活动，最好使用动词来表示这个活动。方框间的箭头代表活动之间的联系与顺序，因此，它们代表商业模式的结构（方式）。可以使用不同的颜色表示每项活动的主体，即由谁开展这项活动（主体），如中心企业使用绿色，顾客使用黄色，不同深度的红色代表不同的供应商等。尽管理想情况下价值逻辑应当是不言自明的，但也可以用文本的形式将其写入图中。将活动图视为一个整体应该有助于更好地认识活动系统背后的关键理念。

以成立于1995年9月的eBay为例。这是一家将二手商品的买卖双方联系在一起的线上个人对个人拍卖平台。拍卖持续1天、3天、5天、7天或10天。如今，eBay还为一些商品提供更传统的固定价格销售模式。2002年，eBay收购了支付服务商PayPal；尽管2015年PayPal再次从eBay中分拆出来，但它仍然是可用的支付方式。为了售卖商品，用户需要在线注册账号，提供个人信息即信用卡或银行账户号码，并接受eBay的免责声明和规定。只需支付少量费用，卖家就有权参与拍卖，在eBay上展示并描述商品。他们设置拍卖时长、最低出价水平、可选择的拍卖底价。相似地，买家也需要在出价之前提供一系列个人信息。买家使用竞价功能向eBay发送其愿意为某件物品支付的金额。拍卖结束时，出价最高者会收到中标的邮件提醒，然后开始处理付款等事项。自动提醒为卖家提供了买家的邮箱地址，这样的话，双方可以讨论配送和付款的细节。

eBay合作伙伴网络这一附属计划提高了eBay的知名度，并为附属企业带来了利润。合作伙伴推广链接，将相关网站引流至eBay（亚马逊有一个类似的计划，博主和其他网站所有者推广亚马逊的产品并进行引流，从而得到小额服务费）。图9.1展示了如何使用活动图直观地描述有关eBay商业模式的所有信息。[1]

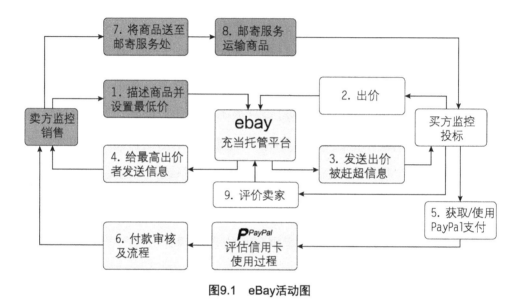

图9.1　eBay活动图

工具三：活动图 通过方框（内容）、方框间的箭头（方式）、方框的不同颜色（主体）及必要的额外成本（原因）实现商业模式可视化。

1　Amit，Zott（2002）.

第三节

用于构建设计工作的工具

基于第五章对战略设计驱动因素（或者，它们还指设计前提）的详细讨论，我们介绍了一系列可以用于设计创新性商业模式的工具。具体来说，为了确定顾客的目标与需求，管理者可以制定一份问题说明或调查问卷。此外，为了确定现有模板，他们可以从现有商业模式模板（甚至是不同行业的模板）中汲取灵感。接下来，评估外部环境、利益相关者活动及可用资源，有两个重要的工具可供管理者使用：环境（PEST）扫描（指对企业经营环境进行战略经济社会技术要素分析，译者注）、资源和能力扫描。下面将详细介绍五种工具。

顾客的目标与需求

商业模式设计与创新高度相关。商业模式设计者需要

商业模式创新指南
战略、设计与实践案例

理解顾客的目标和需求（可以被表述为问题），从而提出强有力且具有创新性的解决方案。这与设计者作为创新者解决定义不明确的问题的观念一致，他们试图找到可行的新方案。"如果可以在现有的系统内找到解决方案，就没有进行设计的必要。因此，设计者必须超越现有系统。他们的任务是创造一个不同的系统或设计出一个新的系统。"[1]

为此，确定强有力的问题至关重要。但不幸的是，很多企业，特别是大型老牌公司，在寻求创新的过程中过于注重找到新的解决方案。因此，他们很少花时间自问真正应该为顾客解决了哪些问题，及这个潜在的问题是否真的是最需要解决的。爱因斯坦曾说过："如果我有1小时来解决问题，那么我会用55分钟来思考这个问题，然后用5分钟来思考解决方案。"[2]虽然这可能有些夸张，但这句话体现了深刻的智慧，可能努力思考要解决的问题至少与试图找出解决方案同等重要（如果不是更重要）。显而易见，如果为一个低水平问题找到了一个卓越的商业模式解决方案，或者制定了一个多少带有假设性的商业模式解决方案但并未真实地描述顾客现有的需求与目标，那么将浪费大量时间、金钱及付出。因此，从切实可行、清晰的初始问题开始，并随着时间推移不断对其进行完善至关重要。在此背景下，设计者也谈到"问题空间与解决方案空间的共同进化"。[3]随着时间的推移，当他们测试新解决方案时，他们学会更好地理解问题，这反过来又使他们改进解决方案等。

因此，我们提出一个简单但是重要的工具——问题陈述。该工具假定

1　Banathy（1996，p. 20）.
2　尽管这句话常被认为是爱因斯坦说的，但 Quote Investigator 网站表示，实际上，他从未说过这句话。
3　Dorst，Cross（2001），引自 Dunne（2018，p. 19）。

商业模式创新项目发生在中心企业内部，项目发起人（如中心企业的首席执行官）或创新团队负责推进项目。

工具四：问题陈述 （1）根据项目发起人的要求，什么是创新团队应该解决的问题？（2）经过深思熟虑及对要求进行解读，根据创新团队的理解，应该解决哪些问题？（3）如果（1）和（2）之间存在矛盾，那么该如何协调？制定一份整合后的初始问题陈述吗？（4）从第三方得到对该陈述的反馈：它可以如何进一步完善？

一份有力的问题陈述应具备以下特征：（1）关注关键的商业模式利益相关者，特别是顾客而非中心企业；（2）将顾客视为个人，思考所有目标、人类需求、欲望及动机；（3）对顾客来说，这是一个重要且有意义的问题；（4）宏大但可行（如能够以符合经济理性的方式解决）。我们可以将最初的问题陈述作为起点。由于很少有问题陈述会完美地具备上述四个特征，因此需要进行完善、改进，有时在商业模式设计的早期阶段需要进行全盘修改。这一过程被称为问题重构，包括从不同的角度审视问题及提出不同的问题。

为说明重构流程，应思考企业赞助商、一位室内硬件（特别是浴室）制造商对商业模式创新团队提供的初始问题陈述："如何才能利用我们在浴室方面的专长，让我们的企业成为领先的服务供应商？"对于中心企业而言，此问题重要且有意义。因为它抓住了产品型企业转型为服务型企业的意图及其中的困难，所以它还是非常宏大的。然而，它既没有关注顾客也没有描述需求，所以它未能完全满足上述标准。为了更好地理解当前的问题，团队对中心企业的管理者、被视为极端用户的企业（如麦当劳和星巴克）、保洁企业、建筑师、水管工、分销商、酒店、办公室、公共设施及终端用户（特别是家庭主妇）进行了大量的观察和访谈。基于从观察和访谈中得到的结果，特别是可持续用水解决方案的重要性（如及早发现浴室漏水），该团队将问题重新定义为：

我们如何帮助用户满足可持续性需求，让他们不仅可以感受到由其创造的社会影响，而且给予其金钱上的好处？

相比早期的问题陈述，新的问题陈述有了重大进展，因为它是关注顾客而不是扮演项目发起人角色的中心企业。在对顾客及利益相关者需求深刻理解的启发、指导下，商业模式创新团队继续为管理者开发了基于B2B技术的水管理解决方案，并以端到端的服务形式提供。因此，它不仅为发起企业识别出新商机，而且能够满足企业最初对新行业模式的诉求，该模式将利用企业的现有资产和资源，帮助其过渡至服务型企业。

正如本案例所示，问卷是识别问题并进行质疑的重要辅助工具。为了设计一份采访商业模式利益相关者的有效问卷，你需要采用最初的问题陈述，并提出一系列问题，从而更深入地探索它与利益相关者的相关性。问题需要根据不同的受访者"量体裁衣"。例如，需要针对浴室的终端用户与管理者提出不同的问题。对终端用户提出的问题可能包括：你能向我们描述一下你的浴室经历吗？当使用浴室时，你经历过哪些困难，有什么不满？你想要实现哪种改进，为什么？

好的问题会透过表象，鼓励受访者以个人身份表达想法，明确表述所持观点。采访者最好使用开放式问题的形式（如"你如何度过一天？"）发问，因为这会让受访者有时间更好地表达。当想到有趣且未料想到的话题，或事情存在些许不清楚的地方时，采访者应该追问一些问题，从而弄清事情的真相。切记不要匆忙列出问题清单，然后机械地逐一向受访者询问。相反，应该将问卷视为灵活的指南，它促成与受访者之间进行有意义且结构化的访谈，从而确定真正重要的问题。

在商业模式创新过程的早期阶段提出问题的核心目的是更好地理解需要解决的问题，而非为相关问题找到解决方案，这一点再怎么强调也不为过。因此，采访者还需要克制自己，不要从自身对受访者的假设与观点（特别是就需要解决的问题）出发发问。为了避免这种倾向，采访者应当假装自己对此一无所知，并将受访者视为该领域无可争辩的专家。此外，他们应该翔实且准确地记录受访者的真实发言（而不是他们自认为听到的受访者表述）。在这方面，直接引用和评论非常有价值，他们的感觉也是如此。同时，还应要求受访者阐述具体的行动与结果，并在使用"文化""关系"或"资源"等常用词语时详细说明语意。这种事实性的发问与记录迫使采访者认真倾听，这有助于防止仓促进行解释和下定论。

这保留了其进行突破性创新的能力。当你直接问人们的需求（有关解决方案）时，他们通常不能从具体渴望的创新角度表述需求。然而，设计商业模式问卷的目的不是询问人想要什么解决方案。相反，它是为了确定问题及更好地理解问题，到目前为止，这些问题可能一直被低估，被视为理所当然、无法解决或只能被忽略。[1]

工具五：商业模式问卷 确定受访者、受访时间及采访者。基于当前的

1　基于确定假设问题并提出问题这个非常简单的"第一步"，已经提出了广泛的工具和方法，这些工具和方法有助于更好地理解商业模式的利益相关者的目标和需求，例如，用户简介、利益相关者之旅或追踪。相关概述参见 Liedtka，Ogilvie（2011）。皮尤研究中心（Pew Research Center）是一家位于华盛顿特区的无党派智库，提供优质的问卷设计服务（见皮尤研究中心网站，Questionnaire Design）。例如，问卷应当是高度结构化的，同时应当仔细考量问题的顺序与表述。从简单的问题开始可能是有帮助的，以避免几个连续的具有一定难度的问题使受访者面临过重的负担。由于早期的问题为接下来的问题提供了背景，因此它会影响后期的作答情况（"顺序效应"）。理想状态下，问卷开发过程也是一个合作与迭代的过程。最后，在将问卷发给真实受访者之前，应进行预实验，从而更好地了解受访者如何思考与理解问题。

问题陈述，可以设计一系列能够进行更深入的探究的开放式问题。牢记商业模式的整体视角，从而更多地了解多种利益相关者（而不只是顾客）的动机与问题，为不同的利益相关者（如顾客、供应商及合租伙伴）准备不同版本的问卷。确定一些可以先进行从而实现"破冰"的问题，与受访者建立融洽的关系。在访谈过程中，包容性地对待偏差，进行询问，并进行全面的记录。在访谈结束后，在笔记上补充你在访谈中的观察，如有关非语言的表达与行为。

模板

在第五章（特别是现有模板部分）中，我们解释了管理者如何将案例或模板作为商业模式创新的灵感来源。这些案例可以是个别企业的具体商业模式（如图9.1所示的eBay商业模式）或更普遍的原理（如众包、一组企业商业模式的特征）。例如，《商业模式导航》一书中展示了55种被称为商业模型的模式，这些模式可以用于挑战任何企业的主导逻辑，并促进发现新商业模式。[1]此外，在内容、方式、主体及原因四个维度中的任意一个进行强有力创新的企业都可以发挥模板的作用。例如，瑞安航空（Ryanair）的商业模式可以用于说明内容维度的创新情况（见图9.2）。当新设计需要回应一个明确且表述清晰的问题时，这些不同的方法中的任意一个都可以在商业模式创新过程的构思和选择对策阶段提供帮助。

工具六：商业模式模板 使用视觉资料、视频或故事，展示在关键维度（内容、方式、主体、原因）创新商业模式的企业的案例。不要羞于展示不同行业中的极端案例，通常情况下，它们会是灵感的有效来源。

---

1 Gassmann，Frankenberger，Csik（2014）.

- 瑞安航空将廉价与附加服务相结合
  - 最大化削减活动系统和初始价值主张，产品中的附加元素会带来额外收入
  - 通常情况下，瑞安航空的客户不仅要购买机票，还要为托运行李、分配座位、优先登机、机上餐饮付费
- 苹果添加内容分发活动
  - 活动系统以这种方式扩展：新活动补充现有活动，可以通过少量渠道销售多种产品（如ITunes、App Store）来提升营利的可能性

图9.2　瑞安航空与苹果的商业模式模板

外部环境、利益相关者活动及可用资源

商业模式跨行业的本质要求设计者评估在那些由中心企业的利益相关者推进的活动中，哪些可以通过中心企业的合作获得？具体而言，一旦设计者概念化了新活动系统，就要综合审查由当前和潜在利益相关者推进的活动，从而使设计者能够对活动系统的预期治理效果做出评价。重要的是，需要从系统的角度确定哪些活动最好由中心企业进行，哪些活动最好由其他主体进行。

更广义地说，中心企业所处的外部环境影响预期商业模式设计的可行性与有效性。它影响商业模式内活动开展的具体路径。中心企业的竞争格局、中心企业预期在其中运作的技术生态系统、法律和法规设置、整体的宏观经济环境对设计者来说，既是机遇也是挑战。评估中心企业生态系统

的政治、经济、社会、技术（PEST）[1]，有助于商业模式设计者概念化可能影响中心企业的外部条件。PEST分析中的政治面向关注影响企业的一系列政府政策（如贸易政策）及现有和待定的法规（如一般税收和关税收入法规）。PEST分析中的经济面向关注关键的宏观经济因素，如利率与税率、通货膨胀与经济衰退的前景。PEST分析中的社会面向重要的人口发展趋势、文化态度（如相比X世代和Z世代，千禧一代即Y世代的偏好）及工作场所和生活方式的趋势等。最后，PEST分析中的技术面向考虑特定的角色、发展阶段及在中心企业生态系统内对商业模式至关重要的技术的采用情况。

工具七：环境PEST扫描 针对上述提及的每个主要外部因素（政治、经济、社会及技术），列出一份影响行业及企业的要素的综合清单。可以从找到最普遍和最重要的因素（如影响整个行业的因素）开始，将其缩小至相关的因素范围。虽然从更通用的PEST分析开始是有益的，但有必要将其分解为更具体的商业模式因素，如企业生态系统所需的技术方面。

除了PEST分析外，还需要进行竞争对手和竞争性分析，从而使商业模式设计者更好地了解行业格局。五力行业分析[2]也是进行这些分析的常用工具。它考虑供应商和顾客的能力、进入的屏障、替代品的威胁及行业内企业间的竞争强度。此外，资源和能力支持商业模式中设想的活动。这些资源和能力可以由中心企业或其他企业控制或所有。接下来是一个简单的包含两个步骤的功能扫描过程，它使商业模式设计者能够评估可用于所设想的商业模式的能力。

---

1 参见 Aguilar（1967）。
2 参见 Porter（1980）。

　　工具八：资源和能力扫描（步骤一）评估能力差距：评估在预想的商业模式下，中心企业的资源和能力能够在多大程度上被重新利用至其他选项中，从而确定中心企业需要通过与其他公司合作获得的能力类型。（步骤二）进行生态系统能力扫描：根据步骤一中得到的中心企业需要获得的能力类型信息，扫描中心企业的生态系统，从而确定可以将能力嵌入预想商业模式中的潜在合作伙伴。

第四节

用于设计与进行商业模式创新的工具

下一节将提供有助于进行商业模式创新的设计与实施的工具。这些工具与第六章和第七章中概述的流程高度相关。[1]头脑风暴是一种用于产生或构思创新性商业模式理念的常见工具。接下来，回想下设计新商业模式时进行实验的重要性。为了达到这一目的，管理者可以使用故事板将理念可视化并与他人交流，从而获得初步反馈。然后，他们可以使用强调低成本商业模式实验这一关键假设的"检验—假设—矩阵"（TAM）阶段。最后，商业模式画布是一个被广泛知晓的用于实施创新性商业模式的工具，可以从商业模式设计指导商业计划的制订方面入手。

1　Zott，Amit（2015）．

产生新的商业模式理念

正如第六章所述，头脑风暴是一种成熟且被广泛使用的构思方法，它还适用于产生新的商业模式理念。大多数头脑风暴形式遵循一套事先可以告知参与者的规则，如"自发地产生想法""避免讨论他们的优点""不批评、不提及消极的方面""拒绝选定一个想法"和"记录所有想法"。[1] 此外，任命一位协调者对于控制时间、进行管理讨论（特别是确保遵守规则）而言至关重要。

创造力研究表明，就每个人产生的非重叠想法的数量而言，个人头脑风暴比团队头脑风暴更有成效。[2]然而，基于团队的头脑风暴回合（特别是关于新商业模式的头脑风暴回合），可以提供可能抵消预期生产力损失的众多优势。

1. 在组织内培养商业模式思维方式。

2. 就商业模式变革的重要性产生紧迫感并达成共识。

3. 构建商业模式解决方案的组织记忆。

4. 在某种程度上，商业模式的利益相关者参与了头脑风暴：让他们加

1　参见 Bhavani，Sosa（2008）。

2　20 世纪 50 年代，广告主管亚历克斯·奥斯本（Alex Osborn，1953）提出了最早的头脑风暴规则中的一部分。然而，这些规则（如"抛出尽可能多的想法。不要担心他们是否过于疯狂。以人们产生的想法为基础，不要一开始就批判"）却受到质疑。特别是人们发现，使用奥斯本头脑风暴规则的团队提出的想法（及好想法）比单个团队成员提出的少。Art Markman 在《哈佛商业评论》上发表的文章（"Your Team is Brainstorming all Wrong"，2017）就如何对抗这种生产力损失提出了一些建议，如"让个体先单独工作""慢慢来""让人们画画"（参见 Markman，2017）。Paulus，Kenworthy（2019）在 *The Oxford Handbook of Group Creativity and Innovation*（2019）中的"Effective Brainstorming"部分描述了其他最佳的头脑风暴实践（如短暂休息、任命一位协调者）。

入进来，并鼓励其认同新模式。

5.提高头脑风暴参与者的技能，特别是分析和设计新商业模式的技能。

针对设计企业头脑风暴的研究还具有更多好处，如给顾客留下深刻的印象、为企业带来收入、创造基于设计技能的地位竞争及支持知识智慧的态度（用知识行事，同时质疑自己所知道的内容）。[1]综上所述，这些好处凸显了头脑风暴对于商业模式创新的重要作用。

工具九：头脑风暴 建立一套头脑风暴规则，并选定一位协调者来观察和指导头脑风暴期间的群体行为。设定目标，要求在给定的时间内为中心企业创造尽可能多的新商业模式想法。也许你希望将问题陈述（工具四）作为头脑风暴的中心，或不受任何约束地简单开始。商业模式模板（工具六）可以作为头脑风暴期间的灵感来源。

尝试利用新的商业模式理念

与通过头脑风暴产生创新性想法一样，人们想出了用于模拟并检验新商业模式理念的诸多工具与方法。在最简单和基本的工具与方法中，可以用故事板的形式构建商业模式原型，用一组视觉框架或一个简短的视频解释新商业模式的运作方式，即突出新故事的本质（见工具一，"如何运作"的故事）。故事板视频既可以是真人角色扮演的形式，也可以是动画的形式（见第七章中提到的Dropbox最小可行产品的案例）。互联网上有很多可以用于制作有效动画短片的有益提示、说明及软件工具。所有这些故事板的共同点是，它们都注重速度与简单性，而非追求完美。换言之，

1　参见 Sutton，Hargadon（1996）。

适用KISS规则（KISS即保持它的简单）。

也许这种粗糙、廉价且快捷的可视化新概念的方法在商业模式开发早期的效果最好，此时，新模式的理念还很新鲜且尚未完全明了，即使是对那些已经构想它的人来说也是如此。故事板通过向他人阐明该想法，帮助其实现具体化。这也是一种获得反馈的方式，从而加深了对于提出的商业模式解决方案及假设的潜在问题的了解。它还可以产生兴奋感，促成创新者间的协作与具备统一的认识。[1]

工具十：故事板 绘制一系列漫画书风格的框架解释新商业模式的本质，即新模式的运作方式。为每一帧拟一个标题，并构想附带的叙述内容以解释这一帧中发生的事情。向他人（如顾客）展示这些画面，讲述有关新商业模式的故事，并获得反馈。或者，另外制作一个关于新模式的简短（动画）视频。

一旦已经基于故事板上收到的反馈完成商业模式的细化，那么测试新商业模式理念中的下一个步骤就是开发一个低成本的实验以进行实地检验。低成本意味着致力于创新的中心企业有意为测试设置低预算（如500美元），这符合发现驱动计划的节俭原则。该原则规定，在商业模式创新的早期、尚无收入的阶段，应当控制支出。

由于自我施加的预算约束及商业模式创新的复杂性（至少相比产品或服务创新），测试整个模式不具有可行性。相反，可以将重点放在商业模式背后最具批判性的假设（在第七章中称为"关键假设"）上。应在检验—假设—矩阵中记录检验哪些假设，什么时候检验，及通过哪些具体的

---

1 关于故事板的更多实用建议，参见 IDEO（2015，p. 113）。

实验进行检验。在该矩阵中，行表示商业模式背后的关键假设，列表示可以检验假设的里程碑（关键时间、顾客访问或其他实验）。表格单元格中的对号表明将在哪些里程碑上测试哪些假设。其他行包含有关预期测试的关键信息，如检验的类型、[1]检验的预期成本、参与检验的主体并计划让其参与、负责执行检验的个体、检验时间与期限、预期的检验结果、检验的结果及从检验中得到的关键经验。

构建并维持检验—假设—矩阵给学习过程施加了合理的约束。它也保证把里程碑视为学习的机会。如果没有尽可能多地了解关键商业模式假设，就不应确定任何里程碑。换言之，该工具降低了新商业模式背后的不确定性。

工具十一：检验—假设—矩阵 构建表格形式的检验—假设—矩阵，凸显新商业模式背后的关键假设（行），及它们可以以低成本实验在里程碑处检验的方式（列）。在构建和应用检验—假设—矩阵时，确保以尽可能低的成本、尽可能早的时间检验最关键的假设。将检验—假设—矩阵视为即时且动态的文档，即通过重新排列列（测试优先级）、添加或细化测试、添加/修改/删除假设（行）等方式，根据做每个实验的经验实时进行调整。

在检验过程中获取有关新设计背后关键假设有效性的重要经验证据，从而逐渐减少围绕商业模式创新的不确定性。检验—假设—矩阵鼓励并支

---

1 对新商业模式（特别是数字商业模式）可能进行的检验涉及广告追踪、"虚假"广告、着陆页、"虚假"销售、预售、对照实验和创新游戏。它们帮助设计者和创新经理检验商业模式利益相关者的利益、顾客的支付意愿，以及详细的顾客偏好及其优先级。有关这些检验类型的更多信息参见 Strategyzer's "Testing your business model：A reference guide"（2019）。

持商业模式创新者以纪律性且结构化的方式完成这一任务。当然，当决定新商业模式背后的众多假设中哪一个是真正最关键的时候，此种严格的测试方法需要以人类的判断为指导和依据。此外，人类的判断对于明确每个测试的关键经验是有用的。提出以下问题可以为此提供支持（来自发现驱动计划，见第七章）：

- 关于我们的假设的有效性，我们有什么样的新证据？

- 我们的假设是否需要修改？

- 是否需要提出新假设？

- 我们是否发现了任何意想不到的事情（如使我们改进或重构问题陈述的新需求或机遇）？

- 根据新证据，下一个里程碑（检验）应该是什么？

- 为达到下一个里程碑，需要做什么？

- 我们在新商业模式方面的目标还能实现吗，还是应该对其进行修改？

- 对于商业模式创新项目，是否应该考虑以下行为：重新设计、扩大或缩小、加速或减速、搁置、组建合资企业、许可、出售、放弃？

进行商业模式创新

实施一个创新性商业模式，要么是从零开始创建的新企业，要么是重塑现有组织。在这两种情况下，最好制订一份商业计划，以便：

- 系统且全面地思考涉及新模式的商业案例；

- 确定主要风险，并制定解决这些问题的战略；

- 向其他人（如投资人）解释或推销项目，从而获得他们的反馈和/或
  买入和/或（财务）支持；

- 决定继续该项目是否有意义，如果有，那么以何种方式继续。

第十一章中将进一步阐述这些益处。在此，我们提供一个有助于将商业模式创新转化为成熟商业计划的工具，即由亚历山大·奥斯特瓦德、伊夫·皮尼厄开发的商业模式画布（简称画布）。[1]正如前文中简要提到的，画布是一种可以放在海报上的可视化图形。它包括九个不同的领域，每个都代表以下概念之一：关键业务（KA）、核心资源（KR）、重要合作伙伴（KP）、价值主张（VP）、顾客关系（CR）、渠道通路（CH）、顾客细分（CS）、成本结构（C$）和收入流（R$）。这些概念结合在一起旨在描述一个组织如何作为一个整体（通过活动、产品、服务与战略选择）创造、交付及获取价值的本质。因此，它体现了商业计划中需要的大部分内容：企业总体描述（KA）、产品与服务（VP）、营销计划（CR、CH、CS）、运营计划（KR、KP）、管理与组织（KR）、战略（KA、KR、KP、CS）与财务计划（C$、R$）。[2]因此，思考并应用画布"是撰写一份强大商业计划的完美基础"。[3]画布中未提到的商业计划要素只有：环境分析（如市场与竞争对手分析）、风险分析、实施路线图、详细的财务电子表格及基本的假设。[4]不过，这些因素都可以在第二步中添加。从这个意义上说，画布可以被视为开发成熟商业计划的基石；它确实是"描述、分析

1　商业模式和商业计划间的区别见第二章。Osterwalder，Pigneur（2010）描述商业模式画布。

2　参见 Ford，Bornstein，Pruitt（2007）。

3　Osterwalder，Pigneur（2010，p. 268）.

4　参见 Osterwalder，Pigneur（2010，p. 269）。

和设计商业模式的有用工具"[1]（见图9.3）。

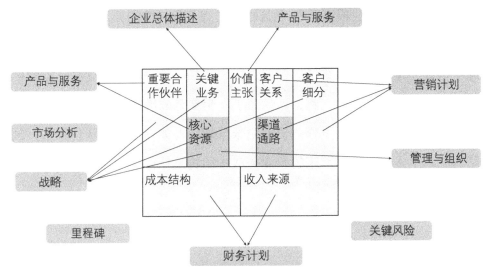

图9.3　从商业模式画布到商业计划

回顾一下，本书中，我们将商业模式定义为相互依赖的活动（由中心企业及合作伙伴进行）系统，及连接这些活动的机制。商业模式画布九个领域中的关键业务（KA）和重要合作伙伴（KP）与这一定义密切相关。它们分别描述新商业模式的内容与主体维度。此外，画布的价值主张（VP）、成本结构（C$）及收入流（R$）领域反映了"原因"维度。方式维度至少体现在渠道通路（CH）、顾客关系（CR）领域。

因此，可以将画布作为一种抓住商业模式创新的关键要素，并将其转化至商业案例的工具。它鼓励商业模式设计者充实想法。具体来说，画布要求设计者添加重要的商业要素（如核心资源或顾客细分），从而将抽象宏观的理念转化为具体细致的商业提案。因此，合理的实施顺序应该是：商业模式（内容、方式、主体、原因）→画布（KA、KR、KP、VP、

1　Osterwalder，Pigneur（2010，p. 8）.

CR、CH、CS、R$、C$）→商业计划。

工具十二：商业模式画布 制订一份具有可操作性的计划，将商业模式创新的整体理念与商业模式画布的关键组成要素对应，该画布描绘了为实施新模式而建立的组织结构。需要进行哪些核心活动？进行这些活动需要哪些资源（人力、财力、物力、信息）？需要建立哪些合作关系？应该精准定位至哪些顾客？通过哪些价值主张来解决？如何获得及留住顾客？预期的收入是多少？随之而来的新业务成本结构是什么？简言之，应填写商业模式画布。

用于评估商业模式的工具

商业模式是指中心企业需要针对活动系统设计做出的一系列选择。它并不是指企业管理者需要做出的全部战略或运营选择。例如，必须决定在给定的商业模式中采用哪种具体的营销政策（如价格、地点、产品、促销政策）。然而，这些政策既不会影响模式本身，也不是从模式中派生出来的。这意味着，我们应谨慎地将以企业为整体进行评估的方法（如净现值、乘数定价模型或盈亏平衡分析）应用到商业模式评估中。换言之，商业模式评估需要独特且具体的方法与技术，以补充其他用于建立企业价值的评估方法。

我们已经在第八章中介绍了这种方法，及进行了价值驱动因素分析。回想NICE价值驱动因素——新颖性、锁定性、互补性与高效性，它们解释了商业模式的价值创造潜能。[1]可以将这些驱动因素用于评估影响企业整体价值的商业模式的质量，该模式不同于许多其他企业的选择（如营销政策或产品市场战略）。因此，我们提出将价值驱动因素矩阵作为商业模式评估的工具。

工具十三：价值驱动因素矩阵 构造一个以商业模式内容、方式、主体及原因维度为行，以新颖性、锁定性、互补性及高效性价值驱动因素为列的矩阵。在矩阵的单元格内，定性或定量地评价各个商业模式维度对特定价值驱动因素的影响程度，如从5分（非常严重）到1分（非常微弱）。

当然，商业模式的实力最终取决于它是否提升了企业为利益相关者、雇员、顾客、合作伙伴、供应商甚至整个社会创造价值的能力。换言之，优质的商业模式创造了很高的总价值（见第一章和第八章），并且它帮助中心企业在创造总价值的过程中获取足够的份额。对于营利性企业而言，商业模式应帮助中心企业赚取利润，否则其长期可行性就会受到威胁。[2]

1　Amit，Zott（2001）。

2　Alex Osterwalder 为确保利用商业模式画布成功，成立了 Strategyzer 公司（Osterwalder，Pigneur，2010），它提出了用于评估有关新商业模式设计的七项标准：顾客锁定程度、带来持续收入中销售收入的占比、收入与支出的时间、低于竞争对手的成本、由外部各方（其他执行工作的主体）自由创造价值、可扩展性、防止被竞争对手模仿。Strategyzer，"Seven Questions to Access Your Business Model Design"，2019（注意需要用在线账户访问此资源）。

针对有效商业模式设计者的关键要点总结

本章介绍了13种不同的商业模式分析工具，切实补充了我们在前文中提到的理论、案例与信息。我们从以应用基本商业模式框架（该框架是清晰识别并描述现有商业模式的基础）的工具开始。只有在掌握了这项能力（一个看似简单的任务）后，才有可能清楚地向他人表述给定的商业模式设计。这项能力也是批判性评估商业模式设计、持续对其进行创新的重要先决条件。

我们选择了一些自己的工具、从业者广泛使用的工具，以及商业模式创新领域学者开发的工具。所有这些都与基本概念内容、方式、原因和主体框架一致，这是一种将商业模式视为活动系统的观点。更具体地说，本章按以下分类整理这些工具：用于理解与阐明商业模式的工具（工具一："如何运作"的故事。工具二：详细阐述商业模式。工具三：活动图）、用于构建设计工作的工具（工具四：问题陈述。工具五：商业模式问卷。工具六：商业模式模板。工具七：环境PEST扫描。工具八：资源和能力扫描）、用于设计与进行商业模式创新的工具（工具九：头脑风暴。工具十：故事板。工具十一：检验—假设—矩阵。工具十二：商业模式画布）及用于评估商业模式的工具（工具十三：价值驱动因素矩阵）。

简言之，本章为你提供了一个切实可行的工具包，帮助你用结构化的方式解决可能遇到的问题，从而培养出严谨且全面、以利益相关者为中心的商业模式思维方式与商业模式创新能力。

参考文献

［1］Afuah, A. (2019). *Business Model Innovation: Concepts, Analysis, and Cases*. Second Edition. New York, NY: Routledge.

［2］Aguilar, F. J. (1967). *Scanning the Business Environment*. New York, NY: McMillan.

［3］Amit, R. & Zott, C. (2001). Value creation in e-business. *Strategic Management Journal* 22(6–7), 493–520.

［4］Amit, R. & Zott, C. (2002). Value drivers of e-commerce business models. In M. A. Hitt, R. Amit, C. Lucier, & R. D. Nixon (Eds.), *Creating Value: Winners in the New Business Environment* (pp. 15–47). Oxford, UK: Blackwell Publishers.

［5］Banathy, B. A. (1996). Information-based design of social systems. *Systems Research* 41(2), 104–123.

［6］Bhavani, R. & Sosa, M. (2008). IDEO: Service Design (A).

Case study 10/2008-5276. INSEAD.

［7］Dorst, K. & Cross, N. (2001). Creativity in the design process: Co-evolution of problem–solution. *Design Studies* 22(5), 425–437.

［8］Dunne, D. (2018). *Design Thinking at Work: How Innovative Organizations are Embracing Design*. Toronto, CA: University of Toronto Press.

［9］Ford, B. R., Bornstein, J. M. & Pruitt, P. T. (2007). *The Ernst & Young Business Plan Guide.* Third Edition. Hoboken, NJ: John Wiley & Sons.

［10］Gassmann, O., Frankenberger, K. & Csik, M. (2014). *The Business Model Navigator: 55 Models That Will Revolutionise Your Business*. Harlow, UK: Pearson Education Limited.

［11］George, G. & Bock, J. A. (2017). *The Business Model Book.* Harlow, UK: Pearson Education Limited.

［12］IDEO (2015). The field guide to human-centered design.

［13］Johnson, M. W. (2010). *Seizing the White Space: Business Model Innovation for Growth and Renewal*. Boston, MA: Harvard Business Press.

［14］Liedtka, J. & Ogilvie, T. (2011). *Designing for Growth: A Design Thinking Tool Kit for Managers*. New York, NY: Columbia University Press.

［15］Magretta, J. (2002). Why business models matter. *Harvard Business Review* 80(5), 86–92.

［16］Markman, A. (2017, May 18). Your team is brainstorming all wrong. *Harvard Business Review.*

［17］ Osborn, A. F. (1953). *Applied Imagination: Principles and Procedures of Creative Thinking*. New York, NY: Scribner.

［18］ Osterwalder, A. & Pigneur, Y. (2010). *Business Model Generation: A Hand-book for Visionaries, Game Changers, and Challengers*. Hoboken, NJ: John Wiley & Sons.

［19］ Paulus, P. B. & Kenworthy, J. B. (2019). Effective brainstorming. In P. B. Paulus & B. A. Nijstad (Eds.), *The Oxford Handbook of Group Creativity and Innovation* (pp. 287–306). New York, NY: Oxford University Press.

［20］ Pew Research Center website. Questionnaire design.

［21］ Porter, M. E. (1980). *Competitive Strategy: Techniques for Analyzing Industries and Competitors*. New York, NY: The Free Press.

［22］ Quote Investigator website.

［23］ Strategyzer AG. (2019). Testing your business model: A reference guide.

［24］ Strategyzer AG. (2019). Seven questions to assess your business model design.

［25］ Sutton, R. I. & Hargadon, A. (1996). Brainstorming groups in context: Effectiveness in a product design firm. *Administrative Science Quarterly* 41(4), 685–718.

［26］ Zott, C. & Amit, R. (2015). Business model innovation: Toward a process perspective. In C. Shalley, M. Hitt, & J. Zhou (Eds.), *The Oxford Hand-book of Creativity, Innovation, and Entrepreneurship* (pp. 395–406). New York, NY: Oxford University Press.

第三部分

商业模式创新的实现

CHAPTER 10

第十章

老牌公司进行商业模式创新——组织障碍及解决办法

第一节

改变模式：契合的重要性

中国海尔集团（简称"海尔"）最初是一家位于港口城市青岛的冰箱制造厂。张瑞敏于1984年被任命为这家国有冰箱制造厂的经理，当时，该厂正面临生产效率低、质量问题多、高负债的困扰。[1]在张瑞敏的领导下，海尔迅速与利勃海尔集团（Liebherr Group）成立合资企业，引进技术与设备。随后，海尔开始作为冰箱的代工企业向国际市场扩张。这一战略不仅使其扭亏为盈，而且在1984—2000年实现收入增长1000倍的目标。2018年，海尔已成为全球最大的家电制造商，总收入为350亿美元，在全世界拥有7.5万名员工。[2]

海尔通过经典的产品创新、市场扩张战略、管理创新

1　本部分借鉴 Frynas，Mol，Mellahi（2018）；Hamel，Zanini（2018）；并直接引用 Han（2016）。

2　Hamel，Zanini（2018）.

与商业模式创新，创造了惊人的利润增长纪录。2005年，企业开始将等级制度、组织结构与管理结构变革为"人单合一"的创新性结构。这一结构有利于增加小型企业部门（被称为"微型企业"）的自主权。其中，一些微型企业面向市场，而另一些则孵化新业务，还有一些向面向市场的部门（如设计、制造和人力资源部门）提供重要的支持性活动。

因此，海尔的内部重组促成了始于2007年的商业模式并行转换。[1]它从以技术和产品为中心的传统批发制造商转型为以顾客为中心的家电服务提供者。

在海尔的旧商业模式中，市场调研及产品设计由不同业务部门进行。零部件和产品的制造往往外包给有能力的供应商。产品配送至海尔的外地仓库，并通过预定的第三方销售渠道（如连锁店、海尔专卖店）销售。其将售后服务（交付、安装、维护等）外包给第三方供应商，并与外部利益相关者（如原始设备制造商、销售渠道）建立买方—供应商联系。虽然在与这些外部利益相关者协商时，海尔具有强大的优势地位，但它也与终端顾客的真实需求和偏好严重脱节。这导致出现高库存成本和低利润率。

相比之下，海尔的新商业模式旨在为终端顾客定制产品（"订货型生产"或"大规模定制"）。它还试图促进与终端顾客进行基于关系的互动，从而提升用户体验（"服务化"）。例如，海尔与戴尔一样，允许顾客从一组预先确定的功能中进行选择，并在网店上装配自己的产品（如电视机）。它还推出了一个在线平台（iHaier），让顾客和其他利益相关者

1　2007 年 4 月 26 日，海尔启动了进行企业转型的千日重组计划。该项目基于首席执行官张瑞敏的分析，他认为海尔"未能生产和交付顾客真正想要的产品"，海尔面临的挑战是"如何与分销商和供应商一起为顾客创造价值"。此外，"信息技术的发展要求企业以新方式发现和满足顾客的需求"（Han，2016）。

更直接地参与研发、制造、装配和服务环节。此外，为了拉近与顾客的距离，获得独特且私密的访问权从而了解需求信息，海尔还添加了新服务，如支付账单和家政服务。通过线上销售承诺的24小时送达，捆绑并改善配送与安装服务。有意思的是，海尔还开始为竞争对手（如西门子或飞利浦）提供销售、仓储、物流和售后等服务。

海尔的商业模式转型突出了两大特点。第一，海尔从根本上改变了商业模式，同时保持现有业务范围（家用电器制造）基本不变。其他企业（如IBM）的商业模式创新通常会在添加新活动（如咨询服务）的同时淡化其他活动（如制造大型机或笔记本电脑）方式，并改变业务范围。第二，海尔的商业模式创新与内部组织结构和管理体系创新相结合，由于存在大量的相互关联的活动，给商业模式、业务层与公司层战略、组织的契合带来了巨大的、具有复杂性的挑战。

海尔的转型并非天衣无缝。涉及大规模定制的新商业模式活动（如进行特定市场的研究与探索）与适用于标准化的旧商业模式元素（如通过产品开发部门预测需求）之间的竞争。此外，旧商业模式的基本原理（通过批发数量激励销售人员）与新商业模式中以顾客为中心的理念（通过零售数量与顾客满意度激励销售人员）并不一致。新商业模式的其他要素（如电子商务活动）最初与现有组织结构的要素相关联，然而，由此造成的结构独立性缺失会削弱获取资源与支持的能力。

海尔电子商务部门的负责人解释说，"我们从'海尔大学'的一个小部门开始，然后发展为营销部门广告单元的子单元。后来，我们成为数字产品组的子单元，然后被调动为专卖店分支的一部分"。[1]因此，这束缚

---

1 Han（2016, p. 21）.

了电子商务商业模式的发展。海尔的战略主管报告了行为约束与惯性，提出另一项挑战："我们的雇员习惯于标准化的旧系统，不愿意打破这些舒适的常规。一旦在采用要素时遇到一点困难，他们非常可能回到之前的做法。"[1]

另一家似乎在重重困难下，依然很好地从旧商业模式转变为新商业模式的企业是苏宁易购。这家成立于1990年的中国企业与海尔一样，最初只是销售空调。在保留传统零售渠道（门店）的同时，苏宁易购还打造兼具线下与线上电商能力的双重模式，自称为"中国最大的线上线下（O2O）智能零售商"。[2]如今，苏宁线下增长与线上增长互补，2018年，线上业务增长64.45%，2019年，整体业务实现收入860亿美元。[3]该企业证明了"旧经济"零售商可以利用现有的地位巩固在"新经济"（主导）中的地位。

1　Han（2016，p.20）.
2　Suning Holdings Group（2019）.
3　Suning Holdings Group（2019）及苏宁易购网站中的"公司简介"。

第二节

那么，实施到底是什么

在本章和下一章中，进行商业模式创新不只是将新商业模式作为工作原型付诸实践（这是前面几章的重点）。此处我们将进行商业模式创新定义为保证新商业模式能够充分运作并在中心企业的特定背景下实现主要目标而需要进行的全部选择。在这种情况下，中心企业可以是老牌公司、新创公司或非营利性社会企业。

我们可以围绕以下问题对这些选择进行分组。

1. 企业内部应当如何（被）组织？换言之，如何在中心企业的商业模式与内部组织设计间创造契合关系？

2. 中心企业及新商业模式应该如何融入生态系统？例如，应该争取哪些特定的外部利益相关者（顾客、合作伙伴、供应商）？如何与其建立、管理及维护良好的关系？换言之，如何在商业模式与生态系统间创造外部契合？

3. 如何创造战略契合？即如何实现中心企业商业模式、竞争战略及公司层战略间的契合？这需要考虑中心企业（及新商业模式）相对于现有及潜在竞争者的产品市场定位（如产品差异化与成本领先）、市场进入战略（如进入的时机与位置、国际扩张）及公司层战略（如企业的多样化程度与范围）。

图10.1总结并描述了我们实施商业模式创新的框架。

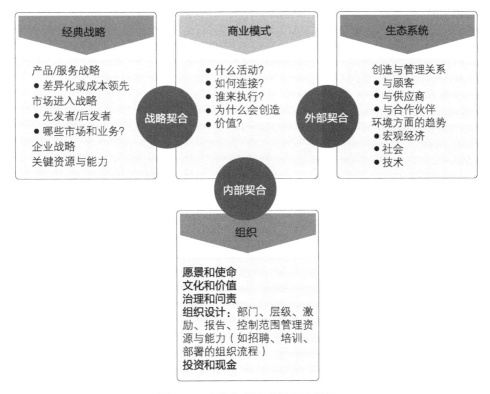

图10.1　实施商业模式创新的框架

图10.1表明实施商业模式的步骤包括从一个商业模式原型转变为一个

成熟且繁荣，并与新商业模式配合良好的组织（创造内部契合度）；确保新商业模式和组织与生态系统顺畅结合（创造外部契合度）；调整与协调战略（创造战略契合度）。换言之，成功的实施意味着要创造全面的契合，这样，新商业模式才能充分运作并实现为中心企业带来的预期效果。

老牌公司的实施挑战

我们的定义表明进行商业模式创新是一个高度复杂且综合的变革管理任务，需要精心管理中心企业内部及跨界人员与流程。它当然包括如何应对外部契合（放弃旧合作伙伴并选择新合作伙伴）与战略契合（如投资新商业模式配套的新能力，并从不再重要的能力中撤资）面临的诸多挑战。然而，老牌公司商业模式变革面临的主要障碍是抗拒改变与组织惯性（指创造内部契合），下文将进行更深入的解释与阐述。

创造内部契合：抗拒改变

老牌公司对商业模式创新变革的抗拒是指，某些个体在进行新商业模式时的主动抵抗，如通过拒绝提供资源、参与反对新模式的政治运动或以其他方式抵制新模式实施。组织成员的这些主动抵抗可能起源于：（1）不熟悉新模式，合法性认知水平较低；（2）认为可能蚕食主流业务；（3）察觉可能会威胁自己的事业和/或优势；（4）可能效率低下；（5）不确定可扩展性（成长潜力）及未来的盈利能力。

当老牌公司致力于采用新商业模式时，通常情况下，新模式不会立即取代旧模式，这两个模式会共存一段时间。这种情况被称为"双重商业模式"。[1]例如，老牌汽车制造商（如宝马）也运营汽车共享业务（如Share Now）。试图在同一个市场中同步运营两种不同商业模式面临的挑战是，这两个模式会以多种不同的方式相互冲突，如在价值逻辑、活动、利益相关者、绩效预期及时间范围等方面发生冲突。因此，由于缺乏理解、熟悉或合法性认知，运作旧模式的管理者通常不会认真地对待新模式。例如，在化工产业，化学品买卖双方长期依赖稳定供应链内部的成熟私人关系（外人不可见）。欧洲化学品市场中出现的B2B模式（如CheMondis、Chemberry、GoBuyChem、KEMGO或Asellion）与现有模式共存，引起业内参与主体对价格透明度、敏感数据遭披露及法律责任的担忧。[2]除了这些担忧外，管理者通常认为新商业模式会威胁现有业务、自身薪酬及职业发展，这可能会导致其试图限制、破坏甚至扼杀主动性。

老牌公司进行商业模式创新时主动抵抗的另一个重要原因是不确定未来的效率与有效性。新商业模式通常是为现有企业尚不服务的新顾客（所谓的"非顾客"）设计的，目前，现有企业可能认为这些顾客的细分市场与价格点不具有吸引力。它们也可能依赖企业尚未拥有或无法获得的资源与能力。换言之，这些机遇面对重大的市场挑战，因此，在现有企业管理

1　参见 Markides，Charitou（2004），本段以此为依据。
2　Schmitt（2019）.

者看来，它们可能不具有吸引力且不受欢迎。[1]

创造内部契合：组织惯性

创造内部契合面临的另一个障碍是组织惯性，指制约企业管理者思维方式与行为的力量，驱使其继续做过去做过的事情。[2]它是指组织成员对进行商业模式创新的被动抵抗，其根源可能在于：

- 很难再利用或回收过去在资产、能力、惯例、关系及契约上的投资，因此会产生很强的路径依赖；[3]

- 不支持新商业模式实验的组织文化，甚至可能表现为严重的恐惧失败；

- 中心企业里现有商业模式的强大"主导逻辑"，约束管理者认知，阻止集体转换到新的思维方式上或接受新的模式。[4]

过去投资引发的路径依赖意味着决策模式会在一段时间内保持不变。新的创新性商业模式通常需要进行不同于现状的资产配置。然而，企业管理者往往将资源分配至其认为最有利可图的用途之中。而这些通常与旧商

---

1 参见 McGrath（2010）；Kim，Mauborgne（2005）中关于非顾客的概念。

2 组织生态学家 Hannan，Freeman（1977）最初将组织惯性定义为组织内部与外部约束。内部约束来源于投资与沉没成本、决策制定者可用信息的有限性、既定的组织文化及组织历史。外部约束是指进出市场的法律与财政壁垒、环境信息的可获得性、外部合法性与集体理性。

3 路径依赖的概念源自演化经济学，其代表自身历史函数演变的过程，体现了"历史很重要"这一普遍原则。商业模式中路径依赖的重要性及其对现有企业和新进者的不同影响参见 Bohnsack，Pinske，Kolk（2014）。

4 参见 Prahalad，Bettis（1986，p. 490）。"主导的一般管理逻辑被定义为管理者概念化业务并决定关键资源的配置方式——无论是在技术、产品开发、分销，广告还是人力资源管理方面。"

业模式相关，因为新模式的合法性、可扩展性和/或收益性尚未得到证实，所以现有商业模式受到过度青睐，但新（具有潜在破坏性的）商业模式可能会缺乏资源。因此，源自过去投资的组织惯性（也被称为"资产陷阱"或"沉没成本"）可能会成为在老牌公司内顺利进行商业模式创新面临的主要障碍。[1]

此外，组织内部的文化与认知约束也可能产生惯性。正如我们在第三章中所看到的，作为活动系统的商业模式不只是基于契约、管理及关系的客观组织事实，它们还是"我们如何在这里开展业务"的集体认知表征（企业的"主导逻辑"）。例如，柯达或宝丽来对模拟照片制作坚定不疑。因此，现有商业模式往往具有天然的稳定性，而且，众所周知，这很难改变。[2]他们感知到的效率与可预见性会强化这一点，减少现任者的反应时间。[3]思考一下点播流媒体服务的出现给美国娱乐业带来的持续性巨变。尽管奈飞的用户注册量发展迅猛且传统有线电视服务的订阅量不断下降，但自奈飞2007年成立起，迪士尼耗费了整整12年才在2019年推出自己的流媒体服务Disney Plus。

商业模式创新面临的特定障碍

商业模式的学者与实践者都认为内部的抗拒变革与组织惯性有害，它们是任何具有重大组织影响的企业变革项目都需要克服的障碍，而不只是在进行商业模式创新时。然而，商业模式的特殊性、系统性及跨界性带来了需要应对的额外挑战，包括：（1）内部和外部的相互依赖关系带来的

1　Chesbrough（2010）.

2　参见 Snihur，Zott（2020）。

3　Doz，Kosonen（2010）.

高复杂性与大量变化；（2）缺乏具体商业模式的特定知识；（3）缺乏有能力且有意愿在中心企业内部推动商业模式变革的领导者；（4）对于未来的正确模式感到困惑或缺乏共识。

在老牌公司中采用新商业模式需要改变现有商业模式及企业的组织与战略。进行这些变革的成本取决于新模式的新颖程度，及变革的数量与复杂程度。反过来，变革的数量与复杂程度取决于企业公司层与业务层战略、商业模式、组织和生态系统之间具有的有关相互依赖关系的函数。例如，如果新商业模式与现有商业模式完全背离，那么在进行商业模式创新时还需要进行更多改革。因此，变革的数量与复杂程度可能意味着不确定性及高成本。思考前文提到的B2B化学品市场，对变革的潜在引入为老牌公司带来了许多问题：会有更多的订单吗？我们是否需要聘请新雇员？在数据安全及敏感数据的保护上，我们（买家或化学品的供应商）是否能够信赖平台运营商？[1]换言之，围绕这一新模式，还存在诸多不确定性。

在前文（如第三章和第五章）中，我们主张具备商业模式思维方式、敏锐掌握商业模式概念及对商业模式价值创造潜能的认知都是商业模式创新的重要先决条件。这种专业技能包括全面思考的能力、理解系统动力学的能力及综合的能力，即能够将商业模式的各个组成要素组合在一起并协同工作。这也是进行商业模式创新的关键技能。然而，它们通常更多地集中在组织结构的顶部，这就是为什么如果商业模式创新项目在实施阶段没有高层领导的充分主动参与（而不只是道义支持）的话，就会增加失败的可能性。商业模式创新往往需要艰难且冒险的个人调整与集体的承诺，有时还需要高管做出痛苦的决定。这就是为什么高层管理团队（他们接受过

1　Schmitt（2019）.

有关商业模式问题的良好教育，并愿意思考重新定义商业模式）承担采用新商业模式（如有必要，终止旧模式）产生的风险至关重要。[1]

不幸的是，由于职能专业化及任职时间短（或二者兼而有之），这样有能力且有意愿在中心企业内推动商业模式变革的高管并不常有。[2]由此导致的缺乏有能力的高管愿意推动商业模式变革被称为"商业模式创新领导力缺乏"。这是进行商业模式创新面临的主要障碍。[3]

此外，人们可能对未来正确的模式应该是什么缺乏共识。例如，在B2B化学品行业的两种基本市场商业模式中，哪一种模式更好？第一种可能是"媒人模式"，将供需双方汇聚在一起的电子市场，但它不一定是缔约方。第二种可能是"一站式"模式，此时，电子市场也是缔约方。这两种模式对于市场运营商及市场参与者都有利有弊，我们尚不清楚本质上哪种更胜一筹？[4]

最后，尽管具备商业模式思维应该是现代管理的必要条件，但这是一种富有挑战性的认知（见第三章）。例如，研发经理需要将技术领域的投入（及相关活动）与经济领域的产出（与其相关活动）关联起来，这通常

1　Chesbrough（2007）；Doz，Kosonen（2010）.
2　参见 Chesbrough（2007，p. 16）。"除了首席执行官外，谁还负责企业在生产产品和提供服务过程中创造价值并以顾客收入的形式获取价值？……营销部门的领导注重品牌发展与分销渠道的拓展。首席法务官也发挥作用，尤其是当知识产权是决定从该模式中获取价值的能力的重要因素时。但是，这些人都没有能力推动整体业务发展。在一些企业中，总经理或部门经理可能会全权负责一个业务部门的财务业绩。即便如此，这些管理者创新商业模式的能力也常常受到极大限制。例如，一些企业让总经理在进行两年或三年轮岗后才管理具体的业务，随着时间的推移，其管理的业务范围开始扩大。这对于构建新商业模式而言，过于匆忙，因此，需要更多的时间开发商业模式实验，获得清晰的结果、解释及理解结果，然后广泛利用这些结果。因此，大多数总经理只是保持当前的商业模式也就不足为奇了。"
3　Doz，Kosonen（2010）.
4　Schmitt（2019）.

会面临高技术不确定性与市场不确定性。在这种情况下，他们并不会总是很清楚正确的商业模式是什么。这种不清晰会引起混乱或认知失调。[1]它还会在管理团队中滋生无益的分歧与冲突。以CEWE（一家以前模拟照片冲印的企业，后来成为一家由数字驱动的照片供应商）为例，尽管创始人大力支持，但最初人们高度怀疑该企业为探索数码摄影而开发的专注于技术的衍生产品能否定义和进行成功的商业模式创新。换言之，这次尝试的走向并不是完全清晰的。商业模式创新的企业赞助商与实施团队之间缺乏认知共识通常会阻碍人们做出有效的决策。[2]

1　参见 Chesbrough，Rosenbloom（2002）；Chesbrough（2010）。"认知失调"这个术语是指那些持有相反的信仰、想法或价值观的人所经历的精神不适或心理压力。
2　Bosbach et al.（2019）.

第四节

克服老牌公司进行商业模式创新面临的障碍

如上所述，对变革的主动抵抗、被动的组织惯性与认知失调会阻碍老牌公司内进行商业模式创新。这些问题可能源自领导力与知识的缺乏，管理者对薪酬与职业生涯的担忧，过去对资产与能力的投资，试图保持现状、排斥实验的组织文化和/或主导的（旧）商业模式逻辑。新商业模式的复杂性与不确定性只会增加这些担忧。然而，由于实施过程中所面临的挑战的确切性质与程度会因企业而异，因此不存在解决方案模板。克服进行商业模式创新的障碍需要进行合理的个案分析，从而确定"问题背后的问题"，如到底为什么中层管理者讨厌进行商业模式创新。但是进行此种分析可以就如何解决这些问题提供一些一般性的提示。

解决领导力与知识缺乏的问题

总体而言，成功的商业模式创新需要具备两个条件。第一，需要强大且果断的领导力。第二，要求企业管理者和雇员有一套特定的态度与技能。高层管理者的高度参与必不可少，因为商业模式创新对中心企业具有潜在深远且具有战略性的广泛影响。瑞典家具零售商宜家是一个很好的案例。宜家从顶部改变其长期存在的传统商业模式。宜家的原始构想是建立一个庞大的郊区家具展厅与库存网络，顾客可以开车前往，从货架上挑选他们喜欢的产品，然后在家组装，自2017年Jesper Brodin成为宜家主要零售部门英格卡组（Ingka Group）的首席执行官后，宜家开始全面改革商业模式。在其领导下，宜家将郊区门店转变为送货上门的配送中心，从而服务不断壮大的在线顾客群体。同时，宜家提供家具租赁服务并投资市中心的小型商店从而拉近与顾客之间的距离，这代表其开始背离原始商业模式。

为解决潜在的领导力和知识缺乏问题，有志于进行商业模式创新的现有企业需要系统地确定、培训并赋权于内部领导者，特别是有关他们广义对待创新的开放态度（不局限于技术、产品或流程创新）。正如我们所见，商业模式创新经常涉及许多动态部分的深远变化。因此，它要求管理者和雇员都能够全面思考并谨记"大图景"，接受合作伙伴关系（或顾客），把技术视为新经营方式的推动者而非目的本身，保持灵活性并适应快速变化的顾客偏好及竞争环境，拥抱而非恐惧不确定性。换言之，企业的人力资本不仅需要针对商业模式和变革管理进行培训，还需要拥有更具创业精神的思维方式。这种思维方式将不确定性视为机遇的来源而非威胁。相比传统规划方法，它强调进行有趣但纪律严明的低成本试验，并鼓励个人主动改变现状。

此外，正如海尔的案例所示，鉴于商业模式创新是一个可能需要数年时间才能完成的变革过程，所以应当避免管理层的快速轮换。否则，可能会出现责任不清的问题。此外，在培养内部领导者的同时，还应当从外部雇用具备所需技能的新领导者，创设独立的组织单位，并奖励进行商业模式创新的组织单位。应当谨慎构建这些部门，从而保证其与母公司之间不存在太多分歧。不然日后它们将很难融入主流业务。

德国照片冲印企业CEWE证明了领导力与管理的必要性。[1]在数码摄影取代模拟摄影的市场风暴中，CEWE是少数不仅能从中幸存，还能够蓬勃发展的企业之一。CEWE成立于1961年，在1996年时已成为欧洲最大的照片冲印企业，仅当年就冲印了超过21亿张彩色照片。然而，10年后，模拟照片业务几乎不复存在，该领域内世界最大的企业柯达于2012年宣布破产。CEWE通过试验数字技术并主动将其引入市场，成功避免了同样的命运。例如，早在1997年，该企业在药店和超市安装终端，允许顾客自行打印数码照片，从而在根本上削弱了CEWE依赖具有先进打印技术的照片冲印实验室网络的主流商业模式。在研发中的巨大投资对此予以支持。

企业高层管理层明确肯定了CEWE的新方法。企业创始人、时任董事长海因茨·纽穆勒在数码照片终端样品的展示会上公然斥责数码团队，说他们破坏了其毕生的成果。然而，他又马上询问："你们何时能够完成头一百个终端？"为此，企业从外部雇用了新员工，而非依靠工作在模拟照片冲印商业模式中的长期员工。新员工为企业带来数码技能及全新的思维方式。这是从模拟照片冲印业务快速且彻底地转型至数码照片冲印业务的重要步骤。CEWE最终成为照片与其他个性化印刷品（如指南、传单、海

1　本案例基于 Frankenberger et al.（2012）。

报、杯子等）的杰出供应商。

预测并克服影响变革的阻力

关于如何克服管理者及雇员对变革的抗拒，有大量的知识与建议。解决方案多集中于软技能（如沟通、说服与强迫）与结构性措施（如调整激励、雇用外部人员及创建独立的组织部门）的结合。[1]最有助于商业模式创新的结构性方法是通过不同的组织安排、组织成员、地理位置和/或实体基础设施，在结构或空间上将新商业模式与旧商业模式分隔开来。[2]

Nespresso是一个典型的例证，最初，其是雀巢公司内部的一种新商业模式。尽管Nespresso与雀巢核心业务Nescafe一样都售卖咖啡，但这两种商业模式全然不同。Nescafe通过超市向大众市场销售速溶咖啡，而Nespresso则专门针对年轻的都市职场人士。此外，Nespresso选择将独家俱乐部作为经销商。换言之，Nescafe采用的是典型快消品商业模式，而Nespresso则采用类似于奢侈品制造商的商业模式。这两种商业模式不仅互不相同而且相互冲突。实际上Nespresso咖啡削减了Nescafe的销量。因此，雀巢将Nespresso作为新部门设立于瑞士的另一个城镇，任命一位新秀担任首席执行官，并赋予该企业在其认为适当的市场竞争中的自由和自主权。事实证明，这种方法取得了巨大成功，Nespresso已经成为雀巢公司最赚钱的部门

---

1 根据 Cummings 和 Worley 的观点，自我能力（或"自我管理"）与人际交往能力都是组织发展的必要技能。自我能力是指了解"自己的价值观，拥有与目的相关的能力，及在帮助他人时表现出负责任的正直特质"。重要的人际交往能力涉及"团队动力，比较文化视角，作为基础知识的业务职能，将咨询过程和便利化作为核心技能的组成部分进行管理"。这些能力有助于建立关系，该关系的建立"从掌握组织的观点开始，需要倾听成员的看法和感受……这种理解为联合诊断及解决问题提供了起点"（2009，p. 52）。

2 Frankenberger，Zott（2018）.

之一。

然而，结构性分离也存在重大缺陷，如两种商业模式间的冗余或未能充分利用的协同效应、潜在积累的不同的组织文化、治理与激励制度，推迟且尚未决定如何以及何时从旧模式转换到新模式。评估是否、何时及如何整合新旧商业模式尤为困难。

对抗组织惯性

商业模式文献就如何对抗老牌公司中的组织惯性给出的建议是，持续检验新商业模式。这似乎对克服进行商业模式创新面临的障碍至关重要。[1]检验方法包括"探索"（试图通过参观"领先地区"或在"创新热点"城市设立发展中心来"体验未来"）、局部检验与市场检验，及企业风险投资。[2]

检验会就商业模式创新的可行性提供宝贵信息，从而减少相关的市场不确定性。它还在组织内部传递了一个有力的信息：采用创业思维方式与创业过程的重要性。商业模式创新团队成员敢于尝试，从而挑战传统的企业完美主义，他们所传递的创业精神与力量会扩散至其他组织成员，增加他们接纳创新的热情及意愿。在这方面，致力于促进检验新商业模式和提升员工创业主动性的正式项目（如加速器项目）可能会有所帮助。

以德国工业巨头博世为例。自2017年起，博世已投资上百个内部团队，这些团队一起工作6~12个月并获取资金来检验新商业模式理念。其中，超过2/3的项目在3个月后被参与者自行叫停，另外1/3在12个月后被叫

---

1 Sosna，Trevinyo-Rodríguez，Velamuri（2010）；Andries，Debackere（2013）.
2 Doz，Kosonen（2010）.

停。[1]换言之，只有不足1/10的项目能在头一年存活下来。该项目带来了重要的教训与深刻的文化信息，即"失败没关系，它是过程的一部分"。因此，经常尝试至关重要，如果不成功，那么最好尽快且低成本地失败。

企业越来越多地采用各种制度化方法，从内部系统地推进创新。这些方法同样适用于商业模式创新，包括加速器、孵化器、创新实验室、跨职能团队、侦察任务及挑战（如编程马拉松）。[2]此类组织方案可以进行商业模式创新的方案设计。可以将商业模式创新作为一种可能（但不唯一）的创新形式添加到现有安排中。

加速器

加速器是持续固定时长（通常是3个月）的创业项目。它注重学习并为新创公司提供全面咨询（涉及导师、项目主管、顾客、客座讲者、校友及同行）。[3]这些项目可以是企业的一部分，也可以独立运行。著名的独立加速器包括Y Combinator（在硅谷）、Techstars（最初在科罗拉多州博尔德市，现已成为全球连锁企业）及Seedcamp（在伦敦）。有时独立加速器也与企业密切合作。在这种情况下，只有同时符合合作伙伴与加速器需求的新企业才会入选该项目，并且该项目强调在合作伙伴与初创企业间搭建桥梁（如交换信息与资源）。企业加速器接纳内部及外部创业项目。项目的入选要求取决于企业的战略目标。获准外部项目的比例越高，公司层战略就越强调进行"由外向内"的创新。

加速器项目旨在帮助初创企业在更短（短于仅凭自身力量）的时间内

1　Osterwalder，Viki，Pigneur（2019）.
2　参见 Prats 等（2018）的精彩概述。
3　本部分借鉴 Hallen，Bingham，Cohen（2014）；Weiblen，Chesbrough（2015）；Tom（2016）；Seed-DB 网站；种子加速器。

成长与发展。这些企业参与者得到的指导与教育会帮助他们在实地检验前，调整商业模式与战略，并加强对创业环境的理解。这还有助于进行外部筹款。在美国，风投资本支持的企业（在2015年获得A轮融资）中有1/3曾经历过加速器项目。[1]其中，一些加速器参与者（包括爱彼迎、SendGrid和Dropbox）后来大幅增长。研究还表明，一些（但不是全部）加速器实现了预期目标，同时还成功加快了新创公司相关业务指标的增长，如资金、网络流量或员工成长。简言之，加速器承诺通过显著缩短进入市场的时间，助力商业模式创新。

孵化器

与加速器一样，孵化器也瞄准处于早期发展阶段的企业（如刚推出或即将推出第一项产品或服务）。然而，相比重点强调通过密集辅导与同行咨询进行快速学习的加速器，传统孵化器主要通过打折提供实体基础设施（如办公场地、互联网连接、打印机）与专业服务（如法律、会计、行政支持）的方式帮助企业。目标是为企业提供构建价值创造商业模式所需的时间与资源。他们在不同的时间接受新创公司，并且新创公司在孵化器中的时间不尽相同。相比之下，加速器允许一系列企业在固定（且短）的时间内同时开始及结束。

与独立孵化器一样，企业孵化器为年轻企业提供资金、合作地点、专业知识及人脉。整体意图是为创始团队（可以由现有员工组成）提供初创企业般的环境，保护其免受母公司（通常低速且官僚）的影响。同时，孵化企业会受益于母公司的资源（如顾客或技术资产）与能力。这为其提供了显著的优势，推动其尽早实施商业模式创新项目。但是，来自母公司过

1　Tom（2016）.

多的支持与免于市场压力的保护也可能增加孵化企业后期进行商业模式创新的失败成本。此外，与母公司的密切关系可能会限制其与其他竞争对手建立伙伴关系，或开发出可能蚕食或扰乱企业赞助商的商业模式。[1]

创新实验室

创新实验室是一个带有共享工作空间的专用物理环境或场所，在这里，员工可以与他人一起探索新产品、服务或商业模式理念。与传统工作区不同，创新实验室旨在创造令人亢奋且无威胁的环境，营造能够激发创造性的氛围。"除空间的建筑独特性外，这些中心还有激发个体与团队创造性思考的不同流程，如以新方式思考现有问题、产生新理念并思考实现这些理念的方法。"[2]这意味着在商业模式创新的背景下，创新实验室在过程的早期阶段尤为有用。当实施阶段出现需要用创造性方法提出有效对策的问题时，它也会非常有用。

创新实验室可以是老牌公司（营利性或非营利性）的一部分，该公司有足够的资源运行内部项目，从而鼓励员工创新。这是一种能够快速满足所属组织特定创新需求的灵活工具。创新实验室可以只设立几天，也可以运行数月。它还可能是企业创新过程中根深蒂固的一部分，有助于进行源源不断的创新。

跨职能团队

跨职能团队的成员来自不同职能领域，如市场营销、工程、制造及采购，还可以从组织外部（如顾客、供应商或合作伙伴）招募成员，由此，

1　Hallen，Bingham，Cohen（2014）；Weiblen，Chesbrough（2015）；Prats et al.（2018）.
2　Magadley，Birdi（2009）.

跨职能团队反映了商业模式的跨界性。传统意义上，这种团队在产品创新中发挥重要作用，他们会增加创造性并减少"群体思维"。创造性合作过程会促成创新性成果，尤其是当满足以下条件时：（1）强烈的团队认同感（与团队成员主要认同职能领域相反）；（2）鼓励冒险；（3）顾客参与团队；（4）高层管理部门积极监督跨职能团队的项目。相反，团队成员间强大的社会凝聚力（人际吸引力、舒适度及保持密切的人际关系的承诺）不利于创造性团队的产出。有趣的是，观察发现，职能多样性（由团队成员来自的不同领域数量衡量）对创新并没有显著的积极（或消极）影响。[1]

跨职能团队也可能在商业模式创新中扮演重要角色，特别是早期设计及后期实施阶段。上述阶段提倡创新性成果，同时需要确保企业各职能领域与业务部门的参与及支持。根据近期对德国、奥地利及瑞士44家企业的140多个商业模式创新项目进行的研究，我们认为，成功的关键参数（其中将成功定义为由此产生的商业模式的创新程度）如下。[2]

- 商业模式创新计划团队与相应的业务部门之间高度的任务差异化，即商业模式创新计划团队的成员很少利用业务部门现有的知识与技能。相反，他们在业务部门之外寻找新的技能、知识、系统及过程。

- 高度的社会融合——团队成员与业务部门之间，而非在团队成员之间（正如产品创新的研究所示，这可能是有害的）。这种社会融合是指关系的质量（你与某人的亲密度、你们的联系频率）、关系的数量，以及关系中的各方对愿景的共识程度。换言之，即使商业模

1　Sethi，Smith，Park（2001）.
2　Frankenberger，Zott（2018）.

式创新团队不应过度依赖企业现有的能力，追求高度的任务差异化，但他们也不应该完全从"母船"中"脱离"出来，而应与既定商业模式中的管理者保持热情友好的社会关系。

- 最后，采用正确的主动治理形式会增强任务差异化及社会融合对商业模式创新性的联合积极影响。与有关跨职能团队的资料一致，这发生在：（1）团队是自我导向的，即团队成员被授予"做好其工作"的高度自主权；（2）团队处于具有挑战性绩效要求的环境中，即团队成员之间的职业道德很强且志向很高。[1]

除了跨职能团队的结构设置外，对运营过程的思考也十分重要。该过程的示例包括Agile、Kanban、Scrum及其他精益流程。

侦察任务及挑战

侦察任务是企业设立的临时项目，旨在及时收集中心企业核心利益领域中有趣的新发展（如商业模式创新）的相关信息。团队成员或受托的专业人士（"侦察员"）通常会向初创企业、发明家、专业咨询公司和/或大学研究者寻求意见。他们还参加被视为创新前沿的会议与贸易展览。专注于开展研究的智库是该组织方法的另一种体现形式，它作为独立机构或企业的一部分存在，这是一种更为长久的机构安排。例如，三星公司的Think Tank Team就是内部跨学科智库，其中包括科学家、工程师、战略家、研究人员及设计者。[2]

对于企业而言，可以通过组织竞赛（更具体地说，商业模式挑战）更直接主动地获取有关创新性商业模式及其相关技术趋势的信息。这需要公

1　Glaser，Stam，Takeuchi（2016）.
2　Think Tank 网站。

开邀请内部/外部参与者来解决中心企业的具体商业模式问题。创新者（个体、团队或初创企业）通过关注具体问题，有机会构建原创概念并将其提交给中心企业。这些概念不仅承诺通过商业模式创新创造价值，还会促进老牌公司内进行新思考与新学习。换言之，挑战是变革企业文化与雇员思维方式的有效工具。例如，拥有170年历史的德国家族企业捷德公司，以可靠且领先的钞票与安全技术闻名于世，该企业使用挑战（成为"编程马拉松"）挖掘员工的创业动力与潜力，并变革企业文化。

第五节

针对有效商业模式设计者的关键要点总结

在本章中，我们全面分析了老牌公司采用的商业模式的实施情况，思考面临的相关挑战及提出一些对策。鉴于商业模式的复杂性及跨界性，商业模式创新意味着要进行一系列深远的变革。总体而言，企业必须确保新商业模式与现有战略（竞争战略及公司层战略）、内部组织及生态系统相契合。

进行商业模式创新所面临的两个较大挑战是来自组织成员的抗拒改变（主动抵抗）及组织惯性（被动抵抗）。可以通过应用管理软技能应对主动抵抗，也可以通过更多"结构性"方法应对主动抵抗，如创建独立的业务部门或雇用外部人员。然而，强硬将新旧商业模式分开是很棘手的，并且会产生一系列较大的潜在阻碍。与此同时，可以通过不断尝试采用新商业模式来应对组织惯性。企业可以通过多种方式更加正式地将这种实验制度化，包括加速器、孵化器、创新实验室、跨职能团队、侦察任务及挑战。

一般而言，克服商业模式创新带来的挑战不仅需要具备整体性，而且需要具备富有企业家精神的思维方式。这就不仅要求我们站在更高的层次上把握商业模式，并处理其中错综复杂、相互关联的动态问题，还需要进行全面且敏锐的变革管理，特别是当新商业模式可能具有高度破坏性甚至会蚕食现有商业模式时。因此，企业的高层管理者必须高度参与此过程，并赋予新商业模式具有决定性的重要战略地位。

参考文献

［1］Andries, P., Debackere, K. & Van Loy, B. (2013). Simultaneous experimentation as a learning strategy: Business model development under uncertainty. *Strategic Entrepreneurship Journal* 7(4), 288–310.

［2］Bohnsack, R., Pinkse, J. & Kolk, A. (2014). Business models for sustainable technologies: Exploring business model evolution in the case of electric vehicles. *Research Policy* 43(2), 284–300.

［3］Bosbach, K., Bidmon, C., Brillinger, A. S. & Rohrbeck, R. (2019). New business model implementation in corporate settings: The importance of cognitive alignment work. *Academy of Management Proceedings* 2019(1).

［4］Chesbrough, H. (2010). Business model innovation: Opportunities and barriers. *Long Range Planning* 43(2–3), 354–363.

［5］Chesbrough, H. W. & Appleyard, M. M. (2007). Open innovation and strategy. *California Management Review* 50(1), 57–76.

［6］Chesbrough, H. & Rosenbloom, R. (2002). The role of the business model in capturing value from innovation: Evidence from Xerox Corporation's technology spin-off companies. *Industrial and Corporate Change* 11(3), 529–555.

［7］Cummings, T. G. & Worley, C. G. (2009). *Organization Development and Change*. 9th Edition. Stamford, CT: South-Western Cengage Learning.

［8］Doz, Y. L. & Kosonen, M. (2010). Embedding strategic agility: A leadership agenda for accelerating business model renewal. *Long Range Planning* 43(2–3), 370–382.

［9］Frankenberger, K., Gassmann, O., Sauer, R., Lee, J. Y. & Meister, C. (2012). CEWE business model innovation – when disruptive technologies hit you. University St. Gallen, Case Study.

［10］Frankenberger, K. & Zott, C. (2018). The role of differentiation, integration, and governance in developing innovative business models. *Academy of Management Proceedings* 2018(1).

［11］Frynas, J. G., Mol, M. J. & Mellahi, K. (2018). Management innovation made in China: Haier's rendanheyi. *California Management Review* 61(1), 71–93.

［12］Glaser, L., Stam, W. & Takeuchi, R. (2016). Managing the risks of proactivity: A multilevel study of initiative and performance in the middle management context. *Academy of Management Journal* 59(4), 1339–1360.

［13］Hallen, B. L., Bingham, C. B. & Cohen, S. (2014). Do accelerators accelerate? A study of venture accelerators as a path to success. *Academy of Management Proceedings* 2014(1).

［14］Hamel, G. & Zanini, M. (2018). The end of bureaucracy. Harvard Business Review November–December, 51–59.

［15］Han, H. (2016). The co-evolution of business model and internal management in corporate transformation. Working Paper Draft, The Wharton School, University of Pennsylvania.

［16］Hannan, M. & Freeman, J. (1977). The population ecology of organizations. *American Journal of Sociology* 82(5), 929–964.

［17］Kim, C. W. & Mauborgne, R. (2005). Value innovation: A leap into the blue ocean. *Journal of Business Strategy* 26(4), 22–28.

［18］Magadley, W. & Birdi, K. (2009). Innovation labs: An examination into the use of physical spaces to enhance organizational creativity. *Creativity and Innovation Management* 18(4), 315–325.

［19］Markides, C. & Charitou, C. D. (2004). Competing with dual business models: A contingency approach. *Academy of Management Perspectives* 18(3), 22–36.

［20］McGrath, R. (2010). Business models: A discovery driven approach. *Long Range Planning* 43(2–3), 247–261.

［21］Osterwalder, A., Viki, T. & Pigneur, Y. (2019, November 15). Why your organization needs an innovation ecosystem. Harvard Business Review Digital Articles.

［22］Prahalad, C. K. & Bettis, R. A. (1986). The dominant logic: A new linkage between diversity and performance. *Strategic Management Journal* 7(6), 485–501.

[23] Prats, J., Siota, J., Gillespie, D. & Singleton, N. (2018). Organizational agility. *Oliver Wyman and IESE Business School.*

[24] Schmitt, L. (2019). Challenges affecting the adoption of B2B electronic marketplaces. *Journal of Business Chemistry* 2019(3), 154–164.

[25] Seed-DB website. Seed accelerators.

[26] Sethi, R., Smith, D. C. & Park, C. W. (2001). Cross-functional product development teams, creativity, and the innovativeness of new consumer products. *Journal of Marketing Research* 38(1), 73–85.

[27] Snihur, Y. & Zott, C. (2020). The genesis and metamorphosis of novelty imprints: How business model innovation emerges in young ventures. *Academy of Management Journal* 63(2), 554–583.

[28] Sosna, M., Trevinyo-Rodríguez, R. N. & Velamuri, S. R. (2010). Business model innovation through trial-and-error learning: The Naturhouse case. *Long Range Planning* 43(2-3), 383–407.

[29] Suning Holdings Group website. Company profile.

[30] Suning Holdings Group (2019, March 29). Suning.com reveals 30.35% year-on-year growth in 2018. Cision PR Newswire.

[31] Think Tank website.

[32] Tom, M. (2016, February 5). One-third of U.S. startups that raised a Series A in 2015 went through an accelerator. *Pitchbook.*

[33] Weiblen, T. & Chesbrough, H. W. (2015). Engaging with startups to enhance corporate innovation. *California Management Review* 57(2), 66–90.

CHAPTER 11

第十一章

新创公司进行商业模式创新——平衡闪耀的
前景与沉船的风险

第一节

进行商业模式创新对新创公司的重要性

为满足日益增长的房地产外包需求，英国企业家Mark Dixon于1989年创立Regus（后更名为国际工作场所集团，IWG）。IWG主要为专业人士及企业提供灵活的服务式办公空间，我们可以将其采用的商业模式简单地描述为"空间即服务"。该商业模式中的关键活动是寻找、设计、建造及运营办公空间。IWG总部位于比利时首都布鲁塞尔，其自1994年开始在拉丁美洲、亚洲和美国进行扩张。在互联网初创企业的强劲需求的推动下，它开辟了许多新空间，并于2000年在伦敦证券交易所完成首次公开募股。然而，在当年年底突发"互联网泡沫"后，IWG 开始陷入挣扎状态。2003年，IWG根据《美国破产法》第十一章针对在美国的业务申请破产保护。这令人震惊，同时凸显了新创公司采用新商业模式面临的几个关键挑战：

- 建立强大的资产负债表与完善财务状况，拥有正现金流与低债务水平（如通过适度而非过于激进的增长实现）；

- 通过事先进行仔细的商业规划并考虑最坏的情况，来证明新投资对业务增长的合理性；

- 分散风险（如通过争取合理的顾客组合）；

- 通过选择可行的收入模式以确保盈利（如正确分配涉及空间租赁与技术支持、办公人员等方面的服务的收入）。[1]

由于关注到这些挑战，IWG得以继续发展，并深化国际业务。2018年（成立近30年后），IWG的业务涵盖120多个国家/地区，在1100个城市设有3500个分支机构，收入接近40亿美元，营业收入达到2亿美元。IWG在2019年秋季的市值约为45亿美元。

IWG与美国企业WeWork几乎在所有实施维度及绩效指标上都形成鲜明对比，后者于2010年由亚当·诺伊曼（Adam Neumann）与米格尔·麦凯维（Miguel McKelvey）在纽约共同创立。WeWork与IWG的商业模式非常相似，在2019年9月被迫取消计划进行首次公开募股前，其估值已超过400亿美元。WeWork在向美国证券交易委员会（SEC）提交的文件中披露了其面临的巨额亏损情况，这引发投资者对其实施方式的严重担忧。截至2019年9月，WeWork自成立以来共融资128亿美元，但仅在2018年，在收入为18亿美元的情况下，亏损19亿美元。[2]出现这种情况可以归因于其在美

---

1 IWG首席执行官Mark Dixon将酒店的商业模式作为自身拥有的共享工作空间模式的模板。如果你不对服务收费，那么它"就像一家免费提供所有食物、饮品及客房服务的酒店。你的酒店可能会客满，但你不会获得分文"，参见Eavis（2019）。

2 United States Securities and Exchange Commission（2019）；Powell（2019）.

国黄金地段（如纽约、波士顿与旧金山）进行的快速且激进的投资，及自2017年起在中国与东南亚地区进行的大规模扩张。这家年轻的企业在其他方面也被严厉批评。就企业治理而言，用6000万美元购买了一架湾流G650客机；投资不相关的项目，如投资一所位于曼哈顿的私立学校（由创始人兼时任首席执行官亚当·诺伊曼的妻子经营）；诺伊曼雇用亲密朋友与家人。诺伊曼在其他方面自恋且自大的领导风格也被批评，导致他在2019年底被迫辞职。表11.1比较了2019年IWG与WeWork的差异化实施方案。

鉴于IWG与WeWork支持的商业模式高度相似，因此可以将这两家企业具有明显不同的表现归因于成立时间与成熟度，它们在收入模式、房地产战略、成长战略、选址战略、产品战略方面采用差异化的实施方案，面临不同的治理与领导问题。本节将说明新创公司深思熟虑地解决采用新商业模式带来的问题至关重要。

表11.1　2019年IWG与WeWork的差异化实施方案

	IWG（2019年）	WeWork（2019年）
收入模式	服务收入占总收入的28%，其余来自租金	服务收入占总收入的5%，其余来自租金
房地产战略	与房东的短期租赁；越来越多地使用特许经营模式，合作伙伴以IWG品牌进行经营并承担租赁风险	与房东的长期租赁（因此，拥有470亿美元的未偿租赁债务）
成长战略	适度且精心规划的成长	国内国际快速扩张
选址战略	"四处分布办公室"，例如，覆盖美国的每个城镇与郊区，从而匹配顾客的新数字工作模式（并分散业务风险）	聚焦大城市的黄金地段
产品战略	通过采用具有不同价位的多品牌方式（如酒店）吸引不同的顾客群体（如从自由职业者到大型企业工作人员）	聚焦自由职业者和创业者，为其提供共享工作空间与孵化服务，积极促进他们之间进行合作

在新创公司中进行商业模式创新——挑战还是机遇

　　就定义来看，新创公司存在的时间很短，因此，这些公司阻碍进行商业模式创新的力量通常弱于老牌公司。[1]同样，新创公司的创始人与雇员习惯于进行关键战略维度的频繁变化（所谓的"转型"），从而保证公司得以存活。因此，一般来说，新创公司内部的主动抗拒不会像老牌公司那样显著（当然也有例外）。或许更为重要的是，年轻的新创公司会更多地将采用创新性商业模式视为机遇而非挑战。[2]确实，将商业模式概念化并进行定义是每个创始人都需要

1　然而，正如 Snihur，Zott（2020）所发现的那样，新创公司展现出其他会阻碍商业模式创新的组织机制与认知过程，如创始团队成员基于共识做出决策的方式可能会抑制商业模式创新，因为它支持"最小公分母"，即一种相对标准化且被广为接受的商业模式。

2　需要注意的是，与老牌公司相比，针对新创公司进行商业模式创新的研究较少，这可能是因为真实情况可以发现的内部障碍比较少。

进行的最基本的战略性决策。此外，采用创新性商业模式的可能性为所有创始人提供了创造价值的杠杆。从这个角度看，进行商业模式创新是公平的，因为创始人无须依赖独有的宝贵稀缺资源（如专利或技术诀窍）等就能提出可能会颠覆现有企业采用的商业模式的突破性创新方式并开辟全新的市场。因此，在进行商业模式创新时，新创公司比老牌公司可能面临的障碍更少。

商业模式创新还会在其他重要方面影响新创公司。新创公司很可能（至少在一定程度上）满足本书前面提到的那些支持商业模式创新的条件，如采用创业的思维方式、设计的心态，愿意接受实验，对合作持开放态度及关注顾客需求。新创公司的领导者作为公司的所有者，往往愿意且有能力推动商业模式创新（尤其当其拥有足够的决策权时），从而克服了前一章中提到的商业模式创新领导力缺乏的问题。[1]

有趣的是，其他企业（如Instagram、亚马逊、谷歌搜索等数字平台）的商业模式创新也可能为创业者带来开展新业务的商机。相当多直接面向消费者的企业（例如，售卖剃须刀片、袜子或床垫的企业）在网上诞生，它们使用第三方数字平台执行关键活动。2018年，亚马逊58%的商品销售额（约1600亿美元）由独立供应商完成，这一业务板块的销售额的增速超过亚马逊自身销售额的增速。[2]同年，苹果向应用商店中的供应商支付了340亿美元。

即便如此，也需要敏锐管控新创公司进行商业模式创新的风险，从而保证战略契合与外部契合，同时新创公司的商业模式创新可能给商业模式的外部利益相关者带来不必要且高风险的单边依赖。正如我们接下来所解释的，它面临自身特有的领导及治理问题。

---

1 Snihur, Zott（2020）.
2 Bezos（2019）.

这是关于管理风险而非承担风险

　　风险与不确定性是创业过程的固有特征。[1]尽管有人认为企业家与赌徒同样都是风险的承担者，喜欢赌注高且胜算低的情况，但总体而言情况并非如此（当然并无科学依据）。[2]大多数企业家厌恶风险，他们热衷于最小化风险，从而提高企业存活（与成功）的概率。

　　虽然有很多风险类型，但初创企业的风险一般集中为以下五种类型（见图11.1）：（1）需求侧风险（如顾客对产品的接受度可能不似预期）；（2）供给侧风险（如与管理团

1　根据 Knight（1921）的观点，"风险"是指一种情况，在这种情况下，可以确定替代结果，因此可以对风险进行"保险"。然而，"不确定性"是指无法确定替代结果的可能性，因此，无法投保。Knight 相信企业家的关键作用在于可以承担不确定性。

2　MacCrimmon，Wehrung（1988）.

队、产品/服务、技术、合作伙伴及供应商有关的风险）；（3）竞争风险
（如竞争对手模仿产品）；（4）资本市场风险（如资金、时机与退出价
值）；（5）环境（如宏观经济、监管与政治）风险。商业模式创新可能
会强化其中的一些创业风险，而削弱另一些风险（见第四章，商业模式创
新的优缺点）。其他风险则可能根本不受影响。

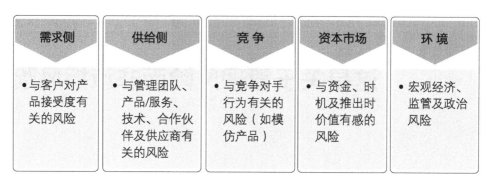

图11.1　新创公司面临的风险类型

　　例如，全新的商业模式创新可能会增加需求侧风险，因为顾客可能会
怀疑该新模式的合法性，至少最初是这样。想想仅因为很多顾客最初不愿
使用信用卡进行在线支付，亚马逊等电子商务企业耗时多少年才最终实现
腾飞。商业模式创新还会带来增强的供给侧风险，如当涉及复杂的合作伙
伴关系及产生强烈的路径依赖的资产投资时。此外，它们很容易被模仿，
从而增加竞争风险，正如迪士尼通过 Disney Plus 进军流媒体娱乐服务所
示，它类似于 Netflix 的流媒体服务，但由于迪士尼拥有一个庞大的电影
库，因此已具备良好的开端。[1]当主导企业从事非公平竞争业务时，就会
产生尤为强烈的竞争风险。例如，2001年初，谷歌公然改变搜索算法，将
自己的在线比价服务置于竞争对手（如Kelkoo，一家成立于1999年的欧洲
企业）之上。从那时起，谷歌的服务出现在顾客搜索查询的顶端，不再有

1　Barnes（2019）.

顾客流量从谷歌转向其他网站。结果，Kelkoo收入中来自谷歌搜索引擎推荐的份额下降90%以上。谷歌因这一反竞争行为被欧盟处以27亿美元的罚款。因此，它基本能够粉碎一个早期先驱及商业模式创新者。本案例凸显了商业模式创新战略对新创公司的重要性。[1]

创新性商业模式还会增加资本市场风险，因为天使投资者和风险投资者等资金提供者可能会推迟为尚未证实的商业模式提供资金。最后，这还会增加环境风险。以中国网约车集团滴滴出行（Didi Chuxing）及其拼车业务模式为例，该模式替代了火车或公交车等传统交通服务。自2019年两名女乘客被司机谋杀后，中国有关部门暂时叫停了该业务，从而引发监管部门对与此商业模式相关的公共安全的担忧。

虽然强大的商业模式设计可以部分化解商业模式创新的一些风险（见第五章），但其他的问题则必须通过企业风险管理技术解决，如商业计划或发现驱动计划（见第七章）方面的问题。因此，商业模式创新的数字时代并未削弱风险管理对新创公司的重要性。相反，其重要性一如既往：对基本商业风险的忽视或管理不当会带来灾难性的财务后果。低估的成本、高估的需求及对业务扩张过于激进的投资（如通过快速且宏大的国际扩张）会带来强烈的负现金流，这可能需要进行业务重组（如WeWork），否则将面临破产（如在Better Place的情况下）。

1　Satariano（2019）.

第四节

依赖外部第三方：诈骗者困境

在新创公司进行商业模式创新中，需要强调的一个特殊风险是其对第三方的潜在依赖性。正如我们在整本书中所见，商业模式创新通常是跨界的，这意味着中心企业不会执行所有活动，有些（包括重要的）会外包给外部供应商。这样一来，一方面需要合作伙伴，另一方面这些非常相似的合作伙伴（或"诈骗者"）可能会滥用市场力量，盗用新创公司自身的创意、知识产权及其他有价值的资源。因此，新创公司面临"诈骗者困境"，即在什么情况下，其会选择具有高滥用市场力量或盗用风险的合作伙伴而非风险较低的合作伙伴？[1]

有关"诈骗者困境"如何在数字经济中发挥作用的例证

1　Katila，Rosenberger，Eisenhardt（2008）.

是，新创公司正越发依赖强大的数字平台，如苹果及谷歌的应用商店、亚马逊市场、eBay、或Facebook及Instagram。[1]这些平台正在改变创始人创业及运营的方式。创业者在数字平台上交易时经历的独特依赖关系似乎与传统的企业依赖关系相矛盾。学者们创造出"依附式创业"这一术语反应创业者必须在电子平台上成功运作的依赖关系，并强调这些平台创造的新创业模式。[2]据说，苹果及Alphabet（谷歌的母公司）等科技巨头越来越严格地控制面向个人消费者的数字产品分销是过去10年间由B2C向B2B明显转变的原因之一。[3]

1 Kenney，Zysman〔2016〕.

2 Cutolo，Kenney〔2019〕.

3 Lohr，Griffith〔2019〕.

第五节

足以"沉船"的内部治理与领导问题

　　除了资历浅外，新创公司还具有很多独特之处，这些特质将其与老牌公司（尤其是上市公司）区别开来，并影响对其的治理与领导。[1]第一，新创公司中所有权与控制权的分离较少，而这正是老牌公司采取治理行为（如纪律严明的董事会监督等）的主要驱动因素。新创公司中首席执行官与所有者（利益相关者）的经济利益通常比老牌公司更一致。因此，相比老牌公司，新创公司通常不那么需要用差异化的财务激励方式来监督管理者的代理问题。

　　第二，领导力方面通常会面临来自创始团队组成与规模

1　本节借鉴 Garg（2013）。

的挑战。常见的问题包括缺少对角色与责任的明确定义，导致创始人之间发生冲突；创始人缺乏关键能力；随着企业规模扩大，创始人感受到被背叛或迷失的角色困惑；创始人沟通不畅导致出现挫折感与低效性。

第三，创业型企业通常面临资源匮乏的问题，尤其是在企业发展的早期阶段。它们通常在高不确定性下运作，特别是当其处于新兴市场和/或聚焦商业模式创新时。这意味着企业董事会能够用于评估企业绩效的有意义财务指标（如利润或股本回报率）较少。因此除关注公司层战略外，董事会成员可能不得不转向关注更细致的经营活动及决策，如产品介绍或雇员的招聘与解聘。

第四，新创公司的董事会成员通常持有大量股份，尤其是当他们是专业投资者代表时。一般他们还具备相关行业的重要知识，这有助于其指导公司并实现公司增值。因此，他们更多地将自己的任务定位为帮助管理团队创造价值，而非引导并保证进行适当的治理行为。这种做法的一个弊端就是造成董事会与管理团队"过于亲密"。董事会与管理团队间一致的激励及共同的经济利益可能会出现管理真空，日后，这可能会再次困扰企业。

商业模式创新者优步和WeWork就是说明领导力挑战的典型案例。优步的联合创始人卡兰尼克在2017年迫于投资者压力辞职前，一直担任首席执行官。在任期内，优步被指企业无纪律且态度恶劣，纵容歧视与性骚扰。其中，许多指控被认为与卡兰尼克的行为及人格有关。[1]优步因采取过于激进的措施而广为人知，人们普遍认为这些措施是麻烦且不道德的，包括无视地方法规而快速进入市场；在战争或自然灾害（如飓风桑迪）期间实施峰时定价；试图通过雇用独立承包商"破坏"来福车（通过预订及取消乘

1　Isaac（2017）.

车），从而颠覆竞争对手及掩盖重大的数据泄露事件。[1]同样，WeWork的创始人兼首席执行官亚当·诺伊曼也在构建企业文化方面扮演重要角色。WeWork最大的投资者、软银愿景基金（Softbank Vision Fund）的孙正义（Masayoshi Son）后来承认，他忽视了诺伊曼的负面影响及随之而来的治理问题。孙正义说："我个人的投资判断着实很糟糕。在很多方面，我都非常后悔。"说到亚当·诺依曼，孙正义表示："我无视了他的许多负面观点。"[2]

最后，治理问题会使领导力问题进一步恶化（反之亦然）。先前的研究已经表明，如果对有问题的企业家领导力（如自恋与自大）不加控制，则会导致高管团队失衡并加速小的初创企业倒闭。自恋是一把双刃剑，会使管理者"大胆行动"，[3]但也被证实对创业型企业有害。[4]过度承诺或兑现不足、鲁莽冒险或任人唯亲等特定领导行为也被认为是有害的。这些都可能对初创企业的发展产生相似的破坏性影响，并因此危及商业模式创新成功实施。

1　Popper（2013）；Newton（2014）；Newcomer（2017）.
2　Dvorak，Fujikawa（2019）.
3　Chatterjee，Hambrick（2007）.
4　Engelen，Neumann，Schmidt（2016）.

第六节

进行商业模式创新面临的特定障碍

　　前文提到了老牌公司进行商业模式创新面临的特定实施障碍——复杂性、惯性、缺乏商业模式专业知识、缺乏有能力有意愿的领导者及缺乏对正确商业模式的共识，这些同样适用于新创公司，特别是管理复杂性的挑战。新创公司成功进行商业模式创新的概率可能与商业模式设计中涉及的利益相关者数量与多样性呈负相关关系。这是因为需要思考与平衡利益相关者间众多且通常相异的偏好、激励、议价能力及价值获取可能性。利益相关者的数量越多，多样性越高，有人在实施过程中提出反对甚至中途退出商业模式的风险就越大。鉴于年轻的中心企业通常不能直接控制周围的合作伙伴及供应商网络，而且品牌知名度低、合法性不足和/或议价能力较低，它们可能会越来越依赖该网络。这反过来又会增加进行商业模式创新过程中遇到的问题甚至崩溃的风险。[1]

以色列创业企业Better Place的案例足以证明，该企业将交通作为服务的中心。该商业模式依赖环境友好型的电动汽车电池更换站与充电站系统，及汽车制造商、电池生产者、清洁能源供应商、能源分销商、基础设施建设与维护提供商、国家政府及终端用户的积极自愿参与。这家初创企业最终倒闭的原因之一就是商业模式的高度复杂性，使其极难实施。最终，汽车制造商（日产、雷诺）等关键合作伙伴拒绝继续合作，并终止了与其的合作关系。

---

1 Sandström，Osborne（2011）；Berglund，Sandström（2013）.

克服新创公司进行商业模式创新的障碍

每家企业在实施过程中所面临的挑战的具体特性与程度可能有所不同。为了有效克服新创公司进行商业模式创新的障碍，必须先进行全面分析，然后确定相关问题。根据分析结果，制定解决具体问题的特定方案。然而，旨在降低新创公司的风险是所有这些解决方案的共性。接下来，我们将介绍有效的风险管理办法，如商业计划、与商业模式利益相关者建立信任、降低对第三方的依赖（对抗诈骗者困局）、战略性选择收入模式及从第一天就进行优质的治理。

商业计划：管理风险的有效方法

针对进行商业模式创新的新创公司，创始人可以通过多种不同的方式管理一般风险。例如，投资自身的培训（如学习综合管理和/或具体的商业模式知识与技能），谨慎选择目标行业，与能者（联合创始人）抱团，吸引资金雄厚的投资者，并制订商业计划。因为制订商业模式计划会显著提高新创公司的存活率，所以它是管理新创公司固有风险的重要方式。[1]虽然对于企业的成功与存活率而言，创始人的不可控因素（如行业发展、机会随时间流逝的性质）似乎比商业计划更重要，但商业计划似乎是创始人所有可控因素中最重要的。这是为什么呢？

第一，商业计划促进企业发展。令人惊讶的是，许多创始人并未以有序的方式组织企业（确定想法，获取资源，构建商业模式，谨慎对其进行测试，开发并营销产品与服务等）。这有损其成功的概率。[2]当新创公司具有创新性商业模式时，缺少组织活动将带来更多的问题，由于（根据定义）商业模式还未在市场中实践与检验，因此其面临较高的失败风险。

第二，商业计划是指全面且系统地思考具有创新性商业模式的新创公司的过程。该过程可能比实际结果（商业计划）更重要，因为它有助于形成整体性思维方式（正如前文所示），这是商业模式创新的重要先决条件。它还可以帮助创始人认识到知识差距，记录需要缓解的风险，并找出需要阐明及测试的假设。换言之，商业计划有助于创业过程健康发展的纪律融入其中，从而降低不可预测性，使其更易管理。总之，作为认知活动的商业计划具有重要的降低风险功能。

第三，为保证有效性，商业计划不应只停留在对纯粹的概念层面的空想。相反，最好的创业实践包括进入具体领域，与人（顾客、行业专家、

---

1 根据 Delmar，Shane（2003）的研究，存活率提高了 60 个百分点。
2 参见 Shane（2008，Chapter 7）。

监管机构、竞争对手、供应商及其他人）交谈，询问反馈内容，并收集相关数据从而验证商业模式机遇的可行性。基于这些研究得出的商业计划将是一份精心准备的、连贯且简洁的企业描述、分析与评估文件。这份兼具事实与数据的文件（文本、幻灯片或一系列表格）将提供有关创始人、市场（顾客、竞争对手）、商业模式（创新）、产品、战略、财务前景及相关风险等关键信息。

因此，商业计划是创业者的重要决策工具（告知其是否及如何向前推进项目）、与其他人交流及"推销"机会的重要手段（如潜在投资者、雇员或董事会成员）、重要的风险管理工具，因为这样可以对比商业计划中的假设与从市场上观察得出的数据，并进行相应更新。换言之，商业计划是对第六章与第七章中提到的动态商业模式创新设计及开发流程（如发现驱动计划）的宝贵补充与输入。

因此，令人费解的是为什么尽管强有力的科学依据已证实商业计划的好处，但许多企业家仍然从不撰写，甚至有些企业顾问还强烈反对。诚然，商业计划的撰写需要时间，否则可能会付出高昂的代价，只能揭示静态且不完整的局部现实（永远不会完全揭示相关事实全貌），并且可能会产生虚假的安全感及"一切尽在掌控之中"的错觉。然而，这同时可能会失去可观的好处，并且承担放弃规划的巨大潜在风险。[1]

通过使用象征性行动与商业模式利益相关者建立信任

新创公司在生命周期的最初阶段的倒闭率很高，这一现象被称为"新

1　不应将商业计划与缺乏灵活性混为一谈；计划并不妨碍灵活行动及适应不断变化的情况（反之亦然）。重要的是，准备商业计划并不意味着企业家需要不惜一切代价地坚持计划。从这个角度来看，商业计划与精益创业方法一致，并且可以对其进行补充。

进入缺陷"，主要源自以下两个因素。[1]第一，可能是因为缺乏有关组织内部问题的经验（如新角色与新激励），这会在不信任新系统的组织成员中引起担心、冲突及低效率。第二，新创公司依赖弱信任（至少最初是这样）的陌生人间的社会关系（如企业与顾客）。这使至少某段时间内（建立信任的时间）的社会关系是脆弱的。商业模式创新可能会放大这些漏洞。新活动系统使在其中运作的商业模式利益相关者的经验更加不足，并且可能会加剧外部商业模式利益相关者（如供应商或顾客）对新创公司的适当性、效率、可行性及新商业模式的怀疑。

如何才能克服创业初期的信任缺乏问题呢？创业研究表明，创始人可以进行一系列旨在内部（及外部）利益相关者中建立合法性与可信性的活动。一种尤为有效的方式是象征性管理行为。[2]象征性管理行为是用于商业环境中且涉及象征的行为。反过来，象征代表或暗示其他事物；它所传达的社会意义超出其本身具有的内容或明显的使用功能。[3]创业行为的实质维度旨在建立进行商业模式创新的新创公司，该维度可以向投资者、早期雇员或第一批顾客解释新概念。同时，这些行为的象征维度可以提升他们及其他利益相关者对新创公司的信任程度。表11.2展示了一些示范行为，并对实质维度与象征维度进行了解释。

象征表示一种分类方式，有助于人们构建社会情境或解释模棱两可（因此可能令人困惑）的情境。它们对于那些需要获取资源和/或得到持怀疑态度的第三方的支持的企业管理者尤为重要，特别当处在高度不确定的环境中时。在一家具有新商业模式的新创公司得到广泛接受之前，无人知

1　Stinchcombe（1965）；参见第四章。

2　下文借鉴 Zott，Huy（2007）；Zott，Huy（2009）。

3　"Symbol"，*Merriam Webster Dictionary*.

道它是否会成功。由于这种不确定性的存在，对预期行为可信度的感知取决于主观的社会信仰，及通过行为象征树立起信仰的高管。顺带说一句，成功的老牌公司（如银行与汽车制造商）也面临同样的不确定性，其商业模式日益受到金融科技和汽车共享初创企业的挑战。

表11.2　管理行为的实质维度与象征维度

实质维度	象征维度
重视管理学位（如MBA）	来自著名的（高等）MBA学校
在传播信息与知识的会议上发言	知名人士认可我们的专业技能并邀请我们
建立市场和产品专业知识	将努力标注为"研究"，从而提高社会声望
降低工资以削减成本	对企业的坚定信念（或承诺）
努力与投资者谈判，从而获得更高的收益	强烈坚信企业未来会成功，及自己作为商业领袖的能力
有工作办公室	有声望的地址（彰显显赫的社会地位或社会成就）

创业研究已经为新创公司及大型企业的管理者确定了至少四种类型的象征性行动策略，他们可以使用这些策略创造适当的印象并与内外部利益相关者建立信任。这些象征性行为传达了：（1）个人信誉；（2）专业组织；（3）组织成就；（4）利益相关者关系质量。

个人信誉

第一类重要的象征性管理行为与企业领导者的个人信誉有关。他们是不是那种有能力建立具有创新性商业模式企业的人？在现有企业中，他们是否能够管理主要且复杂的商业模式创新项目？他们个人对项目的投入程度如何？比如，创始人接受低薪或干脆放弃。在实质层面，这一行为有助于企业节省稀缺资源。然而，在象征意义上，这也表明企业家的决心，从而向投资者发出令人信服的信号。

专业组织

除建立个人信誉外，创业者（或老牌公司中的内部创业家）还需要让资源提供者从结构与流程两个角度认可项目的专业性。他们所面临的挑战是说服他人相信商业模式创新项目值得他们付出时间、金钱与进行努力，尤其是在缺乏切实证据或业绩的情况下。例如，使用刻意苛刻的方法挑选开展商业模式创新项目的人员，会释放出强有力的专业化信号。用人时的无情筛选表明企业管理者不会在员工素质上妥协。更重要的是，这表明他们在未来也不会妥协。2019年，一项对美国、英国、法国及德国的5000多名成年人进行的调查显示，组织属性（如组织结构、创新与表达的其他价值观）对求职者的吸引程度至少与薪酬或晋升机会一样。[1]

组织成就

第三类重要的象征性管理行为试图传达组织成就，即过去在重要问题上取得的成就。对于初创企业的创业者而言，这是一项真正的挑战，尤其是当尚未证实主要商业模式创新的作用时。例如，有效的创新者不会只是口头宣传商业模式，而是会实际开发出模型或使用受控样板来传达有关商业模式运作方式的早期理念。此外，应经得起某段时间内的主要信誉检验（及验证），从而证实其可信性。老牌公司有更多证实这一点的经历与证据。然而，即使是具有良好业绩记录的老牌公司开展商业模式创新项目，该项目也可能会面临与初创企业相似的挑战。

利益相关者关系质量

最后，象征性行为能够通过关联的方式传递有关利益相关者关系的质

1　参见 Glassdoor（2019）。

量。成功的企业家懂得可以通过在重要的时空强调有利的关系来提高自身的可信度。这可以通过在对话或陈述中（毫不夸张地）抛出名人名字从而有效抬高自己，或（甚至更好）通过真正获得加入项目董事会的知名投资者及行业专家的担保，得到体现其声望的重要象征。

关怀是供应者获得优质信誉资源及商业模式利益相关者取得根本成功的方式。诸如分发带有企业标志的廉价礼物或发送个性化的廉价电子邮件或手写感谢信等象征性行为，都会让人们认同企业的可信性及其将持续存在。这种个性化的关怀姿态会将思想缜密的企业家高管与同行区分开来。大多数人有能力做到这一点，但很多人只是不愿付出时间或认为此事不足以重要到克服困难来完成。然而，廉价的象征性管理行为会使新创公司迥然不同，特别是如果对其进行经常性的、巧妙的、多方式使用时则更是如此。[1]

对抗诈骗者困局：有效的防御机制

回想"诈骗者困局"：为什么新创公司会选择那些具有更大可能滥用市场权力或侵吞资金的合作伙伴而非低风险合作伙伴呢？研究表明，该问题的答案取决于企业具体的资源需求与可用的防御机制。[2]当创始人急需合作伙伴特定的资源或能力（当他们别无选择时）和/或当他们具备有效的防御机制来保护自身的资源或知识时，他们往往会选择有风险的合作伙伴。这些防御机制是法律保护（如专利）、保密（如商业秘密）及时机（让有风险的合作伙伴参与知识与资源泄露成本较小的后期阶段）。由于在商业

1　象征性行为的多样性是指对不同行为类别的使用，涉及个人信誉、专业组织、组织成就、利益相关者的关系质量。象征性管理的技巧是指对资源约束的高度认知及克服这些约束的意愿、为受众定制信息，并使用配套的方式传达信息（如通过面对面的方式交谈）。相关细节参见 Zott，Huy（2007）。

2　Katila，Rosenberger，Eisenhardt（2008）.

模式创新的背景下，其中的一些防御机制的有效性可能不足（如无法获得有效的专利保护），因此诈骗者困局仍然是值得关注的。

其他保护机制（通过外部商业模式合作伙伴帮助降低侵吞风险）是制订"B计划"（安排好其他替代供应者）及增强关键管理者的所有权（通过向初创企业投资）。后一种措施能够强化管理者不透露企业秘密的承诺，从而降低知识泄露的风险。由于经理可能为合作伙伴或竞争对手所用，因此他们倾向于采取更具机会主义特点的方法，而这会增加泄露的风险。[1]

战略性地选择收入模式

对收入模式的选择会对现金流及中心企业的收益率产生直接与间接影响。由于收益是收入减成本，因此直接影响显而易见。然而，收入模式还可以将企业与竞争对手区分开来，这会间接影响收益。换言之，它足以履行重要的战略职能。

以成立于2015年的夏威夷活动策划企业Hobnob为例，该企业允许顾客创建以彩信或短信发送的个性化邀请。Hobnob有意采用一种不同于Facebook（提供与Hobnob竞争的活动邀请服务）的收入模式，因为它不依赖广告或共享用户数据。[2]相反，它依赖对特定功能（如预先设计好的邀请模板）的收费。此做法有两个目的。第一，企业试图避免与Facebook展开正面竞争。第二，它尝试吸引那些厌倦了"聚焦于增加'使用时长'，从而把数据出售给广告网络的社交工具"的用户。[3]

1　参见 Colombo，Croce，Murtinu（2014）。对有关保护机制更深入的讨论，参见 Bonakdar 等（2017）。
2　Lohr，Griffith（2019）.
3　Hobnob 网站。

再举一例，思考奈飞早期直接与百事达等老牌录像带租赁公司竞争时的情况。为了补充邮购DVD租赁服务，奈飞采取基于订阅的收入模式，允许顾客每月租赁任意数量的DVD（尽管一次最多只能租赁三盘DVD）。从现金流及收益最大化的角度，DVD租赁业务中的收入模式不如现有的基于交易的模式，因为它将创造的大部分价值转移给顾客。然而，订阅模式使市场接受奈飞的商业模式创新，并进一步将奈飞与竞争对手区分开来。由于在奈飞的流媒体电影业务中，流媒体边际成本非常低，因此订阅收入模式的魅力在于它提供了可预测性，并表征了高品质的持续性。

已经明确三种主要的收入模式类型。[1]第一种是直接的付费收入模式，即以规定的价格提供产品或服务。付费模式可以进一步细分为订阅收入模式（定期且稳定地支付）与交易支付模式（每笔交易支付）。既往研究表明产品质量与付费收入模式的有效性之间呈正相关关系，消费者意识与低广告率也会产生影响。第二种是广告收入模式。在该模式下，用户无须为产品付费，通过广告商购买并向顾客投放广告来获得收入。既往研究表明，在广告率高且对广告的厌恶程度低时，该模式的效果更好。这种收入模式也与产品质量较低有关。第三种是免费增值模式，该模式会提供两种产品——付费版本与更基本（和/或广告赞助）的免费版本。Spotify和Dropbox就是两个案例。文献中提到免费增值模式的优势包括顾客细分与购买前的"试用"。然而，产品间的自我蚕食是一个潜在问题。

从第一天就进行优质的治理

具有新商业模式的数字企业需要从第一天就采用严格的治理原则，从

---

1 Tidhar，Eisenhardt（2020）.

而避免治理与领导力危机。然而，由于各种原因，这并不像听来的这样容易。首先，商业模式创新通常具有跨界性，由于其依赖中心企业活动系统中的外部利益相关者（供应商、合作伙伴及顾客），因此，外部利益相关者非常重要。数字商业模式越来越依赖逐渐壮大的外部利益相关者，尤其是当其"天生数字化且全球化时"，即当他们通过数字化方式触及广阔且巨大的市场（包括供需两面）时。其次，商业模式创新的广泛影响与数字化特征深刻改变了中心企业与外部利益相关者之间的互动本质。这些互动主要（且有时只限）通过数字接口进行。这意味着人与人之间接触的丧失及互动匿名性的提升。最后，许多股票估值很高的企业（如爱彼迎）选择比过去更久地保持企业私有化性质。它们继续以私募股权投资渠道而不通过首次公开募股的方式在公开市场中募集资金，这使"评估治理结构及内部控制环境是否同样成熟，足以匹配规模与市场影响至关重要"。[1]

这些因素综合表明，在新创公司（尤其是采用数字驱动的商业模式创新的企业）中，企业治理的需求与作用与日俱增。创业型商业模式背景下的企业治理是指控制与运营新创公司的机制、规则及过程，涉及中心企业及商业模式中不同利益相关者之间的权责分配（包括内部利益相关者，如董事会、管理者、雇员与所有者，外部利益相关者，如顾客、供应商与合作伙伴）。因此，商业模式的观点要求拓展公司治理的视野，这远远超出其对委托人（股东）与代理人（经理）的传统关注。与此同时，任何创业型企业的健全治理原则都应继续保持，特别是有关董事会、所有权与高层管理领导的原则。[2]

1　U.S. regulator cited by Chair Mary Jo White（2016）.
2　Li，Terjesen，Umans（2018）认为，这些是创业型企业的关键治理变量。

董事会

企业应当设立董事会（在企业发展初期，也称"顾问委员会"）。企业董事会通常由内部董事与外部董事组成。内部董事通常包括创始人和/或首席执行官，还可能有一两位其他高管，他们可能是联合创始人。外部董事包括专业投资者代表（如风险投资公司）、不再在企业内工作的前联合创始人及独立董事（通常是前企业家或相关行业的高管）。[1]经济合作与发展组织的企业治理原则概述了董事会的职责。[2]近来，不良治理的案例（如WeWork）强调了这些原则的重要性，这可能也标志着应当更好地调整这些原则，从而更好地应对特定的环境与企业董事会的挑战（内部治理部分已进行了相关解释）。

所有权

企业所有者包括从创始人、早期员工（企业成立不久后向其出售限制性普通股）到家庭成员、朋友、天使投资者及机构投资者。企业所有权成分越多元，所有者之间就越有可能出现不同的利益与动机。任职于由风险资本支持的企业董事会的机构投资者与创始人之间存在利益冲突的潜在来源是：投资者（作为董事会成员）是所有股东的受托人，因此，他们有义务做出符合企业所有股东利益最大化的决定。然而，有时对企业及所有股东最有利的做法可能并不符合有限合伙人的最大利益，这些有限合伙人反过来又向企业投资。当董事会讨论流动性事件的时间与模式时就会出现这种冲突，投资者推动流动性的时间早于创始人/管理层认为符合企业最佳利益的时间。投资者与创始人之间的另一大冲突来源是对融资及高层（c级）

1　参见 Garg，Furr（2017）。
2　OECD（2015）.

管理者的聘用。同一中心企业的不同机构投资者间的利益可能也存在冲突。一般而言，所有者间的这种冲突（所谓的"资本—资本"冲突）可能不利于企业发展。

为降低这种风险，这些企业的管理者可以采取遵循"分而治之"逻辑的过程行为来调和（尽可能地）所有者间的不同利益，并从他们那里获得资源与建议。这些行为包括：（1）与所有者进行基于角色的二元互动，他们通常是那些通过董事会席位享有代表权的所有者；（2）在董事会上提出单一的决策替代方案（不提出多个方案）；（3）董事会会议主要用于更新情况，并单独举行会议就商业模式及其他战略问题进行头脑风暴；（4）使用政治行动（如与某些所有者形成政治联盟，战略性地构建问题，选择性、象征性地使用信息）结束战略制定过程。[1]另一种可以用于缓解所有者间潜在冲突的方法是在董事会上进行深度探讨，从而确定共同愿景与企业使命。此外，社交活动可以极大地增强董事会成员间的信任与尊重，从而在一定程度上缓解潜在的利益失调。

高层管理者

企业的高层领导团队最终负责进行健全的企业治理实践，遵守法律法规，并在总体上保证行为符合高道德标准。一个要素与领导团队的共同价值观和信仰及其发展企业文化的能力有关，该企业文化牢固地植根于一套共同价值观，这些价值观将指导整个组织的行为和决策。一系列旨在代表组织文化的价值观确实会反应治理与领导原则。例如，为限制自恋或自大的企业领导者所带来的破坏性影响，专家建议组建功能强大的团队，从而

---

1 Garg，Eisenhardt（2017）.

隔绝与缓解非正常领导者个人的负面影响。[1]对此，采取以下行为也会有所帮助：赋予员工权力，采用更扁平化的组织层次结构，鼓励进行自下而上的决策从而更平等地分配组织成员之间的权力。这些措施有利于进行跟踪调查，并且有助于确保目标一致。[2]

　　一般来说，应当尽早实施进行优质企业治理的方法，最好从第一天开始。因此，从企业治理的意义来说，私人企业应当像公共企业那样经营。这也将确保其从私人企业平稳过渡至上市公司，其中通常会有新的外部流程，如面向公众股东的流程。但在这里，如果商业模式创新的企业认真对待外部利益相关者，那么在这种转变中会遇到较少的麻烦，因为在理想情况下，它们至少已经开发了其中的一些流程。

1　Kets de Vries（1985）.
2　Colombo，Croce，Murtinu（2014）.

第八节

针对有效商业模式设计者的关键要点总结

在本章中，我们介绍了新创公司面临的一些重要的商业模式实施挑战，与现有企业内部创业相比，通常情况下，这些企业受到惯性的影响较小。尽管年轻企业通常已经具备支持而非抑制商业模式实施的条件，但某些类型的风险依旧尖锐，需要管控。例如，新创公司可能会在进行商业模式创新时过度依赖合作伙伴，同时，它们更容易经历领导与治理问题。这些是影响年轻企业的常见风险，如需求侧风险、供给侧风险、竞争风险、资本市场风险及环境风险。

对于初创企业而言，第一项进行商业模式创新的尤为显著的风险是对更大型、更老牌的第三方主体的潜在依赖性。"依附式创业"一词抓住了依赖平台的年轻企业与大型数字平台（如亚马逊）间的动态关系。对于年轻企业而言，另一项特别突出的风险是存在潜在的治理与领导问题，这可能源自企业控制权与所有权的边界的模糊性。反过来，这可能会导致对不良行为的宽容，因为独立董事会的纪律机制可能比成熟的上市公司更弱。

我们还讨论了一些适用于新创公司在进行商业模式创新时的风险缓解战略。第一项战略是商业计划，这是一个严明纪律、帮助构建商业模式思维方式并产生带有宝贵信息的有形文件的重要步骤。第二项战略是与外部利益相关者建立信任，为此，使用象征性行为是一种有效的方法。管理进行商业模式创新的风险的第三项战略是降低对第三方的依赖程度。企业可以采取的保护机制如法律保护、保密、具体的商业模式保护措施，如拥有备选合作伙伴与设法减少知识泄露。第四项战略是运用战略思维选择收入模式（如付费、广告或免费增值收入模式）。最后，可以通过优化内部治理，避免可能升级为严重丑闻的领导与治理危机来降低进行商业模式创新产生的风险。这是一个严峻的挑战，因为跨界活动系统（尤其是数字活动系统）涉及众多利益相关者。优化治理的措施包括，建立董事会、减少资本—资本问题及制定措施来监督与削弱不良领导者的影响。

参考文献

［1］Barnes, B. (2019, November 11). Disney's debut shows streaming force. *New York Times*, pp. B1.

［2］Berglund, H. & Sandström, C. (2013). Business model innovation from an open systems perspective: Structural challenges and managerial solutions. *International Journal of Product Development* 18(3–4), 274–285.

［3］Bezos, J. (2019, April 11). 2018 Letter to Shareholders. *The Amazon Blog Dayone.*

［4］Bonakdar, A., Frankenberger, K., Bader, M. A. & Gassmann, O. (2017). Capturing value from business models: The role of formal and informal protection strategies. *International Journal of Technology Management* 73(4), 151–175.

［5］Chatterjee, A. & Hambrick, D. C. (2007). It's all about me: Narcissistic chief executive officers and their effects on company strategy and performance. *Administrative Science Quarterly* 52(3), 351–386.

[6] Colombo, M. G., Croce, A. & Murtinu, S. (2014). Ownership structure, horizontal agency costs and the performance of high-tech entrepreneurial firms. *Small Business Economics* 42(2), 265–282.

[7] Cutolo, D. & Kenney, M. (2019). The emergence of platform-dependent entrepreneurs: Power asymmetries, risk, and uncertainty. Berkeley Roundtable on the International Economy. Working Paper.

[8] Delmar, F. & Shane, S. (2003). Does business planning facilitate the development of new ventures? *Strategic Management Journal* 24(12), 1165–1185.

[9] Dvorak, P. & Fujikawa, M. (2019, November 6). SoftBank founder calls his judgment 'really bad' after $4.7 billion WeWork hit. *Wall Street Journal*.

[10] Eavis, P. (2019, October 2). As WeWork slows down, biggest competitor says it's thriving. *New York Times*.

[11] Encyclopedia Britannica website. Association test.

[12] Engelen, A., Neumann, C. & Schmidt, S. (2016). Should entrepreneurially oriented firms have narcissistic CEOs? *Journal of Management* 42(3), 698–721.

[13] Garg, S. (2013). Venture boards: Distinctive monitoring and implications for firm performance. *Academy of Management Review* 38(1), 90–108.

[14] Garg, S. & Eisenhardt, K. M. (2017). Unpacking the CEO-board relation-ship: How strategy-making happens in entrepreneurial firms. *Academy of Management Journal* 60(5), 1828–1858.

〔15〕Garg, S. & Furr, N. (2017). Venture boards: Past insights, future directions, and transition to public firms. *Strategic Entrepreneurship Journal* 11(3), 326–343.

〔16〕Glassdoor (2019, July 10). Culture over cash? Glassdoor multi-country survey finds more than half of employees prioritize workplace culture over salary. *Glassdoor*.

〔17〕Hobnob website.

〔18〕Isaac, M. (2017, June 21). Uber founder Travis Kalanick resigns as C.E.O. *New York Times*.

〔19〕Katila, R., Rosenberger, J. D. & Eisenhardt, K. M. (2008). Swimming with sharks: Technology ventures, defense mechanisms, and corporate relationships. *Administrative Science Quarterly* 53(2), 295–332.

〔20〕Kenney, M. & Zysman, J. (2016). The rise of the platform economy. *Issues in Science and Technology* 32(3), 61–69.

〔21〕Kets de Vries, M. (1985). The dark side of entrepreneurship. *Harvard Business Review* 63(6), 160–167.

〔22〕Knight, F. (1921). *Risk, Uncertainty and Profits. Boston,* MA: Houghton Mifflin.

〔23〕Li, H., Terjesen, S. & Umans, T. (2018). Corporate governance in entrepreneurial firms: A systematic review and research agenda. *Small Business Economics* 54(1), 43–74.

〔24〕Lohr, S. & Griffith, E. (2019, November 24). Start-ups shift focus to business ventures. *New York Times International Edition*, pp. 23.

〔25〕MacCrimmon, K. R. & Wehrung, D. A. (1988). *Taking Risk: The Management of Uncertainty*. New York, NY: Free Press.

［26］Merriam Webster Dictionary. Symbol.

［27］Newcomer, E. (2017, November 21). Uber paid hackers to delete stolen data on 57 million people. *Bloomberg*.

［28］Newton, C. (2014, August 26). This is Uber's playbook for sabotaging Lyft. *The Verge*.

［29］OECD. (2015). G20/OECD principles of corporate governance. *OECD Publishing, Paris*.

［30］Popper, B. (2013, December 18). Uber surge pricing: Sound economic theory, bad business practice. *The Verge*.

［31］Powell, J. (2019, September 26). WeQuit: Problems mount for WeWork. *Financial Times*.

［32］Sandström, C. & Osborne, R. G. (2011). Managing business model renewal. *International Journal of Business and Systems Research* 5(5), 461–474.

［33］Shane, S. (2008). *The Illusions of Entrepreneurship: The Costly Myths That Entrepreneurs, Investors, and Policy Makers Live By*. New Haven, CT: Yale University Press.

［34］Satariano, A. (2019, November 12). He beat Google. Yet it crushed him. *New York Times International Edition*, pp. 7.

［35］Snihur, Y. & Zott, C. (2020). The genesis and metamorphosis of novelty imprints: How business model innovation emerges in young ventures. *Academy of Management Journal* 63(2), 554–583.

［36］Stinchcombe, A. L. (1965). Social structure and organizations. In J. P. March (Ed.), *Handbook of Organizations* (pp. 142–193). Chicago, IL: Rand McNally.

[37] Tidhar, R. & Eisenhardt K. M. (2020). Get rich or die trying . . . finding revenue model fit using machine learning and multiple cases. Strategic Management Journal 41(7), 1245–1273.

[38] United States Securities and Exchange Commission. (2019, August 14). Form S-1 registration statement under the Securities Act of 1933 of The We Company.

[39] White, M. J. (2016, March 31). Keynote address at the SEC-Rock Center on corporate governance Silicon Valley Initiative.

[40] Zott, C. & Huy, Q. N. (2007). How entrepreneurs use symbolic management to acquire resources. *Administrative Science Quarterly* 52(1), 70–105.

[41] Zott, C. & Huy, Q. N. (2009). How to convince sceptical stakeholders: Display symbols with substance. *IESE Insight*, No. 3, Fourth Quarter 2009, 50–57.

CHAPTER 12

第十二章

数字时代的商业模式创新战略——这对你意味着什么？

第一节

数字时代的商业模式创新：一个关键的战略问题

　　商业模式创新的核心是通过创造、发展及利用机会实现更新与振兴。新的创新性商业模式解释了新进者如何颠覆现有企业，并反过来为这些现有企业提供重振企业、减轻颠覆影响的方法。新兴技术与成熟技术（如5G、人工智能、物联网、区块链、云计算、移动互联及实时数据与数据分析工具等）为企业领导者开辟了广泛的创新路径，从而构想、设计、实施及管理具有新活动、新业务流程、新活动连接方式和/或新治理活动的变革性商业模式。这些领导者通过设计企业的跨界交换与活动并利用数字技术，创造互赖活动的网络系统——商业模式。因此，商业模式已成为提高中心企业"生态适应性"的重要抓手，即提高其对持续变化的技术与产品市场环境的适应性。

由于信息处理成本与通信成本都呈指数级下降，因此直接与间接交易的成本都有所减少。这已经将平衡从有形资源与能力方面转移到无形资源与能力方面。它还为企业领导者带来了构想、进行商业模式创新的可能。由于目前中心企业几乎可以将任何事务外包给任何主体，因此构建结合内部活动（在中心企业边界内进行的活动）与外部活动（其他主体进行的活动）的系统的组合可能性已呈现爆炸式增长。换言之，活动（由不同无形与有形资源及被不同主体拥有与控制的能力促成）组合可能性的数量急剧增加。

因此，对于业务数字化的现有企业与数字原生企业及初创企业（它们需要关注竞争格局的变化与技术的变革）而言，是否及如何创新商业模式已成为战略要务。商业模式创新思维方式确实已经成为变革性创新的先决条件，所有企业的领导者都需要思考商业模式创新战略。

第二节

拥有商业模式创新战略的有力理由

商业模式创新战略是指企业领导者必须在以下方面做出决策：

- 设计新活动系统（内容—方式—主体—原因）；

- 创建新活动系统的过程，包括前因；

- 为保持与优化中心企业的关键绩效指标，采用并持续调整新活动系统，从而保证一致性（内部、外部与战略契合）。

商业模式创新战略补充了每个企业必须解决的传统范围与产品市场战略。它已成为现有大小型企业及初创企业的战略要务。以迪士尼为例，它是一家跨国媒体与娱乐公司，以电视频道、电影及主题公园闻名于世。过去10年，电影及电视流媒体服务（如奈飞、亚马逊Prime Video、HBO Go、Hulu和YouTube TV）的发展与快速增长对迪士尼的商业模式构成巨大威胁。同时，对迪士尼而言，转向数字化商业模式并发展自己的流媒体平台是冒险之举，因为这会破坏传奇的电视与电影业务。然而，迫于有线电视用户"掐线"速度急剧加快的压力，迪士尼领导层于2017年宣布从根本上重新设计商业模式创新战略。此项新战略包括增加新活动（内容），从而补充并利用现有的电视与电影业务。数字流媒体体育平台ESPN Plus于2018年4月投入商业运营，面向家庭的电影流媒体平台Disney Plus于2019年11月在美国与加拿大正式上线。[1]

再举一例，如瑞典企业Inter Ikea Holding B.V.——家具零售商宜家（Ikea）的控股企业，该企业拥有成熟的全球性大型家具零售店网络。然而，零售环境的快速变化，加上电子商务的指数级增长，促使管理层彻底反思宜家的经营方式，并提出需要制定商业模式创新战略。因此，目前，宜家的商业模式正经历重大变革。宜家正在检验新的零售类型，如在市中心开设小型商店与快闪店，并检验翻新等"循环经济"举措。[2]在商业模式中加入新活动，包括电子商务与家具组装等服务（新内容）。这些活动需要通过新的伙伴关系（新主体）获取资源与能力。宜家还与技术企业合作，从而能够提供融入宜家传统产品线的智能家居产品，例如，与智能音箱制造商Sonos（总部位于加利福尼亚州）合作。Sonos音箱已经被整合到一些宜家产品中，如可以通过智能手机应用程序控制的创新性音箱灯。[3]

然而，商业模式创新战略的重要性不只限于传统的营利性企业（如迪

1　Barnes（2019）.

2　Milne（2018）.

3　Milne（2019）.

士尼或宜家）。它既适用于营利性企业与非营利性企业，也适用于主要追求社会目标的组织（如社会企业），还适用于政府与非政府组织（学校与医院等）。数字时代，每个企业或组织都面临前所未有的威胁与机遇。这些威胁与机遇基于一项简单的事实，即创新不再局限于技术创新。创新还可能源自数字赋能（通常但不总是）下的资源与管理决策新组合。这些组合会带来新商业模式，如廉价航空公司、仅靠广告赞助的免费报纸甚至模仿快餐连锁店的白内障手术医院。

1976年成立的Aravind眼科医院是一家位于印度泰米尔纳德邦的连锁专科医院。创始人是眼科医生戈文达帕·文卡塔斯瓦米（Dr. Govindappa Venkataswamy，"Dr. V"），他将麦当劳快餐业务的效率作为商业模式模板应用于医疗保健领域，从而增加组织可以治疗的患者数量。[1]应用创新的商业模式后，该医院得以发展为一个由13家眼科医院及众多门诊与培训机构组成的大型自筹资金网络。仅在2017—2018年，医院就接待了400多万人次门诊及开展了47.8万次"手术、激光和眼内注射"，[2]从而实现在印度根除"不必要的失明"[3]的目标。值得注意的是，半数患者接受免费或廉价治疗。

该医院通过应用新方法以低成本的方式进行大量眼科手术，实现了预期目标。它简化附加活动并通过向有钱的病人收费来资助那些无法承担手术费的病人（新原因）。此外，它还与合作伙伴组织（新主体）一起为较

---

1 根据V博士的说法，"我想售卖的是良好的视力，数百万人需要它……（如果）麦当劳能卖出几十亿个汉堡，为什么Aravind不能卖出几百万台视力恢复手术，及最终实现人类完美的信仰目标？有了视力，人们便可以从饥饿、恐惧和贫穷中解放出来。你可以完善身体，然后完善思想与灵魂，提高思考及行动水平"，Fast Company Staff（2006）。

2 Aravind Eye Care System 网站。

3 Aravind Eye Care System 网站。

偏僻的村庄提供视力筛查（新内容）服务。相关组织帮助协调并将患者带到该医院。该医院利用规模及流水线方式（新方式）"将生产率提高了10倍"。[1]为了接触到更多顾客，它已经开始使用谷歌开发的人工智能筛查糖尿病视网膜病变（一种与糖尿病相关的严重退化性疾病）技术。[2]过去40年间，该医院已开展了600多万例手术。[3]

1　Aravind Eye Care System 网站。
2　Metz（2019）.
3　Aravind Eye Care System 网站。

第三节

商业模式创新战略：思考数字平台

数字化多边平台商业模式的出现与发展所带来的机遇及挑战实现了多方之间的数字互动、交流与商业交易，进一步强化制定商业模式创新战略的必要性。在线旅游预订平台Expedia、社交媒体平台Facebook、约会平台Match.com及市场平台Amazon.com都证明了先进的计算与通信技术如何创造出可以为企业领导者所利用的新商机。他们精心打造的创新性商业模式能够为平台的利益相关者创造价值，并让中心企业（平台）获取价值。

这些数字平台商业模式都强大且可扩展，并为积极参与其中的利益相关者提供极富吸引力的价值主张。这种数字平台商业模式可以提供独立的服务，如音乐流媒体服务Spotify与视频平台YouTube，这些平台上的金融交易（如订阅服务）及服务交付都是数字化的。它们可以作为实体零售业务的补充，例如 Walmart.com 与 Macys.com 等电子商务零售网站，这些平台上的金融交易（如购买产品）是数字化的，但交付的是实体。

除了思考如何组织平台并将其与现有业务相结合之外，商业模式创新战略的另一个重要方面是数字平台流量变现的可选方案。数字化商业模式的价值获取通过一系列（通常是新颖的）收入模式实现。不同收入模式的案例基于不同的订阅收入模式，如《纽约时报》的在线媒体平台、音乐流媒体平台 Deezer 及电影流媒体平台奈飞；基于广告的收入模式，如搜索引擎谷歌及雅虎；基于佣金的收入模式，如不同类型的市场商业模式，包括 CtoC（如 LendingClub.com）、BtoB（如 fair.com）或 BtoC（如 Cars.com）等企业。通过电子商务网站或数字市场的数字推荐，联盟推广项目也会产生佣金，如 Credit Karma，一个从信用卡发卡机构赚取佣金的个人金融数字平台。电子商务平台使用多种收入模式，包括销售收入（如意大利零售商杰尼亚的网站）、交易费用（如停车支付应用程序 meterUp）、剃须刀/刀片收入模式（如男士美妆企业 Gillette 及数字原生品牌 Harrys.com）等。

第四节

如何开发商业模式创新战略

我们将商业模式创新战略定义为企业领导者在以下方面的决策模式：（1）设计新活动系统（内容—方式—主体—原因）；（2）创建新活动系统的过程，包括前因；（3）为保持与优化中心企业的关键绩效指标，实施并持续调整新活动系统，从而保证一致性（内部、外部与战略契合）。

关于设计新活动系统（我们定义的第一部分），开发商业模式创新战略时可以从具备商业模式思维方式开始（见第三章）。商业模式的思维方式是一种帮助企业领导者思考企业整体活动系统，从而抓住有关商机的思维与视角。此外，对商业模式创新战略的开发必须基于对市场迫切需求的清晰认知（见第四章）。这需要认识到顾客的感知问题及其他潜在利益相关者的需求，然后解决以下四个问题，从而进行指导并开发出更优质的新模式：内容（活动）？主体（执行）？方式（连接方式）？原因（为何允许价值创造与价值获取）？（见图12.1）

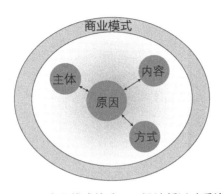

图12.1　商业模式战略——设计新活动系统

关于创建新活动系统的过程，包括前因（我们定义的第二部分），采用设计视角进行商业模式创新为企业领导者提供了制定商业模式创新战略的内容及基于流程的视角。正如我们在第五章中所讨论的，商业模式创新战略需要以合法且难以模仿的商业模式为目标。此外，在开发商业模式创新战略时，需要思考与影响新颖性商业模式设计的相关内外部前因或驱动因素。这些驱动因素可以概括为DESIGN（见图12.2）。

重要的是，商业模式创新战略还需要考虑创建新颖商业模式的过程。这些过程包括三个迭代阶段，我们将其称为构想商业模式创新、迭代商业模式创新及实施商业模式创新（见第六章与图12.3）。

设计新商业模式的第一个阶段是构想商业模式创新，指观察并深入理解当前正在使用的商业模式及利益相关者的需求。它还涉及综合与组织观察阶段收集到的数据以确定与设计元素有关的主题，从而为新商业模式解决方案的产生提供信息。

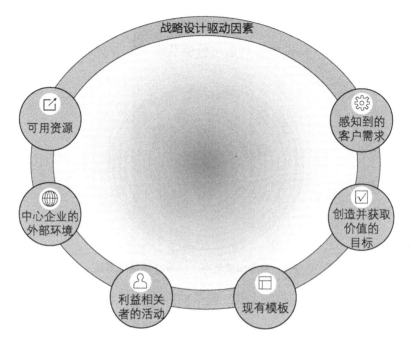

图12.2 商业模式创新战略——前因

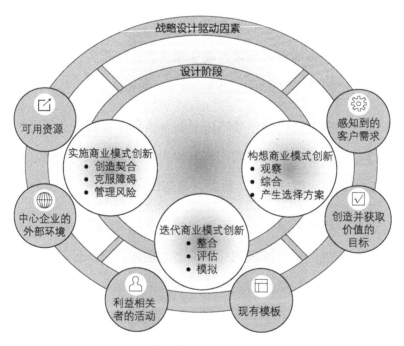

图12.3 商业模式创新战略——过程

新商业模式设计过程的迭代商业模式创新阶段包括将各种想法整合为一个连贯的整体、评估新设计方案并模拟排名最佳的选项。在评估新商业模式设计并具体说明多种利益相关者的价值主张时，根据NICE框架（第八章中介绍的）准确识别价值创造的驱动因素（新颖性、锁定性、互补性及高效性）至关重要。

最后，设计过程中的实施商业模式创新阶段包括扩展商业模式模型及全面实施。商业模式实施是指为保证新商业模式能够全面运转且实现中心企业的主要目标而需要做出的所有决策。

这就引出了我们对商业模式创新战略定义的第三个部分，根据这一定义，商业模式创新战略需要考虑为保持与优化中心企业的关键绩效指标，实施并持续调整新活动系统，从而保证一致性（内部、外部与战略契合）。

实施新商业模式时面临诸多挑战。对于现有企业而言，实施新商业模式往往会带来重大的组织障碍（见第十章）。克服这些障碍需要强大的领导力，还可能需要对组织进行结构性变革（如创建新业务部门）。由于新业务部门与现有组织的规范与薪酬制度之间可能存在差异，因此可能会存在需要谨慎应对的文化挑战。对于新创公司而言，在实施新商业模式时也会面临不计其数的挑战（见第十一章）。在新创公司中，往往必须通过合作伙伴关系整合相关资源，这可能会导致对其他主体的关键任务的依赖。年轻企业薄弱的治理结构及经验不足的高管也可能会阻碍新商业模式的成功实施。

最后，同样重要的是，以创新为导向的组织文化与行为标准将商业模式视为持续性过程，这会使组织主动识别环境趋势，并实现商业模式转型（见图12.4）。

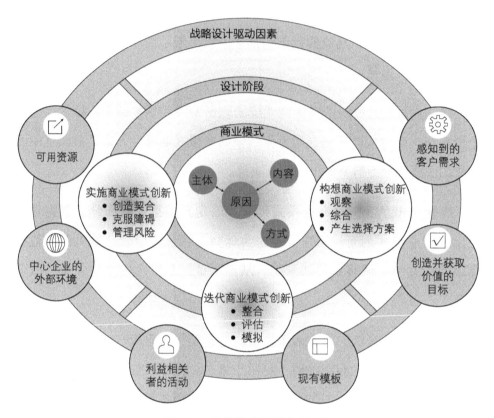

图12.4　商业模式创新战略概览

商业模式创新战略：这对你意味着什么

在很大程度上，个别管理者或领导拥有向组织灌输以创新为导向的文化与行为规范的能力，这些文化规范使组织能够定期创新商业模式，并适应不断变化的外部环境。[1]管理洞察力、远见与领导力在商业模式创新战略的制定中发挥关键作用。

企业领导者的特别职责在于识别市场与技术趋势，然后构想、设计并实施强大可扩展的创新性商业模式（即使其从创新中获益的收入模式），从而为所有利益相关者创造价值。保证商业模式的生命力、可行性及可取性的必要管理任

---

1 参见 Adner，Helfat（2003）；Teece（2014）。

务包括：将新商业模式牢固融入中心企业的生态系统、确保其与中心企业的产品市场战略及内部组织结构紧密契合及持续整合与协调各利益相关者开展的活动。[1]

更具体地说，为了成功驾驭所有可用的可能性，试图（持续）创新企业商业模式的管理者需要具备三种基本技能。

商业模式创新设计技能与思维方式

这些会帮助你构建一个能够为全体利益相关者创造价值且保证中心企业利润的新商业模式。正如第三章所示，这些技能包括进行整体性思考的能力，采用系统级别视角（关注树林而不只是树木）的能力，跳脱出企业及所在行业进行外部审视的能力，进行类比推理与概念组合的能力。所有这些的典型先决条件是注重活动（而不只是涉及产品、服务、组织功能或操作流程）的思维方式。

好消息是这些认知技能是可以学习和提高的。重要的是，作为一名商业模式设计者，你需要在草率（可能过早）得出结论之前，关注问题（发现问题应当早于找出对策）。为了更好地理解这一问题，你需要采取设计的思维方式，这意味着需要仔细且共情地观察他人、倾听他人的意见（见第五章）。最后，为成功进行商业模式创新，你需要保证每个人都有所得，同时每个商业模式利益相关者的价值主张都合适（见第八章）。换言之，你需要接受价值创造的理念，接受对于与他人共同创造的价值，只有在你对其进行充分补偿的情况下，这才能发挥作用，而不只是注重为自己获取价值。

---

1 Brown（2007）.

商业模式创新实施技能

这些技能会帮助你实践新模式，并将其与旧模式融合（在老牌公司的情况下），且将新模式引入市场中。由于数字时代的商业模式通常跨越企业及行业边界，因此它们通常包括大量执行关键活动的第三方利益相关者。建立、协商及培养合作关系已经成为一项需要开发与优化的能力。可以通过象征性管理（见第十一章）等方法建立与彰显信任与信誉，这有助于争取到合作伙伴，还有助于获得许多其他种类的宝贵资源。

对于新创公司及老牌公司而言，其他促使商业模式创新发生的宝贵技能包括识别、缓解及管理风险（如执行商业计划），从第一天起采用并遵守健全的治理标准（如设立董事会），确定并采取对抗企业"诈骗困局"的有效防御机制，以及战略性地选取收入模式。

具体来说，在现有组织背景下，作为一名成功的商业模式创新领导者，你需要能够管理并推动变革。这可以通过以下方式实现：分享你的想法，让其他组织成员认识到商业模式变革的需求；对同伴进行商业模式创新教育，使其真正理解你的愿景；预判并管理来源于新商业模式的不确定性的恐惧。总体而言，你应当与他人在各个阶段进行开诚布公且清晰的交流，从而与他人共同经历商业模式创新之旅。在此情况下，你还需要有能力构建、指导并领导跨职能团队，这些得到适当治理与激励的团队不同于主要组织但又与其有机融合。这样的团队是开发出真正具有创新性的新商业模式的重要工具。更广义地说，你需要创造鼓励检验、宽容失败并促进学习的环境，从而成功克服组织惯性及对变革进行抵抗。

商业模式创新管理技能

这一技能包括持续观察商业模式所涉及的活动及商业模式全体利益相关者的动机。它还包括整合与协调由各商业模式利益相关者执行的活动，以及整个系统对环境变化做出的连续调整。例如，为保证活动开展，需要不断协调新商业模式内的无形资产及其他资源，从而充分发掘其进行价值创造的潜能。

获取及培养这些商业模式创新设计、实施及管理的技能是传统管理任务对管理者提出的重大要求，如组织设计或产品管理，及要求管理企业与内外部利益相关者之间的互动。从这个意义上讲，如今管理与领导组织变得更加复杂苛刻。过去很大程度上可以将商业模式视为一种既定的模式。例如，之前作为金融服务机构的银行基本上依照相同的模板运作，同时，全世界的出租车服务都大体相同。然而，目前，这已经发生深刻的变化。在21世纪这个所谓的"数字时代"，商业模式已经成为价值与财富创造的关键变量（尚未给定）。

基本论点：你的商业模式创新战略是什么

商业模式创新战略已经成为各类企业领导者都需要思考的核心战略选择之一。对于营利性企业的领导者而言，商业模式创新战略与公司层战略互为补充，企业战略涉及与企业范围相关的问题：企业处于什么行业及细分市场？企业应如何及何时进入/退出（通过合并、收购、合资或重新进入/退出）这些市场？企业的商业模式创新战略可以补充业务层战略（核心是保持企业在产品市场的竞争优势）。中心企业的业务层战略解决的问题包括：如何在企业选定的产品市场中进行竞争，需要开发或获得哪些资源与能力来实现基于业务层战略的盈利等。

因此，企业领导者面临一个不可或缺且相互补充的战略选择，涉及数字化商业模式的概念、设计、实施及管理。

由此产生的商业模式是有利于增强企业的持续竞争力与盈利能力的战略资产。[1]商业模式的概念、引入市场及进行持续的管理不应听天由命；相反，必须接受商业模式创新战略的指导，该战略基于严格的设计过程，将组织实践（如常规的头脑风暴会议）与个人管理层的创造性见解（如从对利益相关者的深入且全面的观察中吸取经验与教训所需的洞察力）相结合。为了有效探索技术发展（部分原因）带来的可能性，商业模式创新战略必须以为活动系统中所有利益相关者创造价值且能从中获取一些具有价值的方式为目的，并描述开发、实施、管理及不断更新企业商业模式的设计和组织过程。

然而，商业模式创新带来的不只是经济价值的创造与获取。印度的Aravind眼科医院与孟加拉国的格莱珉银行（一个向贫困农村妇女提供小额贷款的商业模式创新，创始人穆罕默德·尤努斯于2006年获得诺贝尔和平奖）都是那些想让世界更美好的社会企业家的光辉榜样与灵感来源。它们也提醒我们，人类面临的许多问题（如贫困、不平等、饥饿、疾病或气候变化）能够通过进行可扩展的商业模式创新解决。例如，为应对气候变化，我们需要可持续的商业模式而不只是清洁技术、产品、服务及流程。商业模式的创新能为全人类指明一条通向更美好、更光明未来的道路。

1　参见 Amit，Schoemaker（1993）。

参考文献

［1］Adner, R. & Helfat, C. E. (2003). Corporate effects and dynamic managerial capabilities. *Strategic Management Journal* 24(10), 1011–1025.

［2］Amit, R. & Schoemaker, P. J. H. (1993). Strategic assets and organizational rent. *Strategic Management Journal* 14(1), 33–46.

［3］Aravind Eye Care System (2018). Activity report 2017-18.

［4］Aravind Eye Care System website.

［5］Barnes, B. (2019, November 10). Netflix was only the start: Disney streaming service shakes an industry. *New York Times*.

［6］Brown, T. (2007). *Change by Design: How Design Thinking Transforms Organizations and Inspires Innovation*. New York, NY: HarperCollins Publishers.

［7］Fast Company Staff (2006, July 20). And then there's Dr. V.

Fast Company.

［8］Metz, C. (2019, March 10). India fights diabetic blindness with help from A.I. *New York Times*.

［9］Milne, R. (2018, February 1). Ikea unpacked: How the furniture giant is redesigning its future. *Financial Times*.

［10］Milne, R. (2019, October 2). Ikea assembles software engineers in smart home push. *Financial Times*.

［11］Teece, D. J. (2014). A dynamic capabilities-based entrepreneurial theory of multinational enterprise. *Journal of International Business Studies* 45(1), 8–37.

致　谢

感谢克莱尔·皮特斯（Claire Peeters）、齐妮亚·科瓦特（Xenia Kouteva）爱德琳·阿布阿里（Adeline Abou-Ali）、杰克·李·张（Jack Lee Zhang）和埃米·魏斯（Amy Weiss）在本书写作过程中提供的宝贵帮助。非常感谢笔者所在工作单位（沃顿商学院、宾夕法尼亚大学与IESE商学院）为本书提供的资金支持及为笔者提供的必要时间。同时，衷心感谢世界各地的众多企业领导者给予的启发，他们中的许多人是沃顿商学院、IESE商学院、欧洲工商管理学院（INSEAD）、英属哥伦比亚大学、西北大学凯洛格商学院的校友。

作者简介

拉斐尔·阿密特

　　拉斐尔·阿密特是沃顿商学院玛丽和约瑟夫·梅隆教席教授及管理学教授。1999~2015年，他担任沃顿商学院创业中心学术主管，该中心负责沃顿商学院的所有创业项目。他拥有以色列耶路撒冷希伯来大学经济学学士和硕士学位，并获得西北大学凯洛格商学院管理经济学与决策科学博士学位。

　　20多年来，他的研究与教学领域主要集中于对初创企业及现有企业的创新性商业模式及战略的设计与实施，他对商业模式创新战略、企业家精神、风险投资以及与家族企业所有权、管理与控制相关的一系列问题进行了被广泛引用（如被众多专业媒体及刊物引用）的研究，这些研究使他获得了多个奖项。

　　他曾在全球多家企业担任管理职务及董事。在克里奥公司（纳斯达克股票代码：CREO）于2005年5月被柯达收购前，他担任了6年时间的董事长。他协助成立了投资1亿美元的风险基金"韩国全球 IT 基金"，并任首届顾问委员会主席。过去25年，他在众多技术与家族企业的董事会任职，并在全球范围内为众多私人及公共组织提供咨询服务。

克里斯托夫·佐特

克里斯托夫·佐特是IESE商学院（IESE Business School）的创业学教授。他拥有加拿大英属哥伦比亚大学工商管理博士学位、法国格勒诺布尔国立理工学院工业工程研究型硕士学位、德国卡尔斯鲁厄理工学院工业工程硕士学位。过去25年，他在加拿大、法国、德国、西班牙及美国工作与生活。他为世界各地的企业领导者提供指导与咨询服务，热衷于帮助人们实现"从无到有"的梦想。

他基于拥有的高管教育经验、工商管理博士学位设计并开展有关企业家领导力与商业模式创新的研讨会、课程和项目，为初创企业、成长型企业及对商业模式设计、增长、创新、创业战略与变革感兴趣的大型老牌跨国企业提供咨询服务，他提供的咨询服务深深根植于自身进行的研究。他撰写了 50 多篇文章并发表在顶级期刊上，出版了一些著作，特别是他所写的有关商业模式的著作使他获得了多个奖项。根据Web of Science Group的数据，他位列全球最具影响力的经济学与商业研究人员前1%。

他不仅是一位经验丰富的学者、顾问及公众演说家，还担任过多个专业领导职务，例如，目前，他担任《战略创业期刊》（*The Strategic Entrepreneurship Journal*，全球领先的创业学领域的学术期刊）的联合主编。另外，他还当选全球最大的管理学者组织——管理学会战略管理学部主席，他也是国际战略管理学会会员。

他是一个快乐且自豪的父亲，拥有四个了不起的女儿。他喜欢在业余时间与家人待在一起，练习运动项目，尤其是铁人三项与滑雪。